Rudolf Stroß

Die Kunst
der Selbstveränderung

Kleine Schritte – große Wirkung

Mit 21 Abbildungen

2. Auflage

Vandenhoeck & Ruprecht

Bibliografische Informationen der Deutschen Nationalbibliothek

Die Deutsche Nationalbibliothek verzeichnet diese Publikation
in der Deutschen Nationalbibliografie;
detaillierte bibliografische Daten sind im Internet
über ‹http://dnb.d-nb.de› abrufbar.

ISBN 978-3-525-40410-2

Cartoons von: Jörg Plannerer
Satz: SchwabScantechnik, Göttingen
Druck und Bindung: Hubert & Co., Göttingen

Gedruckt auf alterungsbeständigem Papier.

Inhalt

Vorwort

Hat es einen Sinn, dass Sie gerade jetzt dieses Buch in Händen halten?

Es ist bekannt, dass Menschen, die hungrig sind, vermehrt Gerüche von Essen wahrnehmen, Restaurantschilder sehen, Besteckgeklapper hören und, ohne es recht zu merken, plötzlich vor einem Café stehen bleiben. Es erfolgt eine Fokussierung der Aufmerksamkeit. Ihr Interesse an dem Thema *Selbstveränderung* hat Sie zu diesem Buch geführt. Es hat einen Sinn, dass Sie jetzt dieses Buch in die Hand genommen haben. Vielleicht interessiert Sie das Thema ganz allgemein oder Sie haben für sich selbst oder einen Ihnen nahestehenden Menschen einen Änderungswunsch.

Der Zeitpunkt, zu dem Sie jetzt gerade dieses Buch kennenlernen, kann ein Augenblick besonderer Aufnahmebereitschaft sein. Dann nutzen Sie ihn – jetzt! Herzlich willkommen auf dem Weg zur Selbstveränderung!

Einleitung

Das Thema Selbstveränderung war Zeit meines Lebens immer wichtig für mich. Ich bin in einer Zeit groß geworden, als in weiten Teilen der Psychologie die Ansicht vertreten wurde, dass Selbstveränderung nur über Therapien erreichbar sei. Im Laufe der 1980er Jahre betraten dann Mental-, Erfolgs- und Optimismustrainer die Bühne und verkündeten: Alles ist möglich! Zwischen den beiden Positionen ging es nun schon früh um die Frage: Kann der Mensch sich verändern?

Ein wichtiges Motiv, dieses Buch zu schreiben, war die ermutigende Erkenntnis: Man kann in der Selbstveränderung weit vorankommen. Unsere Beispiele im Buch und unsere wissenschaftlichen Untersuchungen machen glaubhaft sichtbar: Menschen wenden eigenständig psychologische Erkenntnisse im Alltag an. Ich möchte dazu beitragen, die Selbstveränderung von Menschen zu unterstützen und zu optimieren. Ich hoffe, dies ist mir gelungen.

Gebrauchsanweisung für dieses Buch

Dieses Buch ist für diejenigen Menschen geschrieben, die den Wunsch haben, sich selbst zu verändern, und für diejenigen, die ein allgemeines Interesse an diesem Thema haben. Das Buch ist auch eine wertvolle Hilfe für Leser, die beabsichtigen, Angehörigen, Freunden oder Kollegen bei deren Veränderung zu helfen. Voraussetzung dafür ist jedoch, dass sie in dieser Angelegenheit von den Betroffenen um Rat gefragt werden. Für die beschriebenen Zwecke gibt es überall konkrete Anregungen, Tipps und Arbeitsblätter.

Einige Empfehlungen für die Lektüre:
- Lesen Sie das Buch bewusst auf dem Hintergrund Ihrer Person und Ihrer eigenen Neugier.
- Unterstreichen Sie wichtige Gedanken mit Stift oder Neonfilzstift.
- Erproben Sie geeignete Hinweise sofort im Selbstversuch.
- Überprüfen Sie jede Woche die Entwicklung Ihrer Meinungsbildung und die Ihrer Fortschritte.
- Würdigen Sie Ihre Erfolge.
- Lernen Sie aus Fehlschlägen und Misserfolgen.
- Tun Sie jeden Tag mindestens einen kleinen Schritt.
- Machen Sie sich Notizen oder führen Sie ein Tagebuch.

1 Selbstveränderung im Arbeits- und Alltagsleben

Das Wiedersehen
Ein Mann, der Herrn K. lange nicht gesehen hatte, begrüßte ihn mit den Worten: »Sie haben sich gar nicht verändert.« »Oh!«, sagte Herr K. und erbleichte.
(Bertolt Brecht)

Sicherheit bietet der heutige Arbeitsalltag nicht; ganz im Gegenteil ist Verunsicherung hierzulande das Grundgefühl vieler Menschen. Wir haben seit vielen Jahren trotz aktueller Aufschwünge eine hohe Arbeitslosigkeit in Deutschland. Millionen Menschen finden trotz intensiver Suche keinen Job. Schon im Jahr 2002 berichtet Der Spiegel in einer Titelstory: »Jung, erfolgreich, entlassen. Die Arbeitslosigkeit erreicht die Mittelschicht« von jungen Leuten, die trotz nachweislich guter Leistungen entlassen wurden, meistens, weil sie Opfer eines allgemeinen Stellenabbaus wurden. Eine neue Kultur der Selbstständigkeit könnte sich in dieser Situation entwickeln, wenn auch zunächst eher unfreiwillig. Aus Leidensdruck entsteht oft eine starke Motivation und ein konstruktiver Druck zu hilfreichen Lösungen. Selbstveränderung ist ein zentrales Thema unserer Zeit, das uns hilft, diesen neuen Herausforderungen zu begegnen. Dazu benötigt der Mensch der Gegenwart in der Industrie- und Dienstleistungsgesellschaft:

- Kenntnis von Methoden der Selbstveränderung;
- soziale Kompetenz und die Fähigkeit, mit anderen Menschen zu kooperieren;
- die Fähigkeit, Dinge zu strukturieren und das erworbene Wissen auf verschiedenen Gebieten anzuwenden;
- die Fähigkeit, ziel- und lösungsorientiert vorzugehen;
- die Fähigkeit zu Selbstbehauptung, Durchsetzung und flexibler Verhandlung;
- die Fähigkeit zur Selbsterkenntnis.

1.1 Die Aktualität des Themas

Es herrscht ein hohes Innovationstempo in der technologischen Entwicklung. Wir leben in turbulenten dynamischen Märkten. An die Flexibilität der Menschen werden extreme Anforderungen gestellt. Lebenslanges Lernen und Veränderungsfähigkeit sind zur Pflicht für jeden Einzelnen geworden. Die Verantwortlichen in Wirtschaft und Politik sprechen vom *Change*, von der Veränderung, der wir uns alle stellen müssen. Viele Menschen haben auch heute noch die weitverbreitete Vorstellung von der statischen Passung bestimmter Eigenschaften einer Person mit einem bestimmten Beruf. Von diesem Leitbild einer Berufsentwicklung müssen wir uns heute weitgehend lösen. Die Forderung nach Flexibilisierung umfasst die Erwartung, dass Menschen mobil, anpassungsfähig, kommunikativ, an mehreren Arbeitsplätzen und zeitlich variabel einsetzbar sind. Mitarbeiter in Unternehmen arbeiten je nach Lebensphase und Karrierestation in unterschiedlichen Rollen und Positionen – einmal als Teammitglied, einmal als Vorgesetzter, einmal als Mitarbeiter und einmal als Projektleiter.

In vielen Arbeitsverträgen werden mittlerweile Arbeitszeit, Arbeitsort und Arbeitsinhalt flexibel gestaltet. Der Mitarbeiter verpflichtet sich, innerhalb einer Firma jede Arbeit an jedem Ort anzunehmen. Als Schattenseite dieser Entwicklung malt Richard Sennett in seinem Buch »Der flexible Mensch« (1998) folgendes Bild des modernen Menschen an die Wand: der flexible Mensch als einsamer, entwurzelter Spielball wirtschaftlicher Mächte, hin- und hergeworfen zwischen den Interessen der großen Konzerne und der Gesellschaft. Aber es gibt auch eine andere Sichtweise. Arbeitende Menschen haben mehr Gestaltungsfreiheit. Die Jobnomaden der neuen Wissensgesellschaft sind zum Teil gut bezahlte Menschen mit einem hohen Maß an Autonomie. Sie haben spannende Arbeitsinhalte, Abwechslung, Herausforderungen, interessante Erlebnisse und Begegnungen in der Arbeitswelt (Gerhardt u. Webers, 2004, S. 42). Der amerikanische Soziologe Richard Florida spricht in diesem Zusammenhang schon vom Entstehen einer neuen kreativen Klasse (Florida, 2005).

Viele Menschen leben in einem permanenten inneren und äußeren Überbrückungszustand. Die Shell-Studie 2006 sieht aber auch eine neue Bildungselite: die jungen Frauen. Sie überholen zu-

nehmend das andere Geschlecht bei der Schulbildung. 55 Prozent
der Mädchen streben das Abitur an, das sind acht Prozentpunkte
mehr als die Jungen. Eine andere damit zusammenhängende Tatsache ist die extrem hohe Arbeitslosigkeit unter jungen Männern.
Unsere Dienstleistungsgesellschaft verlangt vermehrt Verhaltensweisen wie Kooperationsfähigkeit, Freundlichkeit und Hilfsbereitschaft. Hier haben Männer oft Defizite. All dies können Anlässe
für eine Selbstveränderung sein – bei Männern *und* Frauen. Dies
kann nur gelingen, wenn der Betreffende eine hohe Fähigkeit zur
Selbstveränderung hat oder erwirbt und sich diese im Laufe seines
Arbeitslebens bewahrt.

Die traditionellen Rollenstereotype lösen sich auf. Es gibt immer
weniger rein abhängig Beschäftigte, die nur bei einem Arbeitgeber
beschäftigt sind, und scharf davon getrennt den selbstständigen
Unternehmer. Es wird neue Arbeitsarrangements geben, projekt-
gebundene Aufgaben und Jobs mit unterschiedlichen Vertrags-
laufzeiten. Viele Betriebe suchen heute zunehmend selbstständige
Auftragnehmer statt Arbeitnehmer, die nur auf Anweisung reagieren. Der Auftragnehmer muss bereit sein, sich bei jeder Aufgabe
immer wieder von Neuem zu beweisen. Dies schließt eine ausge-
prägte Selbstveränderungsfähigkeit mit ein.

Manche Menschen sind froh und glücklich, wenn sie drei Jobs
gleichzeitig übernehmen dürfen. Es kann befreiend und erfüllend
sein, unabhängig und selbstständig zu arbeiten. Arbeit zu haben,
wird dabei zum Privileg und Statussymbol.

Vor kurzem sprach ich in einer Kleinstadt in Thüringen, in der hohe Arbeitslosigkeit herrscht, mit einem 17-jährigen Kfz-Lehrling. Er fährt jeden Morgen
und jeden Abend absichtlich in seinem Blaumann mit der Aufschrift Ford
nach Hause, um allen zu zeigen: »Seht her! Ich habe Arbeit! Und auch noch
eine interessante mit Autos!«

Der Zukunftsforscher Matthias Horx (2008) spricht von »Puzzle-
Ökonomien« (S. 8). Viele Menschen leben auch mit relativ geringem Einkommen recht gut, und zwar in sozialen Netzwerken. Sie
führen im postmateriellen Zeitalter eine Art studentisches Leben,
in dem man für wenig Geld eine hohe Lebensqualität erreicht.
Diese neue kreative Klasse findet ihr Auskommen jenseits tradi-
tioneller Karrierelaufbahnen (Gerhardt u. Webers, 2004, S. 42).
Die »Generation Praktikum« ist längst Realität geworden. Fast 40

Prozent aller Hochschulabgänger absolvieren nach ihrem Examen ein Praktikum, statt eine reguläre Berufstätigkeit aufzunehmen.

Man muss also feststellen, dass die veränderte Situation in der Arbeitswelt und in der Gesellschaft manchen Menschen, gerade jungen, entgegenkommt – in deren Streben nach Freiheit und Selbstverwirklichung. Personalverantwortliche fordern heute von Bewerbern nicht nur fachliche Qualifikationen. Teamfähigkeit, Flexibilität und sogar gesellschaftliches Engagement werden neben anderen Qualifikationen ausschlaggebend dafür, dass jemand eine Stelle erhält. Viele junge Menschen entscheiden sich deshalb, wenn auch nicht immer ganz freiwillig, für einen Lebenslauf, der diesen Anforderungen entspricht, indem sie über das Notwendigste hinaus etwas Originäres und Originelles lernen und tun. Auch daraus lässt sich folgern, dass die Fähigkeit zur Selbstveränderung enorm wichtig ist, und zwar für jeden Menschen, egal, wie alt er ist oder welchen Beruf er ausübt. Wir können sogar sagen, dass die Fähigkeit zur Selbstveränderung mittlerweile im Arbeitsleben zu einer Notwendigkeit geworden ist, denn, pointiert gesagt, gilt: Wer sich nicht verändert, *wird* verändert!

Und noch etwas: Die Medien, insbesondere das Fernsehen, signalisieren oft wunderbare erfolgreiche Geschichten der Selbstveränderung. Es gibt offenbar einen großen Bedarf an solchen Geschichten.

Wir sehen: Das Thema Selbstveränderung hat Konjunktur. Viele Menschen wollen oder müssen an ihrem Leben etwas ändern. Die Psychologie beschäftigt sich seit jeher mit Wandlungen im menschlichen Leben. Das breitgefächerte Therapie- und Beratungsangebot, das zu einer solchen günstigen Entwicklung beitragen kann, erfährt in der Gegenwart aber eine wichtige Ergänzung: die Selbststeuerung und die Selbstveränderung des Menschen. Wie äußere und innere Neuorientierung gelingen kann, davon handelt mein Buch.

1.2 Wellness und Selfness

Eine neuer Trend aus den USA heißt *Selfness*. Die treibende Kraft ist der Wunsch nach dauerhafter Lebensqualität auf hohem Niveau. Schon im Trend-Report 2004 des Zukunftsinstituts beschreiben Eike Wenzel und Matthias Horx den Trend Selfness als eine neue Selbstveränderungskultur und generell als neue Kultur der Selbstkompetenz. Selfness beinhaltet demnach vier Fähigkeiten:

1. Körperliche Kompetenz ist die Fähigkeit, gesund zu leben und sich gesund zu ernähren. Es ist wichtig, Sport zu treiben und fit zu sein.

2. Emotionale Lebenskompetenz ist die Fähigkeit zur *Work-Life-Balance*, die Fähigkeit zur Balance und zum ausgewogenen Verhältnis zwischen Arbeit und privatem Leben. Zur emotionalen Kompetenz zählt auch die Fähigkeit zum guten emotionalen Umgang in Partnerschaft, Familie und Beruf.

3. Biografische Wachstumskompetenz ist die Fähigkeit zu reifen Entscheidungen in komplexen schwierigen Lebenssituationen sowie die Fähigkeit, persönliche Krisen zu meistern.

4. Reifungskompetenz meint die Fähigkeit, bis ins hohe Alter zu lernen und wichtige Erfahrungen zu machen.

Die Forscher des Zukunftsinstituts sagen dem Trend einen Boom auf den verschiedensten Ebenen voraus. Mit Selfness wird der ursprüngliche Gedanke der *Wellness* im Sinne von Wohlergehen, Entspannung und Verwöhnung in einen ganz neuen Zusammenhang gestellt. Selfness greift das Bedürfnis nach mehr Lebensqualität auf. Selfness-Orientierung führt zum Wunsch nach Selbstveränderung.

In den letzten Jahren haben viele Personalverantwortliche in der Wirtschaft die Wichtigkeit des Themas Veränderung und Selbstveränderung entdeckt und versuchen, dem auch im Unternehmensalltag Rechnung zu tragen. So bilden etwa zweihundert Personalexperten von namhaften deutschsprachigen Unternehmen die Initiativgruppe »Wege zur Selbst-GmbH«. Sie verstehen und organisieren sich als Netzwerk. Ziel ist es, möglichst viele Menschen dafür zu begeistern, sich als Unternehmer der eigenen Arbeitskraft zu begreifen. Die persönliche Verantwortung, die der Einzelne für seinen Lebensweg und seine persönliche Entwicklung übernimmt, steht im Vordergrund dieses Konzeptes. Der *Selbst-Unternehmer* ist eigenständig, eigenbestimmt, eigenverantwortlich und eigeninitiativ. Er hat die Bereitschaft und die Fähigkeit, den Geschäftserfolg für seine Selbst-GmbH zu mehren. Es geht um die Entwicklung einer inneren Grundeinstellung, sich selbst als Unternehmer der eigenen Existenz zu verstehen und die Verantwortung für die Gestaltung der eigenen beruflichen Entwicklung zu übernehmen. All das geschieht ausdrücklich innerhalb der Tätigkeit als Angestellter eines Unternehmens. Die Unternehmen ihrerseits sollen hinderliche betriebliche Rahmenbedingungen beseitigen und sind verpflichtet, den nötigen ordnenden und schützenden Rahmen zu schaffen.

Alles in allem bringe ich den Positionen der Initiative »Wege zur Selbst-GmbH« einen gewissen Respekt entgegen. Dies geschieht natürlich vor dem Hintergrund, dass viele der dort enthaltenen Gedanken gut kompatibel sind mit unserem Konzept der Selbstveränderung. Es geht der Initiative um engagierten vorurteilsfreien Dialog über das System Arbeit. Lebenslanges Lernen und die Aufgeschlossenheit für neue Methoden sind dabei sehr nützlich – wie auch die Bereitschaft und Fähigkeit, verschiedene Funktionen innerhalb eines Unternehmens zu übernehmen. Dadurch ist der Einzelne auch für andere Unternehmen qualifiziert und interessant.

1.3 Angst, Hoffnung und Veränderung

In Nachbarstaaten wie Frankreich, Großbritannien, Schweden und Irland blicken über 40 Prozent der Befragten optimistisch in die Zukunft. Aber nur jeder fünfte Deutsche ist dieser Meinung. Ursache für die Zukunftsangst in Deutschland ist vor allem die Furcht vor der Arbeitslosigkeit. Angst vor Verlust des Arbeitsplatzes rangiert mit 75 Prozent auf dem europäischen Spitzenplatz. Entsprechend schwarz wird die weitere Entwicklung im Land gesehen: 60 Prozent der Deutschen glauben, es könne nur noch schlimmer werden. In Studien konnte gezeigt werden, dass Personen, die arbeitslos sind, waren oder sich von Arbeitslosigkeit bedroht fühlen, sich weniger Kinder wünschen und auch tatsächlich weniger Kinder haben. Überraschend ist: Auch gut qualifizierte Paare verzichten immer häufiger auf Kinder.

Es gibt viele Möglichkeiten der Selbstveränderung im Beruf. Viele Menschen sehen es jedoch schon als Versagen an, wenn sie ihren Lebensstil in materieller Hinsicht ein wenig einschränken müssen. Gerade bei Geld sind Angst und Scham die zwei Motive, die uns daran hindern, Altes zu verlassen und Neues zu beginnen. Es ist dabei ein wenig so wie bei den Zirkusartisten. Der Trapez-

springer kann das zweite Trapez erst fassen, wenn er das erste los-
gelassen hat. Das klingt zunächst sehr riskant. Aber es heißt auch:
Eine neue Tür öffnet sich erst, wenn eine alte Tür geschlossen
wird.

Nebenjobs sind goldene Brücken zur Selbstveränderung. Es gibt
nur wenige Personen, die auf dem Weg zu ihrem Ziel alle Brücken
der materiellen Sicherheit hinter sich abbrechen müssen.

Eine angestellte Führungskräfte-Trainerin in einem großen Unternehmen
bietet für die Wochenenden Training und Coaching für Einzelpersonen und
Gruppen an und beginnt auf diese Art und Weise, sich eine eigene Firma auf-
zubauen.

Ein angestellter Lektor in einem Verlag arbeitet statt fünf Tage nur noch vier.
Freitags schreibt er jetzt vornehmlich zu Hause an einem eigenen Buch – sein
Traumziel seit Jugendjahren.

Ein Ingenieur aus der Automobil-Industrie hält sich die Hälfte seines Jahres-
urlaubs und je ein Wochenende pro Monat frei, selbst erlebte Reisen als Re-
portagen niederzuschreiben, die er dann Zeitschriften und Verlagen anbietet.
Außerdem arbeitet er an einer Dia-Show.

Eine Bankangestellte beginnt im Rahmen der gleitenden Arbeitszeit morgens
als Erste im Büro. Am Nachmittag arbeitet sie als freiberufliche Fotografin in
ihrem geliebten Hobby und bietet die Bilder auf Ausstellungen und Kunst-
märkten an.

Zehn Ideen zur Selbstveränderung im Beruf:

1. Mache ich mein Hobby zum Beruf?, fragt sich manch einer.
   Viele Menschen sind nicht für komplette Veränderungen geschaffen. Ehrenamtliche Tätigkeiten, Freizeitbeschäftigungen
   und Hobbys sind deshalb gute Möglichkeiten und Wege der
   Erprobung. Oft ist es nützlich, solche Erfahrungen innerhalb
   einer begrenzten Zeit zu sammeln. Auf diese Art und Weise
   gewinnt man wichtige Erkenntnisse für die angestrebte neue
   Option und kann mit größerer Sicherheit herausfinden, ob
   dies für die Selbstentwicklung der richtige Weg ist.
2. Sie können versuchen, über *flexible Arbeitszeiten* und *Job-Sha-
   ring* weiterzukommen. Beides bietet die Chance, die Arbeit
   Ihrem Leben anzupassen und nicht Ihr Leben der Arbeit.
3. Eine weitere Möglichkeit, sich auf neue Dinge zu konzentrieren, ist *Telearbeit* und *das Home-Office*, eventuell gekoppelt an
   eine geringere Wochenarbeitszeit.
4. Oft ist es möglich, Urlaubstage und Überstunden auf einem

Zeitkonto zu sammeln. Dadurch lässt sich eine größere Auszeit bilden.

5. Viele Firmen bieten ihren Mitarbeitern die Möglichkeit eines *Sabbaticals*. Dies ist eine gute Gelegenheit zu einer Auszeit, ohne die jetzige Position aufzugeben. In einem Sabbatjahr kann man viele neue Dinge auf den Weg bringen, zum Beispiel ein Studium, den Wechsel in die Selbstständigkeit, oder auch eine kreative Pause einlegen.

6. Wenn die Entscheidung klar ist, dass Sie die gegenwärtige Firma oder Position tatsächlich verlassen möchten, können Sie die Möglichkeit zu einer *Abfindung* prüfen. Viele Firmen bieten heute Programme zu Personalabbau oder Vorruhestandsregelung an.

7. Lassen Sie sich eine *Outplacement-Beratung* und ein *Training* für Bewerbungsgespräche zusichern. Lassen Sie sich Empfehlungsschreiben und ein gutes Zeugnis ausstellen, das ihre Leistungen im Betrieb genau und ausführlich beschreibt. So sind Sie gut gerüstet für Ihre neuen Aktivitäten.

8. Ihr Arbeitgeber ist manchmal bereit, Sie im Rahmen eines zeitlich limitierten *Beratervertrages* wieder einzusetzen, nachdem Sie aus dem festen Vertrag ausgeschieden sind. Falls Sie das möchten, sprechen Sie auch darüber mit den Verantwortlichen Ihrer Firma.

9. Wer einen *vollständigen Wechsel* anstrebt in eine Position oder Tätigkeit, in der er oder sie nur wenig Erfahrung mitbringt, kann sich sagen: Es gibt übertragbare Fähigkeiten! Belegen Sie bei Bewerbungen glaubhaft die Fähigkeit und den Willen zu Mehrarbeit, Weiterbildung und Training.

10. Informieren Sie sich über *Fördermöglichkeiten* bezüglich öffentlicher Kredite, Ausbildungsförderungen und Stipendien.

Ein solcher Wechsel hat nicht nur berufliche Konsequenzen und führt zu neuem lebendigen Engagement, sondern trägt auch immer zur Persönlichkeitsentwicklung bei.

Einladung zu Selbstreflexion und Verhaltensänderung:
Etwas Neues beginnen

1. Mit welchem Wunsch oder Plan liebäugeln Sie insgeheim schon seit längerem?

   ....

2. Was hat der Verwirklichung dieses Wunsches oder Plans bisher im Weg gestanden?

   ....

3. Worin würde der erste Schritt auf dem Weg zum Ziel bestehen?

   ....

4. Ist jetzt der richtige Zeitpunkt, diesen Schritt auch zu tun (nein – vielleicht – ja)?

   ....

1.4 Riskante Diagnosen

Psychische Störungen sind eine große gesellschaftliche Herausforderung. Die von einem Experten gefällte Diagnose schafft für den Betroffenen eine neue Wirklichkeit. Wahrscheinlich fühlt er sich schon vorher schwächlich, unglücklich oder krank. Aber mit dieser Diagnose weiß er nun: Er *ist* krank. Der bekannte Psychiater Klaus Dörner beschreibt, dass er zwei Jahre lang aus zwei großen Zeitungen die Berichte über die Häufigkeit psychischer Störungen wie zum Beispiel Angst, Depression, Essstörungen, Süchte, Schlaflosigkeit, Traumata gesammelt habe. Die einfache Addition der Zahlen ergab, dass jeder Bundesbürger mehrfach behandlungsbedürftig sei. Bei den von Dörner herangezogenen Aufsätzen war oft die gleiche Argumentation erkennbar. Die meist von bekannten Forschern stammenden Berichte versuchten, beim Leser ein Erschrecken über den hohen Prozentsatz der jeweiligen Einzelstörung zu erzeugen, um ihn dann aber wieder davon zu entlasten: Wer zur Behandlungsmethode des Autors griff, dem wurde Heilung in Aussicht gestellt.

Dazu passt der folgende Cartoon: Der Patient, der von guten Stimmungen berichtet, wird von seinem Psychotherapeuten rasch wieder zurechtgestutzt (Abbildung 1).

Abbildung 1

Der Spiegel berichtet über solche Praktiken mit einem auffallenden Titelblatt, das auf ein Gemälde des amerikanischen Künstlers

Roy Lichtenstein zurückgeht. Der Arzt sagt zu der jungen schönen Patientin, die keineswegs krank aussieht (Abbildung 2):

Abbildung 2 (Der Abdruck erfolgt mit freundlicher Genehmigung des Spiegel-Verlags.)

1.5 Psychotherapie und Selbsthilfe

Manchmal meldet sich in meiner psychotherapeutischen Praxis ein Patient, der von verschiedenen Vorbehandlern eine vollständige seelische Krankheitsdiagnose mitbringt. Oft handelt es sich dabei jedoch um ganz normales seelisches Leid, das zum Leben dazugehört, zum Beispiel um Trennungsschmerz bei Scheidung, Familienkonflikte oder um normale Angst und Traurigkeit aus gut verstehbaren Anlässen. Häufig sind diese Belastungen sogar durch den Betroffenen selbst gut angehbar – ohne Medikamente und ohne Psychotherapie. Es genügen in diesen Fällen einige klärende Beratungsgespräche oder eine Kurzpsychotherapie. In manchen Fällen ist das Leid auch einfach aushaltbar.

Ein mir Bekannter hat bei dem schweren Eisenbahnunglück in Eschede Frau und zwei Kinder verloren. Er ist danach nicht psychisch krank, eine Therapie kann ihn nicht fröhlich machen. Vielmehr ist er in eine neue Schicksalskonstellation hineingeraten und muss damit leben. Er hat eine Zeitlang bei guten Freunden gewohnt und das Haus verkauft. Er hat gemerkt, dass Arbeiten ihm hilft, nicht ständig mit dem Unglück konfrontiert zu sein. Auch hat er sich in einer Initiative für Schadenersatz für die Opfer von Eschede engagiert und Fernsehinterviews gegeben. Ein Therapiebedürfnis hat er während dieser ganzen Zeit nicht empfunden.

Jeder Mensch verfügt mindestens über Reste an seelischer Intaktheit. Selbst Menschen mit schweren seelischen Störungen haben noch gesunde Anteile von Selbstreparatur-Kompetenz. Hier sollte angesetzt werden: bei der konsequenten Arbeit und der Förderung dieser Ressourcen. Vieles wird jedoch von Angehörigen und Experten völlig unnötig dramatisiert und pathologisiert.

Seelische Auffälligkeit ist ein Leiden und eine Misslichkeit, aber auch ein Kommunikationssignal. Sie warnt uns rechtzeitig. Sie signalisiert uns: Da ist etwas in unserem Inneren aus der Balance geraten. Man sollte deshalb auch in der Therapie dem Patienten von Anfang an aufzeigen: »Dass Ihr Körper und Ihre Seele sich so melden, hat einen Sinn!« Dieser Hinweis hat für den Patienten oft etwas Tröstliches, lädt er ihn doch dazu ein, selbst die Dinge in die Hand zu nehmen und im eigenen Leben die Initiative zu ergreifen.

Dies ist ein konsequentes Anknüpfen an die Tatsache, dass auch die professionelle Hilfe ja immer beansprucht, Hilfe zur Selbsthilfe zu sein. Dies gilt in der Therapie, in der Sozialarbeit und in der Sucht, im Coaching und auch in der Unternehmensberatung. Der Unterschied besteht darin: In der Selbsthilfe werden von Anfang an alle Ressourcen des Betreffenden mit ins Feld geführt und aktiviert. Selbsthilfe ist lernbar!

Wenn jemand sagt: »Mir geht es nicht gut!«, ist jeweils die Frage zu stellen, welche Vorgehensweise bei dieser Person mit diesem Leiden jetzt sinnvoll ist und ob Selbsthilfe oder professionelle Hilfe der erfolgversprechende Weg ist. An dieser Stelle soll die Selbstveränderung als gleichberechtigt vom Therapeuten selbst ins Spiel gebracht werden. Als Orientierung von Psychotherapie und

Selbsthilfe kann die Sicht des Philosophen Hans-Georg Gadamer gelten: Für ihn ist Gesundheit ein Zustand, in dem der Mensch vergisst, dass er gesund ist. Gesundheit bedeutet für Gadamer ein selbstvergessenes Weggegebensein an den Anderen oder das Andere der privaten, beruflichen und gesellschaftlichen Lebensführung (1996).

Der folgende Cartoon zeigt, wie ein Psychotherapeut gerade das Gegenteil tut: Er lädt den neuen Patienten nicht dazu ein, die Dinge selbst in die Hand zu nehmen, sondern versucht, dessen nachhaltige Abhängigkeit von ihm, dem Fachmann, sicherzustellen (Abbildung 3).

Abbildung 3

Noch ein Bonmot zu dem Thema: »Ein Neurotiker ist einer, der Luftschlösser baut. Ein Psychotiker ist einer, der darin wohnt. Der Psychotherapeut ist derjenige, der die Miete kassiert.«

Manchmal bieten sich Menschen aus der Umgebung als Helfer an, auch wenn dieser gar nicht benötigt wird.

Ein junger, kräftiger Rollstuhlfahrer, Teilnehmer des Köln-Marathons der Rolli-Fahrer, der sehr viel Wert auf seine Sportlichkeit legt und starke Oberarmmuskeln hat, berichtet, dass er immer in der Weihnachtszeit im Einkaufstrubel plötzlich von irgendwelchen wildfremden Menschen geschoben wird, die ihm *helfen* wollen. Er hat aber mittlerweile gelernt, sich freundlich, aber auch deutlich gegen solch unerbetene Hilfsbereitschaft abzugrenzen.

1.6 Expertenhilfe und Eigeninitiative

Suchst du nach einer helfenden Hand, dann schaue am Ende deiner
Arme nach! (Graffiti in Berlin, Prenzlauer Berg)

Manche Menschen machen im Laufe ihres Lebens die Erfahrung,
dass ihr Handeln keinen nennenswerten Einfluss auf ihre Umwelt
und ihr Leben hat. Sie reagieren dann mit allgemeiner Passivität, die im Wesentlichen auf der subjektiven Erkenntnis beruht,
nichts ändern zu können. Auf der Gefühlsebene entwickeln sich
entsprechend Gefühle von Hoffnungslosigkeit, Wertlosigkeit,
Verzweiflung und Schuld. Diese Menschen erleben Gedanken
und Gefühle der Nichtkontrollierbarkeit ihrer Situation. Fatal
daran ist, dass diese Menschen ihre *Informationen* weitestgehend
aus der Vergangenheit beziehen und, noch schlimmer, die Hilflo-
sigkeitsmuster auf weitere Aufgabenstellungen verallgemeinern,
während die Gegenwart durchaus Möglichkeiten zum Handeln
zuließe.

Durch *Eigeninitiative* wird die Hilflosigkeit überwunden.
Wenn man selbst aktiv wird und versucht, sich aus einer misslichen Lage zu befreien, merkt man oft, dass die Dinge sich rasch
zum Guten wenden. Die Überzeugtheit von der Beeinflussbarkeit
des eigenen Lebens ist denn auch eine zentrale Kategorie von
seelischer Gesundheit. Es geht dabei nicht nur um die Bewältigung von Belastungen, sondern um das ständige Ausbalancieren
des Spannungszustandes zwischen Belastung und Entlastung.
Konkret bedeutet dies, dass wir uns über Schritte der Entlastung
freuen dürfen, aber auch für eine angemessene Wiederbelastung
zu sorgen haben. Dies gilt für unsere körperliche *und* unsere seelische Befindlichkeit.

Der renommierte Forscher Klaus Grawe untersuchte die Wirksamkeit der großen Psychotherapierichtungen. Seine Forschungs-
ergebnisse bestätigen unsere Vorstellungen von der Selbstveränderung: Kurze psychologische Interventionen wirken oft genauso gut
wie Therapien mit vielen Sitzungen über mehrere Jahre hinweg.
Ich selbst habe ebenfalls beeindruckende Wirksamkeitsbelege
psychologischer Kurzinterventionen im Suchtbereich beschrieben
(Stroß, 2002).

Mir begegnen in psychotherapeutischen Erstgesprächen manchmal Menschen, die mich nach kurzem Gespräch aggressiv und un-

geduldig fragen: »*Sie* müssen doch wissen, was ich habe! *Sie* sind doch der Experte!«

Was diesen Patienten zu fehlen scheint, ist Selbstreparaturkompetenz. Sie erwarten vom Experten, dass er sie, wie ein Auto, kurz durchcheckt, ihnen sagt, was ihnen fehlt, und ihnen dann rasch zu dauerhaftem Wohlbefinden verhilft. Eine Klientin sagte einmal zu mir: »Ich will ja gar nicht viel vom Leben, ich möchte einfach nur jeden Tag glücklich sein!« Aber das bedeutet Arbeit an sich selbst, eben *Selbst-Auseinandersetzung*. In einem Modell der Balance zwischen Belastung und Entlastung soll die Eigeninitiative von Anfang an gleichrangig neben die Fremdhilfe gestellt werden. Psychotherapeuten sollen nur dann tätig werden, wenn die Kräfte der Selbsthilfe an ihre Grenzen stoßen. Die Regel sind Selbsthilfe und Selbstveränderung, die Ausnahme von der Regel die Hinzuziehung von Experten.

Wir fanden in unserer langjährigen Untersuchung heraus, dass Selbstveränderungen bei Männern und Frauen, mit unterschiedlichen Veränderungszielen sowie bei Unterschieden in Alter, Bildung, sozioökonomischen Status wie auch im klinischen und im nichtklinischen Bereich gut gelingen können (Fengler, 1980, 1992; Stroß, 2001). Die Erfahrung hat uns gelehrt: Auch ohne therapeutische Anweisungen werden von Menschen in Notlagen in Eigenregie Vorgehensweisen der Selbstveränderung entwickelt und erfolgreich eingesetzt. Der Betreffende selber hilft sich mit Maßnahmen, die für ihn plausibel und evident sind. Er oder sie verfügt über eine quasitherapeutische Eigenkompetenz, insbesondere wenn es ihm gelingt, sich einer ernsthaften Selbstbeobachtung zu unterziehen. Natürlich bedarf es dazu der Offenheit, sich auf sich selbst einzulassen. Es wird in diesem Buch absichtlich von Personen berichtet, die sich kleine, mittlere oder große Selbstveränderungspläne vorgenommen haben. Themen, Ziele und Erfolge der Selbstveränderung sind so unterschiedlich wie das Leben selbst.

1.7 Der Charme des Erfolgs

Manche Therapeuten glauben, die eine Therapiestunde pro Woche sei das wichtigste Ereignis im Leben ihrer Patienten. Dann wissen sie oft zu wenig von den übrigen 167 Wochenstunden ihrer Patienten. Der Alltag und die konkrete Lebenssituation des Klienten sind der mit Abstand wichtigste Faktor in der Therapie. Viele Menschen entwickeln schon sehr früh ganz einfache Formen der Selbsthilfe.

Ein zehnjähriger Gymnasiast berichtet von seinem sechswöchigen Aufenthalt in einem Kindererholungsheim an der Ostsee. Er hat schreckliches Heimweh, fühlt sich einsam und verloren und weint oft heimlich, wenn die anderen Kinder es nicht sehen, und auch nachts in dem großen gemeinsamen Schlafsaal. Eine entsetzliche Situation. Er weiß, dass die Eltern ihn nicht abholen können. Eines Tages beobachtet er, dass immer während der Mahlzeiten das Heimweh abnimmt, gewissermaßen im Tageslauf. Diese Erkenntnis ist für ihn eine große Hilfe. Er sagt sich:»Es gibt *Heimwehzeiten*, aber auch *heimwehfreie* Zeiten. Während der Heimwehzeiten kann ich mich darauf freuen, dass es demnächst wieder ein heimwehfreie Zeit gibt.« Auf diese Weise übersteht er diese Zeit mit mehr Gelassenheit.

Den exklusiven Veränderungsanspruch von Therapie relativiert Paul Watzlawick (persönliche Mitteilung) anhand eines witzigen Beispiels.

Ein Ehepaar ist bei ihm schon längere Zeit in Paartherapie, weil ihnen die Sexualität abhanden gekommen ist: kein Sex, keine Erotik, keine Berührung. Auch in der Paartherapie kommen sie nicht wirklich weiter. Eines Tages machen sie eine Reise, wie sie auch schon vorher viele Reisen gemacht haben. Im Hotel steht das Bett an einer Wand. Als der Ehemann nachts zur Toilette will, muss er über die Ehefrau hinwegsteigen. Da sind sie beide plötzlich voneinander angezogen und schlafen miteinander. Von diesem Zeitpunkt an wird der Sex für die beiden wieder zu einem regelmäßigen gemeinsamen Vergnügen. Diese Veränderung passiert zwar *während* der Therapiezeit, aber gewiss nicht ausschließlich *durch* sie. Die Selbstaufmerksamkeit des Paares ist die entscheidende Größe. Diese kann man auch ohne Psychotherapie lernen.

Wir fanden gerade bei denjenigen Personen, die ihren Veränderungsplan je nach Fortschritt dynamisch veränderten, besonders erfolgreiche Verläufe.

Eine besonders beeindruckende Selbstveränderung liefert eine 30-jährige Zeitungsredakteurin, die ohne Partner lebt. Sie ändert innerhalb unserer Untersuchungen dreimal ihr ursprüngliches Veränderungsziel: Zunächst nimmt sie sich vor, ein positives Körpergefühl als Frau zu entwickeln und nicht mehr von Männern lediglich als Kumpeltyp angesehen zu werden. Durch Selbstreflexion kommt sie den Ursachen des eigenen Verhaltens immer näher und konkretisiert ihr eigenes Zielverhalten in: Ängste vor Beziehungen abbauen. Im weiteren Verlauf gesteht sie sich dann den Wunsch nach einer festen Bindung ein und entwickelt nun selbst ein kleines Verhaltenstraining, um aktiv mit Männern Kontakt aufzunehmen. Sie geht an Orte, wo frau Männer kennenlernen kann und sendet erfolgreich Kontaktsignale aus (z. B. nettes Lächeln, Grüßen,

Hallo- oder Hi-Sagen). Sie entwickelt am Ende ein positiveres Körpergefühl als Frau, baut ihre Ängste weitgehend ab und findet neue befriedigende Kontakte zum anderen Geschlecht. Diese sehr gelungene Selbstveränderung erscheint wie ein künstlerischer Akt: Die Künstlerin korrigiert, überarbeitet und bessert ihr Werk immer wieder nach – mit gutem Erfolg.

1.8   Selbstveränderung als Kunst

Jeder Mensch ist ein Selbstveränderer!
(frei nach Joseph Beuys)

Selbstveränderung hat eine ganze Reihe künstlerischer Aspekte. Denn die eigene Veränderung ist ein kreativer, rationaler und emotionaler Prozess, der immer wieder neu ist und oft zu unerwarteten verblüffenden Entwicklungen führt. Es ist deshalb auch kein Zufall, dass eine ganze Reihe unserer Beispiele gelungener Selbstveränderungen wie künstlerische Arbeit anmuten oder auch selbst von Künstlern stammen. Wie ein Maler, Bildhauer oder Schriftsteller weiß man nicht bis ins Detail genau, was letztendlich das Ergebnis des Prozesses ist. Das ist auch das Spannende und Herausfordernde an der Selbstveränderung. In unserem wissenschaftlichen Datenmaterial gab es keinen einzigen Menschen, der von Anfang an und danach unverändert im Sinne eines einmal gefassten unverrückbaren Vorsatzes sein Veränderungsziel verfolgte (Stroß, 2001). Vielmehr war die Regel, dass sich das vorher festgelegte, zu ändernde Problemverhalten oder das angestrebte Ziel selbst im Laufe der Zeit änderte. Dies betrachten wir aber ganz und gar nicht als Wankelmut, Beliebigkeit oder gar Unverbindlichkeit der Menschen. Vielmehr handelt es um eine besonders aufmerksame Selbstreflexion und Nutzung der jeweils frisch erworbenen neuen Erkenntnisse und Einsichten.

Bei einer ganzen Reihe unserer Untersuchungsgruppen mutet die Selbstveränderung ähnlich an wie ein künstlerischer Akt, bei dem der Maler sich neben sein Bild stellt und dann mehrmals korrigiert, verbessert und ändert (Stroß, 2001). Jeder Mensch, der sich selbst verändert, ist also in gewisser Weise freischaffender Künstler. Als wichtiger Nebeneffekt entsteht ein Gefühl von Freiheit, Selbstbewusstsein und Stärke. Man ist in diesem Augenblick Herr des eigenen Lebens. Wie der Künstler innerhalb seiner Arbeit Farben, Formen, Formate, Größen und Inhalte seiner Werke wechselt, oft aus der Intuition oder inneren Notwendigkeit heraus, so wechselt der Selbstveränderer auch oft intuitiv Größe, Inhalt, Wege und Methoden der Selbstveränderung in einem lebendigen dynamischen kreativen Prozess.

1.9 Selbstveränderung als Prozess

Das Leben ist zu kostbar, um es dem Schicksal zu überlassen.
(Käpt'n Blaubär)

Die Selbstveränderung ist aus mehreren Gründen immer ein Abenteuer:

- Man weiß anfänglich noch nicht genau, wie man es machen wird.
- Man weiß nicht genau, auf welche Erkenntnisse und Entdeckungen man dabei stoßen wird.
- Man weiß anfänglich nicht sicher, was dabei am Ende herauskommen wird.
- Aus einer Veränderung ergeben sich oft überraschende weitere Veränderungen.

Immer ist die Selbsterkenntnis ein willkommenes Zusatzprodukt der Selbstveränderung. Wir erfahren etwas über uns selbst und werden dabei klüger.

Jede Selbstveränderung entwickelt ihre Eigendynamik. In der Regel verändert sich das Selbstveränderungsziel innerhalb des Prozesses. In unseren Untersuchungen beobachten wir regelmäßig Folgendes:

- Das Ziel wird in einzelne Teilziele aufgeschlüsselt.
- Die Teilnehmer setzen sich schrittweise größere Ziele.
- Das Ziel verändert sich komplett.
- In Ausnahmefällen senken sie das anfängliche Anspruchsniveau und wählen ein kleineres Ziel.

Es ist oft auch ein Erfolg, wenn ein anderes als das zunächst anvisierte Ziel erreicht wird.

Der österreichisch-amerikanische Psychologe Frederick Kanfer (Kanfer, Reinecker u. Schmelzer, 1996) sagt: Es ist gut, wenn man das Ziel umkreist und eben gerade nicht sklavisch auf einen einmal gefassten Vorsatz fixiert bleibt, sondern seinen Weg flexibel geht. Manchmal fühlt sich der Mensch in der Selbstveränderung wie ein Entdecker, der zu neuen Kontinenten aufbricht. Es gibt oft Überraschungen. Denn man stößt manchmal auf ungeahnte Widerstände, aber auch auf neue Möglichkeiten und Kräfte.

Eine 32-jährige Regieassistentin, die sich selbst als beziehungssüchtig bezeichnet und dies verändern will, berichtet, dass es ihr jetzt gelingt, eine feste Partnerschaft zu führen. Sie wertet dies als großen persönlichen Erfolg. Quasi als Nebenprodukt dieser erfolgreichen Entwicklung hört sie auch noch mit dem Rauchen auf.

Diese Beispiele zeigen, dass sich aus einer Veränderung auch weitere Veränderungen ergeben können.

Kernaussagen zur Selbstveränderung sind:
- Selbstveränderung ist möglich.
- Selbstveränderung ist auch nach langem erfolglosen Bemühen möglich.
- Selbstveränderung eröffnet uns neue Perspektiven.
- Selbstveränderung stärkt das Selbstbewusstsein.
- Selbstveränderung ist ein wichtiger Steuerungs- und Korrekturfaktor im Leben.
- Selbstveränderung macht Freude.

Nach unseren bisherigen Überlegungen liegt nun die Frage nahe: Was ist das eigentlich – Selbstveränderung?

1.10 Ergebnisse der wissenschaftlichen Forschung

Eine wichtige Vorarbeit für dieses Buch ist meine Doktorarbeit an der Universität zu Köln (Stroß, 2001). Die Arbeit wurde von Jörg Fengler betreut, der auf diesem Gebiet selbst erfolgreich mit Gruppen gearbeitet hat (Fengler, 1980, 1992).

Wir haben langjährige wissenschaftliche Untersuchungen mit einigen hundert Teilnehmern an den Universitäten Bonn und Köln zum Thema Selbstveränderung durchgeführt. Bei fast allen Teilnehmern konnten deutliche, manchmal sogar sehr beeindruckende Selbstveränderungen festgestellt werden:

1. Alle Teilnehmer konnten ein oder mehrere Ziele der Selbstveränderung für sich festlegen.
2. Alle Teilnehmer konnten die Methode der Selbstbeobachtung erlernen und einsetzen.

3. Fast alle Teilnehmer entwickelten in ihrem Alltag individuelle, maßgeschneiderte, häufig unkonventionelle und verblüffende Methoden der Selbstveränderung.

4. Wir konnten erfolgreiche Selbstveränderungen auf sehr vielen Lebensgebieten nachweisen, zum Beispiel im Arbeits- und Kontaktverhalten; in der Kommunikation; im Umgang mit eigenen Ängsten, Stimmungstiefs, Traurigkeit, Stress, Arbeitsdruck und Unpünktlichkeit; bei Konsumgewohnheiten wie Essen, Trinken, Rauchen, Drogen und Kaufen und auf vielen weiteren Feldern des Lebens.

5. Alle Teilnehmer konnten an ihre eigenen Ressourcen anknüpfen und sie zum Vorteil der eigenen Selbstveränderung aktivieren. Fast alle Teilnehmer konnten auch mindestens von einer erfolgreichen Selbstveränderung berichten, die sie bereits *vor* unserer Untersuchung vorgenommen hatten.

6. Wir konnten zeigen, dass die Teilnehmer als Experten ihrer selbst die seelische Leistung vollbringen, sich selbst zu verändern.

7. Selbstveränderung scheint frei von ausgeprägten Misserfolgen und schädlichen Nebenwirkungen zu gelingen.

In einer Zeit von drei bis sechs Monaten machte über die Hälfte aller untersuchten Personen zum Teil beachtliche Selbstveränderungen durch. Dabei praktizierten sie spontan und mit einer klugen Menschenkenntnis Verfahren aus sehr unterschiedlichen Schulen der Psychologie und Psychotherapie, darunter interessanterweise auch solche, die sie aus Studium und Ausbildung nicht kannten, die sie aber gewissermaßen für sich selbst erfanden oder entdeckten und entwickelten und als geeignet empfanden.

2 Grundlagen der Selbstveränderung

Es gibt nichts Beständiges im Universum. Alles ist Ebbe und Flut. Jede Gestalt, die geboren wird, trägt in ihrem Schoß den Keim des Wandels. (Ovid, Metamorphosen)

Nichts ändert sich, außer ich ändere mich.
Alles ändert sich, sobald ich mich verändere.

Selbstveränderung ist alles, was eine Person spontan oder systematisch selbst leistet, um eine Anpassung an sich ändernde innere oder äußere Verhältnisse vorzunehmen. Dabei kann die Person vorhandene Ideen aufgreifen. Es bleibt immer ihre Selbstveränderung. Der Mensch ist zur Selbstveränderung fähig. Man kann dabei spontan oder auch planvoll vorgehen. Selbstveränderung ist der aktive Eingriff und eine bewusste Neuorientierung im Denken, Erleben und Handeln. Es ist das Erreichen von Zielen, die Lösung von Problemen, die Korrektur eigener Gefühle und die Behebung von Unzulänglichkeiten.

Bei der Selbstveränderung geht es nicht immer um Dinge, die von außen betrachtet dringend eines Eingriffs bedürfen. Eher sind sie oft auf dem Niveau einer inneren Notwendigkeit als auf dem eines unmittelbaren Zwangs angesiedelt. Das Individuum tritt aus seinem Entwicklungsstrom heraus und stellt sich sich selbst gegenüber. Es ist wie ein Erwachen im Erwachsenenalter.

Ein Kollege berichtet, dass bei ihm erst im Studium die Erkenntnis kam: Ich bin ich! Er erlebt dies unpathetisch, als ob sich ein Vorhang öffnet oder ein Schleier fällt: Die Entdeckung der Ich-Grenzen, aber auch der Ich-Möglichkeiten trifft ihn unerwartet und bewegt ihn zutiefst.

Die Selbstveränderung sucht die Reibung und den Konflikt mit Außenwelt und Innenwelt. Selbstveränderung macht besonders Spaß, wo es äußere und innere Widerstände zu überwinden gilt. Selbstveränderung ist das Gegenteil vom Schlaraffenland, in dem uns angeblich die Früchte in den Mund wachsen. Aber tatsächlich ahnen wir: In einem wirklichen Schlaraffenland würde es uns ziemlich schnell ziemlich langweilig werden. Wir suchen die Herausforderung, auch ohne Not. *Neugier* ist eines der stärksten Motive in unserem Leben.

Die Fähigkeit zur Selbstveränderung belegen die folgenden Beispiele:

- Fast jeder Mensch hat sich schon einmal von einer Partnerschaftskrise erholt, ist fleißiger geworden, hat ein neues Verhalten ausprobiert, ist mehr auf andere Menschen zugegangen oder hat sich für ein neues Hobby interessiert, wie zum Beispiel Sport, Musik, Malen, oder, oder, oder …
- Fast jeder Mensch hat verschiedene Ängste erlebt und einen Teil von ihnen bewältigt und überwunden, manchmal sogar durch systematische Übung.
- Fast jeder hat schon einmal eine schwere Trauer- oder Trennungssituation erlebt und spontan mit den Mitteln, die ihm zur Verfügung standen, aus dieser Situation wieder herausgefunden.

Manchmal empfiehlt sich die Selbstveränderung auch in Kombination mit Beratung oder Psychotherapie. Aber viele Schwierigkeiten und Probleme machen Menschen mit sich selbst aus und gehen gestärkt daraus hervor. Dies ist ein faszinierender Gedanke, zeigt er doch die Möglichkeit, sich am eigenen Schopf aus dem Sumpf zu ziehen. Verschiedene psychotherapeutische Schulen haben dazu bereits Beiträge geleistet, zum Beispiel mit Begriffen wie Selbstanalyse, Selbsttherapie und Selbstkontrolle. Selbstveränderung ist der weiteste und breiteste Begriff, derjenige, der dem Phänomen am nächsten kommt. Er lässt viele unterschiedliche psychologische Konzepte zu und lädt zu einem integrativen Vorgehen ein. Er bietet Platz für die wichtigsten Ansätze bezüglich der Veränderung der eigenen Person aus der Psychotherapie-Forschung. Die Selbstveränderung ist der gleichberechtigte »dritte Weg der Psychologie« neben Beratung und Therapie.

2.1 Selbstveränderung und Evolution

Selbstveränderung ist ein evolutionär günstiger Prozess. Tiere, die mehr verschiedene Nahrungsmittel resorbieren können, haben eine größere Überlebenschance als solche, die auf eine ganz bestimmte Nahrungsform angewiesen sind. Die Letzteren sind vom Aussterben bedroht, wenn diese Nahrungsquelle versiegt. Charles Darwin hat formuliert, dass diejenigen Lebewesen überleben, die eine Passung (»fit«) an die Umweltbedingungen finden.

Das prägnanteste Beispiel aus der Natur für Darwins Gedanken sind die Fliegen mit den Stummelflügeln auf den Galapagos-Inseln. Überall auf der Welt sind die Fliegen mit großen Flügeln tüchtiger, weil sie damit schneller vom Fleck kommen, schneller zur Nahrung kommen und schneller flüchten können. Wenn Darwin »survival of the fittest« im wahrsten Sinne des Wortes gemeint hätte, wären die Fliegen mit den größten Flügeln überall besser dran. Aber die Formulierung ist eher als »survival of the fit« zu verstehen. Es überleben diejenigen, die sich optimal an die Situation anpassen. Auf den Galapagos-Inseln sind also ausnahmsweise die Fliegen mit den Stummelflügeln besser dran, weil dort so starke Winde herrschen, dass Fliegen mit großen Flügeln ins Meer geweht würden und sich dann nicht mehr fortpflanzen können. Die Fliegen mit den Stummelflügeln sind »fit«, passen besser in diesen speziellen Lebensraum.

Zurück zur Selbstveränderung. Unsere These lautet: Die Menschen im 21. Jahrhundert, die über mehr Verhaltensalternativen verfügen, haben eine bessere Überlebens- und Fortpflanzungschance.

Wenn jemandem die Wohnung gekündigt wird und er hat dann nur eine Verhaltensweise, nämlich sich gegen die Kündigung zu wehren, dann ist er schlechter dran als jemand, der sich sagt: »Ich werde mich gegen die Kündigung wehren, werde aber gleichzeitig sehen, bei welchem Freund ich vier Wochen unterschlüpfen kann, werde die Zeitungsanzeigen lesen und mich über aktuelle Baugeldzinsen und den örtlichen Immobilienmarkt informieren.« – Oder jemand, der sagt: »Ich möchte Testpilot werden, etwas anderes kommt für mich nicht infrage!« Er steht plötzlich mit leeren Händen da, wenn er nicht Testpilot werden kann. Wenn er sich aber sagt: »Ich möchte Testpilot werden oder Flugzeug-Ingenieur oder Fluglotse oder Steward«, hat er mehr Chancen, einen Beruf zu finden, der ihn befriedigt.

Für menschliche Lebensläufe kann man in der Grundtendenz sagen: Wer mehr Verhaltensalternativen kennt, der hat evolutionär die besseren Chancen. Und wer sich durch Selbstveränderung erfolgreich auf neue Situationen einstellen kann, hat bessere Möglichkeiten in seinem Leben.

2.2 Motive zur Selbstveränderung

Alfred Adler (1972, 2004), einer der ersten Schüler von Sigmund Freud, hat zwei mögliche Fehlhaltungen des Menschen dargestellt, Machtstreben und Minderwertigkeitsgefühl, und ihnen zwei prosoziale Haltungen gegenübergestellt, nämlich das Gemeinschaftsgefühl und das gemeinschaftsdienliche Handeln.

Nun fällt diese Darstellung bei Adler ein wenig moralisierend aus. Bezogen auf die Selbstveränderung vertrete ich demgegenüber die Auffassung, dass das Geltungsstreben ein völlig legitimer Impuls ist, solange es in einer maßvollen Balance zum Gemeinschaftsgefühl steht. Auch das Streben nach Macht ist berechtigt, wenn die Macht wenigstens teilweise im Dienst der Gemeinschaft steht oder ihr zumindest nicht schadet.

Wer sich große Sorgen macht, dass sein Fehlen bei einer bestimmten Besprechung oder Konferenz zu einer krassen Minderleistung dieser Veranstaltung führt, der ist nur vordergründig gemeinschaftsfähig, hintergründig hingegen vielleicht narzisstisch und selbstverliebt; er überschätzt die eigene Bedeutung in diesem Gremium. Faktisch ist er nur einer von vielen, von denen jeder seine Kompetenzen einbringt.

Der ehemalige Ministerpräsident von Rheinland-Pfalz, Bernhard Vogel, sagte, als man ihn gerade abgewählt hatte: »Gott schütze Rheinland-Pfalz!« Damit macht er sich unfreiwillig ein wenig lächerlich in einer grandiosen Selbstüberschätzung: Wenn er als Lotse dieses Schiff verlasse, könne nur noch Gott selbst es schützen, nicht aber ein nachfolgender Ministerpräsident, ein Kabinett oder Parlament oder eine demokratieerfahrene Bevölkerung.

Worum es mir geht, ist die Selbsterkenntnis, Selbstentwicklung und Selbstveränderung mit Augenmaß und mit Bezug zur Gemeinschaft. Rudolf Steiner, der Begründer der Anthroposophie, hat in den Boden des großen Tempels von Dornach in der Schweiz das Wort »Ich« eingelassen, in riesigen Lettern. Steiner meint dies keineswegs egozentrisch, autistisch oder narzisstisch, sondern spricht hier eine große Entwicklungsaufgabe jedes Menschen an. Aber auch viele andere Motive mögen uns veranlassen, eine

Selbstveränderung in unseren äußeren oder inneren Verhältnissen
vorzunehmen.

Sättigung und Übersättigung

Manche Impulse zur Selbstveränderung entstehen aus dem Gefühl
des Abschiednehmens. Im Moment der Sättigung fällt die Bindung
an das vorherige Verhalten oder Erleben mühelos von der Person
ab. In einem Zen-Buch ist einmal das Sterben verglichen worden
mit einem Blatt, das im Herbst vom Baum fällt. Wenn es soweit ist,
ist es gut, loszulassen. In jedem Lebensalter, wenn das Maß erfüllt
ist, kann eine Wandlung eintreten. Oft sind dies auch für den Betreffenden selbst überraschende und spontane Feststellungen.

Auch viele Aussteiger beschreiben das Gefühl der Sättigung
und Übersättigung: »Es ist genug, mir reicht's! Ich habe das kalte
Regenwetter in Deutschland satt, ich will in die Sonne! Ich habe
genug von der Unfreundlichkeit, der Einengung und der Hektik
in Deutschland! Ich will mehr Freiheit, mehr Natur und freundli-
chere Mitmenschen!«

Goethes Italienische Reise ist ein Beispiel für ein solches Erlebnis, verbunden
mit der Vermutung einer Burnout-Entwicklung. Goethe verlässt über Nacht,
ohne dass es jemand weiß, sein Tagesgeschäft als Minister, vielfacher Funktionär der Regierung und Richter. Der Kurfürst, sehr großzügig, duldet dies und
schickt ihm sogar Geld, damit er eineinhalb Jahre in Italien bleiben kann zum
Dichten, zur Bearbeitung von Druckfahnen und zum Gespräch mit Kollegen
in der deutschen Künstlerkolonie in Rom.

Wenn alles genossen worden ist, sollte man sich vom Essen er-
heben. Denn nach der Übersättigung kommen Ekel und Flucht-
gedanken. Man ist einer Sache überdrüssig. Das ist oft der Ausgangspunkt einer Selbstveränderung.

Ein 32-jähriger österreichischer Beamter, Bahnbeamter in der dritten Generation, hat zwei Jahre lang keinen Urlaub genommen und war neun Jahre lang
nicht mehr im Ausland. Er nimmt sich seinen ganzen Urlaub, der sich auf drei
Monate beläuft, und fliegt für mehrere Wochen nach Asien. Während seiner
Reise lernt er zu tauchen, was ihm Spaß macht und ihn innerlich bewegt.
Noch im Urlaub ruft er auf seiner Dienststelle an und teilt ihnen mit: »Ich
komme nicht mehr zurück! Ich bleibe hier!« Er ist seiner Beamtentätigkeit
überdrüssig. Er baut sich eine Existenz als selbständiger Tauchlehrer mit eigener Tauchschule auf Bali auf, heiratet eine Balinesin und lebt mit ihr und dem
gemeinsamen kleinen Sohn glücklich und zufrieden.

Anders herum: Wenn man im Moment der Sättigung aufhört, kann man das Glück bewahren und sich dankbar daran erinnern. Vielleicht ist nur der Narzissmus grenzenlos: Das Bedürfnis nach Anerkennung ist offenbar ein Fass ohne Boden. Die ehemalige Ministerpräsidentin von Schleswig-Holstein, Heide Simonis, spricht folgerichtig von der Angst vor der Leere und Stille, wenn der Politiker von der Bühne abtritt. Von ihr wird das Zitat kolportiert: »Wenn ich drei Schritte ginge, ohne dass mich jemand erkennt, würde ich in tiefe Depression verfallen.«

Das Thema Sättigung und Übersättigung weist oft Bezüge zur Frage nach der eigenen Identität auf. In neuerer Zeit hat sich besonders Max Frisch literarisch intensiv mit diesem Thema auseinander gesetzt: Kann ich ein ganz anderer Mensch werden? Kann ich ein komplett neues Leben anfangen? Kann ich alles Gewesene hinter mir lassen? Ist es möglich, ein völlig anderer Mensch mit einer komplett neuen Identität zu werden? In seinen drei Romanen »Homo faber«, »Stiller« und »Graf Öderland« geht es in Variationen immer um das Thema, noch einmal ganz von vorne zu beginnen und diesmal alles anders zu machen.

Die Erfahrung dieser Romanfiguren, und übrigens auch vieler anderer Menschen, die dies versucht haben, ist letztlich immer die gleiche: Ein völliger Neuanfang, ein völliges Abstreifen der eigenen Identität und Persönlichkeit ist trotz größter Anstrengungen nicht möglich. Es sind zwar viele Neuentscheidungen möglich und auch die Erfahrung, dass das Leben veränderbar ist, aber die Identität ist nicht insgesamt veränderbar. Denn man nimmt sich selbst ja immer mit, mit all seinen bisherigen Erfahrungen, den guten und den schlechten. Dies bedeutet andererseits eine gewisse Stabilität, die bei einer angestrebten Veränderung sogar wichtig und hilfreich ist.

Bei Jugendlichen kommt es manchmal durch Ortswechsel, Auslandsreisen und zu Beginn des Studiums zu ganz neuen Vorsätzen und damit auch zu radikalen Einschnitten im Leben. Viele innere Stimmen, Zweifel und Unsicherheiten melden sich erst später und leise: War das damals richtig? Vieles Alte bleibt nämlich. Ich kann nicht vor mir selbst fliehen und auch nicht meiner Identität davonlaufen. Sie holt mich immer wieder ein. Meine Innenwelt mit ihren Erfahrungen, Wahrnehmungs- und Erlebnisrastern, ihren Urteilen und Vorurteilen nehme ich immer und überall mit hin.

Selbst im James-Bond-Film wird der Bösewicht, obwohl er ein dank hervorragender plastischer Chirurgie neues Gesicht hat, wiedererkannt. Denn der Bösewicht hat sich ja nicht wirklich innerlich verändert, auch wenn er mittlerweile auf einem anderen Kontinent lebt. Man erkennt ihn an seinem Charakter wieder.

Manche Menschen berichten aus ihrem Leben oft kurz vor Beginn einer Selbstveränderung intensive Erlebnisse von Langeweile und Monotonie. Es fehlt der Kick, der Thrill; alles ist von bleierner Schwere.

Ein Bankangestellter, dessen ganzes Leben, sowohl dienstlich als auch privat, von großer Monotonie geprägt ist und der deswegen immer lethargischer und antriebsloser wird, sagt klagend: »Jeden Tag derselbe Einheitsbrei!« Diese Erkenntnis ist für ihn der Start zu einer Selbstveränderung.

In eine ähnliche Richtung wie die Sättigung geht auch der Übermut, wenn der Volksmund sagt: »Wenn's dem Esel zu wohl wird, geht er aufs Eis tanzen!« Wenn es einem zu gut geht, sucht man eine neue Herausforderung. Aber auch das genaue Gegenteil von Sättigung ist ein treibendes Motiv zur Selbstveränderung: Lebenshunger und Lebensgier. Beide ähneln sich paradoxerweise als Impuls zur Veränderung, indem die Betreffenden oft erst nur diffus spüren: Das kann doch nicht alles gewesen sein in meinem Leben!

Vom Saulus zum Paulus

Über Nacht wurde Saulus zu Paulus. Gestern war er noch radikaler, kompromissloser Christenverfolger, heute ist er ein glühender Christ. Bei Paulus selbst ist dieser Schwenk wahrscheinlich durch einen epileptischen Anfall ausgelöst worden, so lautet jedenfalls eine gängige Interpretation. Ähnlich wie später Mohammed hatte Paulus vermutlich ein einschneidendes Erlebnis von Erleuchtung und Gottesbegegnung. Selbstveränderung ist jedoch etwas anderes als Erleuchtung oder ein Erlebnis plötzlicher radikaler Neuorientierung. Saulus-Paulus-Erlebnisse sind keine Projekte der Selbstveränderung in unserem Sinne: Es fehlen ihnen die Systematik des Vorgehens und auch der Handlungsimpuls. Saulus stürzt vom Pferd und ist danach ein anderer Mensch. Das Erlebnis stellt sich ein. Es wird nicht aktiv herbeigeführt.

In gemilderter Form findet man Saulus-Paulus-Phänomene bei ehemaligen Rauchern in Form eines Anti-Nikotin-Fanatismus.

Auch religiöse Konvertiten und ehemalige Alkoholiker treten oft mit einer gehörigen Portion Sendungsbewusstsein auf und propagieren unerschütterlich und oft auch ungefragt ihre neue Überzeugung. Uns kann das Saulus-Paulus-Phänomen aber Anlass geben, bei unserer eigenen Selbstveränderung nach innen zu lauschen, ob sich etwas anbahnt, ein innerer Drang, eine Verwerfung, die wir vielleicht ansatzweise ahnen oder gar erkennen können.

In Japan gibt es eine nennenswerte Zahl leitender Angestellter, die über Nacht zu Komplett-Aussteigern werden. Es handelt sich hier um eine regelrechte Subkultur von Personen, die in der Fußgängerzone von Hotelabfällen leben und in Parks schlafen. Aber sie sind keine Stadtstreicher wie in Deutschland, unter denen wir viele Süchtige und Gestrandete finden, sondern es sind Personen, die sich als Intellektuelle aktiv dem Arbeitsleben verweigern und in provisorischen Pappkartons ihr Leben fristen.

Saulus-Paulus-Erlebnisse haben auch Kinder und Jugendliche.

Ein kleiner dicker Junge hat bis zum seinem 14. Lebensjahr vom Arzt immer wieder die Diagnose Fettleibigkeit erhalten und wird wegen seines Körpers von seinen Mitschülern oft gehänselt. Er ist sehr traurig und zieht sich von sozialen Kontakten zurück. Eines Tages ist er bei einer Zehnkampf-Veranstaltung und identifiziert sich spontan mit einem Spitzenathleten. Innerhalb einer Woche meldet er sich im Leichtathletikverein an, beginnt mit dem Training und ist nach sechs Monaten Jahrgangsbester. Er trainiert weiter: Mit 18 Jahren folgt die Aufnahme in den Nationalkader. Er trainiert wie besessen weiter: pro Woche fünf Trainingseinheiten mit jeweils vier Stunden. Plötzlich hat er viele Freunde in der Schule, denn es ist schick, sich mit ihm sehen zu lassen. Es tut ihm gut, obwohl er weiß, dass diese Freundschaften seinem Erfolg gelten!

Unsere Beispiele zeigen: Es existiert ein intuitives Wissen über Möglichkeiten der Selbstveränderung, die erfolgreich zum Ziel führen.

Auch der ehemalige Rockstar und selbsternannte Prince of Darkness, Ozzy Osbourne, ist gewissermaßen vom Saulus zum Paulus geworden. Jahrelang selbst Drogenkonsument und mittlerweile abstinent, predigt er heute Jugendlichen öffentlich: »Hört auf, dieses Fucking-Zeug zu rauchen! Seht mich an!« Die glaubwürdige Selbstveränderung Ozzy Osbournes von Drogenabhängigkeit zu Abstinenz hat große Wirkung in der amerikanischen Öffentlichkeit. Ozzy Osbourne wurde von George W. Bush ins Weiße Haus eingeladen, und der ehemalige amerikanische Vizepräsident Dan Quayle wagte die Behauptung, dass Ozzy als abschreckendes Beispiel drogenpolitisch vermutlich mehr bewirkt habe als all die lebensfremden »Just-say-No«-Kampagnen der Reagan-Ära.

Weitere Beispiele für Saulus-Paulus-Wandlungen finden wir in den Bereichen Sport, Kunst und Literatur, Religion, Politik, im Bereich Gesundheit und Krankheit und im Leben vieler Menschen, denen nichts Spektakuläres anhaftet. Die folgenden Beispiele sind radikale Komplettwandlungen und erinnern an das Saulus-Paulus-Phänomen. Tatsächlich sind es starke und grundlegende Selbstveränderungen. Denn sie werden absichtlich und manchmal sogar planmäßig betrieben.

Eine 31-jährige Bardame und Prostituierte hat es eines Tages satt, im Milieu zu arbeiten. Jahrelang war sie von dieser Welt fasziniert, von dem Geld, das sie verdient, und von der Macht, die sie über die Männer hat. Langsam aber fühlt sie sich übersättigt von der Welt der Bars und Bordelle. Es überkommt sie der Ekel. Nach einer Phase der Überlegung studiert sie Sozialpädagogik. Während des Studiums hat sie zwar einen Rückfall und gerät für kurze Zeit noch einmal in die Welt der Bars. Mittlerweile hat sie sich eine komplett andere Existenz aufgebaut und arbeitet voller Hingabe mit behinderten Kindern.

Sicher sind dies Ausnahmen. Sie zeigen aber, zu welchen Wandlungen manche Menschen fähig sind. Weitere Beispiele tiefgreifender Wandlungen aus dem Alltag von Menschen, die mir persönlich bekannt sind, sind die folgenden:

- vom Vieltrinker zum gesundheitsbewussten Abstinenzler,
- vom Zocker zum liebevollen Familienvater,
- vom Junkie zum Spitzensportler,
- von der Bankkauffrau zur Lufthansa-Pilotin,
- vom Industriemechaniker zum selbstständigen Edelbestatter,
- vom Archäologen zum Kommunikationsexperten,
- von der IT-Beraterin zur Schauspielerin,
- vom Kripobeamten zum Skipper auf Mallorca,
- von der Schreinerin zur Künstlerin,
- vom Polizeibeamten zum erfolgreichen Unternehmer,
- vom Top-Manager zum Gärtner und Rosenzüchter.

Solche quergebürsteten Lebensläufe treten mittlerweile häufiger auf und es wird in den Medien vermehrt über sie berichtet. Selbstveränderer gab es jedoch schon immer, wie die nächsten drei prominenten Beispiele aus unterschiedlichen Zeiten zeigen:

Paul Gauguin, der große französische Maler des Impressionismus, arbeitet zunächst bei der Handels- und Kriegsmarine und ist danach lange Zeit Bankangestellter. Erst im Alter von 36 Jahren widmet er sich ganz der Kunst und beginnt ein ausgedehntes Wanderleben, das ihn zunächst nach Martinique und schließlich in die Südsee nach Tahiti führt.

Der junge, blendend aussehende, charismatische argentinische Arzt Ernesto »Che« Guevara, Sohn aus großbürgerlichem Hause, dem in seiner Heimat eine glänzende Karriere bevorsteht, wird stattdessen Guerillero, Revolutionär und Befreiungskämpfer auf Kuba. Nach der erfolgreichen Revolution wird er Minister und Chef der kubanischen Nationalbank.

Martin Luther soll nach dem Wunsch des Vaters Jura studieren und der neu aufsteigenden Schicht der Juristen angehören. Der strenge Vater, der ihn straft und prügelt, erweist sich aber auch als hilfreich und unterstützt die Studien seines Sohnes Martin großzügig. Eine wohlhabende Braut hat der Vater auch schon für ihn in Aussicht. Der junge Martin Luther gilt als sehr begabt. Seine Lehrer schätzen ihn und eine sichere Karriere steht ihm bevor. Eines Tages im Sommer 1505 kauft er als Student in Gotha Bücher, geht zu Fuß nach Hause zurück und erlebt während eines Gewitters einen Blitzeinschlag aus unmittelbarer Nähe, den er dahingehend deutet, der Blitz sei ein Zeichen Gottes, dass er Mönch werden solle. Er wirft sich nieder und gelobt spontan, dem zu folgen. Luther geht kurz danach in der Nacht ins Augustinerkloster von Erfurt. Er kündigt damit zum ersten Mal in seinem Leben dem Vater den Gehorsam auf.

Natürlich gibt es solche unvorbereiteten Erlebnisse, die an Saulus-Paulus-Wandlungen erinnern. Plötzlich ist die Evidenz da: »Das mache ich jetzt!« Aber wenn man bei manchen radikalen Selbstveränderungen genauer hinschaut, kann man oft so etwas wie einen unbewussten oder auch ungewussten Vorlauf erkennen. Der innere Protest gegen die väterliche Weisung: »Werde ein angesehener Jurist!« ist bei Martin Luther latent schon vorhanden. In dem Moment des radikalen Schwenks, bei Luther im wahrsten Sinne des Wortes eine blitzartige Wandlung, kippt etwas von A nach B, aus dem Juristen wird hier ein Theologe. Innerhalb von Minuten oder Stunden wird diese gravierende Neuentscheidung gefällt.

Wenn man das Bild von der Lawine nimmt, kann man sagen, sie geht mit einem Rutsch ab. Aber es hat schon wochenlang vorher geschneit, der Abhang war vereist und rutschig; dann ist es nachher tatsächlich eine Schneeflocke, die die Lawine auslöst. Aber sie ist nicht die *Ursache*. Man muss unterscheiden zwischen einem sehr komplexen Ursachenbündel und einem sehr konkreten *Auslöser*. Das Fass ist voll; der nächste Tropfen wird es zum Überlaufen bringen.

Ähnlich ist es, wenn Menschen sich plötzlich trennen. Ein kleines Schlüsselerlebnis kann dann das Fass zum Überlaufen bringen.

Aber es gibt einen Vorlauf, der dazu führt, dass dieser Tropfen diese Bedeutung gewinnt. Dem Menschen wird plötzlich klar, dass etwas fundamental anders werden muss, und handelt dann mit aller Kraft dementsprechend.

Erlebnisse einer grundlegenden Wandlung enthält auch die Legende von Buddha.

Buddha war ein Prinz aus wohlhabendem guten Hause, der eine schöne Frau und einen kleinen Sohn hat. Er macht sich nachts allein davon und sucht die Erleuchtung. In seiner Jugend ist Buddha von allem Hässlichen und Kranken ferngehalten worden. (Das gibt es heute noch in japanischen Klöstern, in denen die abgefallenen Blätter sofort aufgesammelt und entfernt werden, weil ihr Anblick die Harmonie der Seele stören könnte.) Eines Tage bei einer Fahrt durch die Stadt entdeckt Buddha einen kranken Bettler. Er ist zutiefst bestürzt, weil er bis dahin immer in Schönheit gelebt hat: keine Kranken, keine Alten, keine Hässlichen. Auch die eigenen Eltern waren schön, gepflegt und wohlgewachsen, ebenso die Diener. Plötzlich denkt er: Die Welt ist anders, als ich sie mir immer vorgestellt habe! Die Diener wollen ihn wegzerren von diesem Bettler. Er verweilt aber, konzentriert sich auf den Anblick dieses hässlichen Menschen und entdeckt in dem Moment die Hinfälligkeit der menschlichen Existenz auch die Hinfälligkeit der eigenen Existenz. Er verlässt über Nacht, ohne jemandem Bescheid zu sagen, Frau, Kind, Eltern und Palast und lässt alles hinter sich, allen Wohlstand und alle Schönheit. Er geht in die Einsamkeit und Einsiedelei zu den Asketen in den Wald und versucht sieben Jahre lang, über Askese und Versenkung zur Erleuchtung zu kommen. Er merkt, dass die Askese, das dauernde Fasten, ihm nicht gut tut und er an den Rand des Todes gerät. Die Erleuchtung kommt ihm nach sieben Jahren unter einem Baum, als er sieht, wie ein Mensch einen Bogen spannt. Plötzlich erkennt er: »Der mittlere Weg! Der mittlere Weg ist der richtige Weg!« Denn wenn der Bogen zu wenig gespannt ist, ist er schlaff und der Pfeil fliegt nicht. Wenn der Bogen zu stark gespannt ist, bricht er. Der mittlere Weg bedeutet die richtige, angemessene Spannung. Er beendet daraufhin die Askese, weshalb ihn seine Waldgesellen verwünschen und verfluchen. Er entgegnet: »Mit dem Hungern ist gar nichts gewonnen. Das schwächt nur den Geist und verhilft nicht zur Erleuchtung!« Jetzt erst findet er zu den Vier Edlen Wahrheiten und dem Edlen Achtfachen Pfad und verbreitet seine Lehre als Wandermönch.

Auch in der christlichen Religion gibt es viele Geschichten von kompletten Wandlungen im Leben der Heiligen. Im Nachahmen beeindruckender Vorbilder kommt es gelegentlich auch zu Missgriffen:

Ein Student Ende zwanzig kleidet sich wie ein von ihm wie ein Guru verehrter Psychologie-Professor. Er trägt sogar die gleiche runde Brille und spricht, obwohl aus anderer Gegend dieser Republik, in dem gleichen Aachener Dialekt seines Vorbildes. Darauf angesprochen erwidert er: »Besser eine gute Kopie als ein schlechtes Original!«

Als Psychologe werden wir darauf natürlich antworten: »Besser ein Original auf dem eigenen Niveau als die Kopie eines anderen, mit dem man nicht mithalten kann!« Es geht also unter anderem um die *Selbstakzeptanz*, wenn der Mensch sich entwickelt.

Meist sind solche Formen der radikalen Wandlung jedoch vorübergehender Natur. Oft gibt jemand aus dem Umfeld dem Betreffenden einen Hinweis oder er kommt selbst darauf, dass er seinen Wert nicht in der Imitation, sondern in sich selbst mit seinen Stärken und Schwächen finden kann. Nur eine solche Entwicklung wird dauerhaft als gesunder Reifungsschritt betrachtet.

2.3   Selbstaktualisierung: Werde, der du bist!

Mehr als jedes andere Wesen wird der Mensch etwas, statt etwas zu sein … (Veranstaltungsmotto einer entwicklungspsychologischen Tagung der Universität Heidelberg, 2007)

Die amerikanischen Psychologen Carl R. Rogers (2000) und Abraham Maslow (1977) sehen die Triebfeder und wichtigste Grundlage erfolgreicher Selbstveränderung darin, dass wir Menschen die Möglichkeit zur *Selbstaktualisierung* haben. Dies ist die jedem Menschen innewohnende Fähigkeit, die ihm eigenen vielfältigen Möglichkeiten im Leben zu gestalten und sich selbst dem gemäß zu entwickeln. Selbstaktualisierung ist wie Selbstveränderung Prozess und Ergebnis. Der selbstaktualisierte Mensch ist seelisch gesund und offen für Erfahrungen. Er hat Vertrauen in sich und seine Gefühle und entwickelt in jeder Lebenssituation ein Verhalten, das für ihn am meisten Befriedigung mit sich bringt. Er ist im Gespräch mit sich selbst.

Die Ziele der Selbstaktualisierung, Selbsttherapie und Selbstveränderung sind dynamisch. Jörg Fengler (1980, S. 59) schreibt dazu: »Ziele, die für Endziele gehalten werden, erweisen sich als Zwischenziele. Hinter ihnen werden, sind sie einmal erreicht, neue Ziele sichtbar. Ein Ziel zu erreichen bedeutet nicht, es endgültig erworben zu haben. Es muss gleichsam täglich wiedererworben werden. Selbstaktualisierung als Resultat wird damit zu einer lebenslangen Aufgabe von Selbsttherapie.« Im Kern geht es bei der Selbstaktualisierung darum: Immer mehr man selbst werden, ohne dass dieses Selbst eine klare Kontur hätte oder behielte.

Selbstveränderung hat ebenfalls viel mit dem älteren Begriff der *Selbstverwirklichung* zu tun. Selbstveränderung bedeutet immer eine Form der Selbstverwirklichung. Selbstverwirklichung bringt das eigene Potential zum Ausdruck, ermöglicht Wandel und Wachstum und schafft Offenheit für neue Erlebnisse und Erfahrungen. Dies ist eine gute Ausgangslage für die Selbstveränderung. Carl Gustav Jung, der Schweizer Tiefenpsychologe und Weggefährte von Freud und Adler, sagt dazu treffend: »Hier müssen wir der Natur als Führerin folgen, und was der Arzt dann tut, ist weniger Behandlung als vielmehr Entwicklung der im Patienten liegenden schöpferischen Keime« (Jung, 1958, G. W. Bd. 16, S. 53).

Auch Karen Horney beschreibt in ihrem Buch »Neurose und menschliches Wachstum«, dass jeder Mensch einen angeborenen Hang zur Selbstverwirklichung hat. Karen Horney ist der Auffassung, dass das Individuum zu einem reifen Erwachsenen heranwächst wie eine Eichel zu einer Eiche, wenn Hindernisse aus dem Weg geräumt werden. Ich finde dieses Bild, von der Eichel zur Eiche, eine wunderbare Metapher für die menschliche Entwicklung und auch für die Selbstveränderung.

Im Grunde genommen betonen alle Psychotherapierichtungen die Wirksamkeit der seelischen Selbstheilungskräfte und die Fähigkeit eines jeden Menschen zur Selbstbehandlung. In der Selbstveränderung geht es aber nicht in erster Linie um das Behandeln einer Krankheit, sondern um Problemlösungen und das Erreichen von Veränderungszielen. Nicht der eiserne Wille zählt dabei vorrangig. Vielmehr sind kleine Schritte wichtig. Pointiert ausgedrückt: Arbeite jeden Tag an deinem Traum!

Einladung zu Selbstreflexion und Verhaltensänderung: Erfolgreiche Selbstveränderung

1. Welche erfolgreiche Selbstveränderung haben Sie schon einmal in Ihrem Leben vorgenommen?

   ....

2. Wann war das?

   ....

3. Wie sind Sie dabei vorgegangen?

   ....

4. Auf welches Ergebnis können Sie jetzt zurückblicken?

   ....

2.4 Ambivalenzen: Will ich wirklich?

Jeder Mensch trägt unerledigte Themen und widersprüchliche Impulse mit sich herum. Davon handeln in ironischer Brechung die folgenden Sprüche:

- Es gibt nur zwei Katastrophen im Leben: Die eine ist, man bekommt nicht das, was man will, und die andere, man bekommt das, was man will! (Oscar Wilde)
- Ent- oder weder! Aber nicht immer dieses Hin und Her!
- Versauft's nicht Euer ganzes Geld! Trinkt's liaba noch a' Bier! (Karl Valentin, bayerisches Original)
- Es soll sich alles ändern, aber es soll auch alles bleiben, wie es ist!
- Wasch' mir den Pelz, aber mach' mich nicht nass!

Dieses Dilemma kennen wir aus dem Alltag: Sushi oder Pasta? Reiseland Italien oder doch eine Fernreise? Aber auch bei wichtigeren Lebensthemen fragen sich viele Menschen: Bleibe ich bei diesem Beruf und diesem Arbeitgeber? Will ich diese Partnerschaft? Bleibe ich hier oder wechsle ich den Ort?

Man ist schon sehr viel weiter, wenn man die Ursache der eigenen Unzufriedenheit kennt und sie benennen kann und wenn diffuse Unzufriedenheit in einen *Wunsch* verwandelt werden kann. Noch weiter ist man, wenn man *konkrete Alternativen* oder *Ziele* hat: Will ich eine berufliche Veränderung? Will ich mich trennen oder nicht? Will ich mehr Kontakte oder nicht?

Bei der Klärung geht es immer darum: Was will ich wirklich? Wie lautet mein Änderungsziel? Man sollte dabei aufpassen, dass es einem nicht so geht wie dem Esel in der Fabel.

Ein Esel findet zwei wunderschöne duftende Heuhaufen, die direkt nebeneinander liegen. Er geht zum ersten Heuhaufen, riecht an ihm und das Heu duftet wunderbar nach Sommer. Er will gerade zubeißen, da kommt ihm plötzlich der Gedanke: Halt! Was ist denn, wenn der andere Heuhaufen noch viel besser schmeckt als dieser hier? Und so geht er zu dem anderen Heuhaufen. Er schnuppert an ihm und findet, dass auch dieser herrlich duftet. Nun kann er sich angesichts der zwei gleichwertigen Alternativen nicht entscheiden. So geht er tagelang von einem Heuhaufen zum andern. Nach einer Woche der Unschlüssigkeit und des Nicht-entscheiden-Könnens kann der Esel schließlich nicht mehr. Er bricht kraftlos zusammen und stirbt.

Die Klärung von Zweifel und Zwiespältigkeit kann ein Entweder-oder oder ein Sowohl-als-auch bedeuten. Die Klärung kann darin bestehen, dass die Ambivalenz in moderater Form ausgehalten wird und der Selbstveränderung nicht mehr im Weg steht. Man kann sich auch mit seinen Zweifeln versöhnen. Beides sind sinnvolle Möglichkeiten in der Selbstveränderung. Im Volksmund heißt es dazu scherzhaft:»Ich gehe mit einem Problem schwanger.« Offensichtlich darf man sich auch manchmal neun Monate Zeit lassen, um eine gute Lösung zu finden. Manche Entscheidungen reifen langsam heran und fallen einem zu, ähnlich wie reifes Obst vom Baum abfällt, wenn es reif ist. Dazu bedarf es keiner besonderen Aktion oder Kraftanstrengung.

Ein junger Popsänger überlegt seit Jahren, ob er sich ein eigenes Musikstudio kaufen will. An irgendeinem Freitag fährt er morgens in die Stadt und kauft sich tatsächlich ein Studio. Er berichtet mir:»Das Herz hat mir heute das Richtige gesagt. Ich habe an diesem Tag gespürt, dass ich diese Entscheidung heute so fällen muss.«

Gesunde *Zweifel* nutzen uns. Sie gehören zu einem gesunden Menschen. Man sollte sie zulassen; sie bringen uns weiter. Denn Zweifel zwingen uns zur Überprüfung von Motiven, Entscheidungen und Planungen und lassen uns immer wieder fragen: Was will ich wirklich? Die Antworten auf den Zweifel bringen uns Sicherheit und Kraft im Prozess der Selbstentwicklung.

Alle Zweifel und Bedenken einer Selbstveränderung gegenüber haben einen gemeinsamen Kern: Es gilt zu klären, was Vorrang im Leben hat. Man sollte sich also in einer ruhigen Stunde mutig fragen: Welchen Nutzen bringt mir mein Problem? Hand aufs Herz! Bringt es mir mehr Nutzen als Schaden? Denn auch das sehnlich erwünschte Verhalten ist oft ambivalent, zwiespältig und mit unerwünschten Nebenwirkungen behaftet.

Bei der Selbstklärung geht es immer darum, die aktuelle innere Situation zu erhellen: Was geht jetzt in mir vor? Was möchte ich jetzt und was möchte ich nicht? Der Schwerpunkt der *Selbstklärung* ist zeitlich auf einen Moment begrenzt, nämlich auf das Hier und Jetzt in dieser Situation. Die Selbstklärung ist immer eine Momentaufnahme. Wir kommen Schritt für Schritt weiter, mal mit einem großen, mal mit einem kleinen. Es ist außerordentlich befreiend und heilsam, wenn wir unsere Anliegen, Gedanken und Gefühle so äußern, wie sie tatsächlich sind. Carl R. Rogers (1977,

S. 130f.) drückt es so aus: Echtheit sich selbst und anderen gegenüber ist heilsam.

Authentisch, echt und nahe an sich selbst und den eigenen Zielen und Gedanken zu sein, ist ein Meilenstein in der Selbstveränderung und generell wichtig bei jeder seelischer Entwicklung. Jeronimo, der kluge, tapfere Apachenhäuptling, der die letzten erbitterten Kämpfe gegen die übermächtigen amerikanischen Truppen führte, sagte schon im Jahr 1880 zu diesem Thema: »Say, what you mean, and mean, what you say!«

Eine mit ihrem Leben unzufriedene Mittdreißigerin berichtet: »Ich bin auf der Suche nach dem großen Glück. Eigentlich weiß ich aber gar nicht, was ich suche. Ich will ganz neue Dinge machen, weiß aber gar nicht, was ich will. Ich bin total unzufrieden!« Durch längere systematische Selbstbeobachtung und innere Suchhaltung findet sie schließlich ihre Ziele, Zufriedenheit und persönliches Glück: Sie zieht in eine Wohngemeinschaft aufs Land in einen alten Bauernhof.

Wir können in Zeiten der Ungewissheit so vorgehen, wie der zeitgenössische Kölner Maler Claus-Otto Paeffgen es ironisch in einem seiner Bilder ausdrückt. Dort sitzt ein Mann, der unverkennbar an seinen Zweifeln leidet und eine deutlich bedrückte Körper- und Geisteshaltung einnimmt. Die Zweifel nagen sichtbar an ihm. Das Bild trägt über das ganze untere Viertel groß eine Aufschrift mit dem Satz: »Im Zweifel immer das Richtige tun!« Daran sollten wir uns halten. Also, entscheiden wir uns, aber richtig!

2.5 Intuition: Die spontane Gewissheit

Hier geht es um das Spüren der inneren Notwendigkeit: Es ist *jetzt* Zeit, eine Aufgabe anzupacken. Manchmal gibt es Gewissheiten, die sich in einem Sekundenbruchteil einstellen. Häufig berichten Personen über ihr intuitives Handeln in ganz typischer Weise. Es wird dem Betreffenden plötzlich und schlaglichtartig klar: »Das ist es, was du eigentlich willst!« Es ist ein großer innerer Drang, ein inneres Wissen und eine Notwendigkeit da: »Das ist jetzt dran in deinem Leben!«

Eine 28-jährige Sachbearbeiterin einer Bundesbehörde möchte ihr komplettes Leben ändern. Unzufriedenheit macht sich in ihrer Arbeit und im Privatleben breit. Ihre Arbeit ist langweilig und stellt keine Herausforderung mehr für sie dar. Ihr Freundeskreis ist nett, kann ihr aber kaum noch etwas geben. Sie spürt, dass sie sich gehen lässt, nur so vor sich hinlebt und aus dem Trott nicht mehr rauskommt. Dann trifft sie der Gedankenblitz! Sie beschließt, die Arbeit und die Stadt zu wechseln, gleichzeitig auch das Bundesland. Sie tut das mit all ihrer Energie. Jetzt, am neuen Ort mit neuer Arbeit, ist sie viel fröhlicher – und vor allem: zufriedener!

Carl Gustav Jung (1960) hat dieses Phänomen sehr treffend und anschaulich mit dem Begriff der Intuition beschrieben. Er sieht in der Intuition eine wichtige psychische Erkenntnisquelle. Die Welt wird dem Einzelnen durch Intuition, durch unbewusste Einsicht und Wahrnehmung erkennbar. Die Intuition stellt für Jung eine wichtige seelische Hauptfunktion dar, die er dem logischen diskursiven Denken als gleichwertig gegenüberstellt. Auch in der Selbstveränderung tun wir gut daran, die eigene Intuition als eine zwar etwas unsichere, aber wichtige Erkenntnisquelle zu nutzen. Im Alltag handeln Menschen oft aus der Intuition heraus richtig.

Die Intuition als die Intelligenz des Unbewussten ist eine wichtige Erkenntnisquelle für uns. Sie steuert und beeinflusst unser Leben jeden Tag mindestens genauso stark wie unsere Vernunft und unsere Logik. Wer intuitiv ist, braucht oft nur eine kleine Menge an Information, um zu einem Urteil oder einer Entscheidung zu kommen. Minimale Anhaltspunkte reichen, um instinktiv, sicher und schnell entscheiden und handeln zu können.

Die Intuition funktioniert schneller und nachdrücklicher als unser Verstand. Die Fähigkeit der intuitiven, schnellen, gewissermaßen unterschwelligen Wahrnehmung ist ein Relikt der Evolution und unserer Entwicklungsgeschichte. In der Frühzeit der Menschheit war die Intuition, also die schnelle Urteilsbildung, in einer extrem feindlichen Umwelt sehr wichtig zum Überleben: Brauner Bär oder braunes Reh? Freund oder Feind? Flucht oder Angriff? Das waren für die Menschen der Urzeit die Fragen, die sofort und am besten intuitiv richtig beantwortet werden mussten. Intuition ist unsere älteste Entscheidungsinstanz, die oft mit traumwandlerischer Sicherheit genau das Richtige tut. Die Intuition wird wohl deshalb in der Alltagssprache oft mit Begriffen aus der Verhaltensforschung umschrieben: Unser Instinkt, unsere Instinkthandlungen und unser Riecher sind manchmal besser und treffsicherer als rational begründete Entscheidungen.

Walter Cannon beschrieb schon 1932 das Phänomen des »wisdom of the body«, die Weisheit unseres Körpers. Damit meint er die Fähigkeit unseres gesamten Organismus, immer wieder zu einem ihm gemäßen Gleichgewichtszustand, zu einer Art optimaler körperlicher und seelischer Balance zurückzufinden. Die Weisheit des Organismus ist gewissermaßen eine biologisch-psychologische Ur-Intelligenz. Bei manchen Menschen funktioniert die Weisheit des Körpers bis heute noch sehr treffsicher.

Als Erfolgsfaktor wurde bei dem Rennfahrer Michael Schumacher immer wieder sein sensibles Hinterteil genannt, mit dem er jede Unebenheit der Strecke und jede Kurve in Sekundenbruchteilen erfasst und dadurch im Rennen den entscheidenden Vorteil gegenüber seinen Konkurrenten hat.

Intuition bedeutet innerer Drang und tiefes inneres Wissen. Sie ist eine unserer wichtigsten Erkenntnisquellen. Die Intuition ist also eine wichtige Ressource, eine Art innere Stimme oder innerer Kompass, die gegenüber der gesellschaftlichen Forderung nach Rationalität im Entscheiden und Handeln einen unverzichtbaren Ergänzungsimpuls darstellt. Es lohnt sich, auf diese innere Stimme zu hören. Anderseits gilt: Auch die beste Intuition bedarf der Überprüfung durch unseren Verstand. Das tut ihr keinen Abbruch; im Gegenteil, wir schärfen damit sogar unsere intuitiven Fähigkeiten.

2.6   Themen der Selbstveränderung

Interesse, Motivation, Spaß, Freude und die Lust zur Selbstveränderung erleben wir in vielen Formen und Facetten. Wir haben Lust, ein Instrument zu spielen, zu singen und zu musizieren. Wir haben Lust, unsere Kreativität zu erleben und umzusetzen, Lust, den eigenen Körper zu spüren, zu laufen und zu rennen, zu lieben und unsere Sexualität auszuleben. Wir haben Lust, Ja und Nein zu sagen, eine eigene Meinung zu haben und uns gegenüber anderen durchzusetzen. Wir haben Lust, die eigene Kraft zu erleben, uns zu konfrontieren und zu behaupten, uns zu entspannen, Gefühle zu zeigen, uns zu öffnen, abzugrenzen, auf Beziehungen einzulassen oder aus ihnen zu lösen. Der Leser mag sicher noch viele andere eigene Beispiele finden.

Auf vielen seelischen Gebieten, also in der Innenwelt, sind Selbstveränderungen möglich. Gedanken, Gefühle und Einstellungen sind veränderbar. Wir können auf unser Verhalten aktiv Ein-

fluss nehmen. Besonders kann Sie die Selbstveränderung voranbringen, wenn Sie im Beruf und in der persönlichen Entwicklung
ein klares Ziel anstreben. Die Fähigkeit zur Selbstveränderung ist
ein wichtiger Teil beruflicher Handlungskompetenz, die sich übli-
cherweise in vier Kompetenzfelder gliedert:

1. *Fachkompetenz* ist die fachliche Qualifikation für eine bestimmte Arbeit oder Position.
2. *Methodenkompetenz* beinhaltet unsere kognitiven Fähigkeiten
   zur Problemstrukturierung und Lösungsfindung.
3. *Sozialkompetenz* ist die Fähigkeit, kommunikativ und koope-
   rativ zu handeln, in der Gruppe, im Team und abteilungsüber-
   greifend.
4. *Selbstkompetenz* meint den kompetenten Umgang mit der eigenen Person. Wer selbstkompetent ist, beherrscht die Fähigkeit zur Selbstwahrnehmung, das bewusste Nachdenken und
   Reflektieren der eigenen Person bezüglich eigener Wünsche
   und Potentiale. Selbstkompetenz schließt die Offenheit und
   Fähigkeit zur Veränderung mit ein, insbesondere das Interesse, die Dinge aktiv zu gestalten und Eigeninitiative zu entwickeln. Wir schaffen so Bedingungen, um uns in allen Bereichen des Lebens zu entwickeln.

Die wichtigsten Gebiete der Selbstveränderung sind:
- neue Ziele und neue Weichenstellung;
- Gewinnung von Selbstsicherheit und Selbstvertrauen;
- klare Stellungnahmen als Ja und Nein, verbunden mit feinen
  Nuancierungen im Detail;
- aufmerksame und deutliche Gefühlswahrnehmung;
- Entwicklung von Lebensmut und Lebensfreude;
- Formulierung und Umsetzung von Freizeitwünschen;
- Pflege von konstruktiven Kontakten;
- Mäßigung im Essen und Trinken;
- Überwindung von Trägheit, Ängsten und Widerständen;
- Behebung von Arbeitsstörungen, Stress und Burnout,
- Würdigung der eigenen Arbeitsleistung;
- Erledigung unabgeschlossener Pläne.

Auf all diesen Gebieten sind kleine, mittlere und große Selbstveränderungen möglich. Die Selbstveränderung funktioniert, weil ein

Teil von uns dem anderen Vorschläge macht oder Weisungen er-
teilt und der andere Teil sie prüft, aufgreift und in die Tat umsetzt.
Die Selbstveränderung gelingt deshalb, weil wir uns selbst aus der
Vogelperspektive betrachten. Dieser Vorgang wird in der systemischen Psychotherapie als *selbstreferentiell* bezeichnet. Dabei hat
sich gezeigt:

- Wir lernen jeden Tag – das Meiste von ganz allein.
- Auch das richtige Verhalten lernen wir – gewissermaßen von
  Kindesbeinen an.
- Wenn wir mit unserem Verhalten Erfolg haben, eignen wir es
  uns besonders rasch und nachhaltig an.
- Wenn wir damit erfolglos sind oder dafür bestraft werden, un-
  terlassen wir es schnell wieder.
- Umfangreiche Handlungsabläufe lernen wir, indem wir sie in
  kleine Schritte zerlegen.
- Was wir von anderen Personen absehen können, lernen wir
  leichter.
- Die Selbstbeobachtung spielt bei dem ganzen Vorgang eine
  wichtige Rolle.

2.7 Etappen der Selbstveränderung

Es gibt einige typische Verläufe der Selbstveränderung. Selbstveränderung ist vergleichbar mit dem, was die Schlange jedes
Jahr tut: Sie häutet sich. Der Prozess der Häutung lässt sich so beschreiben: zunächst das normale Leben, dann Unbehagen, Enge,
die vermehrte Reibung an bestimmten Lebensbedingungen, und
irgendwann Energie, Handlung und Befreiung. Es ist ein Zyklus,
der von allen Menschen mehrfach durchlaufen wird.

Der psychische Vorgang ist von ähnlicher Art. Den Einstieg der
Selbstveränderung kann man sich als Unbehagen, Sehnsucht oder
Aversion vorstellen, oder auch als Antizipation einer Alternative.
Dann kommen Unruhe und Missbehagen über den gegenwärtigen
Zustand sowie Überlegungen auf, die zu einer Neuorientierung
führen können. Oder es kommt ein plötzlicher Schnitt, wie bei
dem bekannten Saulus-Paulus-Phänomen (vgl. S. 38ff.): Gestern
noch Christenverfolger, heute Wortführer der in Kleinasien ver-
streuten christlichen Gemeinden. Es wird sozusagen ein Kipp-
schalter umgelegt. Wie bei der Lawine gibt es einen Rutsch. Dann

beruhigen sich die Dinge wieder und es folgt die Einrichtung in den neuen Verhältnissen bis hin zur Etablierung und Routine, bis irgendwann vielleicht wieder eine Unruhe, Sehnsucht und neue Attraktion sichtbar wird.

Ein Kollege arbeitet in der Psychiatrie und ist dort in der Arbeit mit den Patienten nie ganz froh. Eines Tages kündigt er fluchtartig mit den Worten: »Ich halte das bei diesen Irren keinen Tag lang mehr aus!« Er stürzt sich völlig ungesichert in die Freiberuflichkeit.

Bildlich gesprochen: Vor der Selbstveränderung besteht ein gewisses Gleichgewicht zwischen Kosten und Nutzen. Wenn der Betreffende irgendwann das Gefühl hat, die Kosten werden immer höher und der Nutzen immer geringer. Wenn an irgendeiner Stelle die Toleranzgrenze überschritten wird, wird es geradezu zu einer inneren Notwendigkeit, diese Situation zu verlassen. Das kann durch langsamen Rückzug, schnell und raptusartig oder auch nach gründlicher Planung geschehen. Immer besteht aber die Hoffnung, es könne sich etwas zum Besseren wenden. Etappen und Stationen der Selbstveränderung sind also durch die Frage gekennzeichnet: Wie kommt es vom diffusen Unbehagen einer Person zu einer gewissen rationalen Einschätzung der aktuellen Lage und schließlich zur Überlegung: Welches sind meine Alternativen? Oder bleibe ich mit hohen Kosten und niedrigem Nutzen beim Status quo, weil ich keine Alternativen habe?

Man kann das gut an der Zugehörigkeit von Gruppen beobachten. Man fühlt sich so lange einer Gruppen zugehörig und betrachtet sich als Mitglied dieser Gruppe, wie die Kostenmenge niedriger ist als die Nutzenmenge. Wenn sich dieses Verhältnis umkehrt, trifft man nicht mehr mit der Gruppe zusammen, scheidet aktiv aus oder sucht sich eine andere Gruppe.

Unser Verständnis von Selbstveränderung legt nahe, sich während des Veränderungsprozesses öfters aus der Vogelperspektive zu betrachten, weil das den Veränderungsprozess auf vielfältige Weise fördert. Selbstveränderung hat etwas mit dem Gewinn von mehr persönlicher Freiheit und innerer Stimmigkeit zu tun. Selbstveränderung braucht Zeit. Je nach Selbstveränderungsprojekt beträgt die Dauer einige Wochen und Monate, manche große Veränderung braucht auch ein bis zwei Jahre. Dazu ist eine gewisse Disziplin über einen längeren Zeitraum erforderlich. Selbstveränderung ist immer ein Weg, eine Reise, ein Prozess. Manchmal

kommen einem dabei Bilder und Assoziationen von der Roman-
tik: Auf dem Weg, auf der Reise, auf Wanderschaft sein, eigene
Erfahrungen machen und bewusst und gezielt neue Erfahrungen
suchen. Deshalb soll auch der Prozess der Selbstveränderung gewürdigt werden, nicht nur das Ergebnis.

Picasso sagte einmal: »Wenn ich nicht jeden Tag malen könnte, würde ich aus
dem Fenster springen!« Picasso hat nicht gesagt: »Wenn ich doch viele eigene
Bilder besäße!« Oder: »Wenn ich doch viele Bilder fertigstellen und ausstellen
könnte!« Es ging ihm nicht allein um das Produkt und das Ergebnis. Es ging
Picasso um die *Tätigkeit* des Malens, den Schaffensprozess.

In jedem Augenblick unseres Lebens beobachten wir Veränderungen an uns, körperliche und seelische. Denn unser Organismus
ist immer im Wandel begriffen: Schlaf, Wachsein, Wärme, Kälte,
Hunger, Sattheit und vieles andere wechseln einander ab. *Homöo-
stase* ist das Prinzip, dass alle Organismen gegenüber den sich
verändernden Lebensbedingungen die Tendenz zeigen, das von
ihnen erreichte Gleichgewicht als Fließgleichgewicht zu erhalten
oder wieder herzustellen.

Fazit ist: Das Leben ist Veränderung. Es geht in unserem Leben immer um Veränderung und Wiederherstellung eines neuen
Gleichgewichts. Alles, was wir mit unseren Sinnen wahrnehmen,
verändert sich im Lauf der Zeit. Der Wandel ist ein fester Bestandteil des Lebens. Alles verändert sich. Auch wir selbst verändern
uns – oft unmerklich. Wir Menschen haben andererseits einen
deutlichen Hang zu Sicherheit, Stabilität und Beständigkeit.

2.8 Der innere Gefährte

Es gibt in der Selbstveränderung häufig innere Signale von richtig
und falsch und auch von stimmig und unstimmig. Sie werden in
der Psychologie als Gewissensinstanz oder, moderner ausgedrückt,
als *innerer Kompass* beschrieben. Manche Naturvölkern nennen
dies den inneren Gefährten.

Der Hirte treibt allein eine ganze Herde von Tieren auf die Hochweide und
übernimmt damit Verantwortung für das ganze Dorf. Er ist ein halbes Jahr
lang allein. Damit er nicht die Orientierung verliert, verrückt oder seltsam
wird, spricht er mit einem inneren Gefährten, der ihn berät, bei Angst, in
Zweifelsfragen oder bei Bedrohung durch wilde Tiere. Die Instanz des inneren
Gefährten ist deshalb so wichtig, weil im Dialog mit ihm Ressourcen des Hir-

ten selbst verfügbar werden, die er nicht ohne Weiteres aktivieren kann und die ihm bei der Orientierung behilflich sind. Der innere Gefährte ist ein gütiger unterstützender klärender Begleiter, der uns wohlwollend gegenübersteht.

Die Notwendigkeit zur Selbstveränderung ergibt sich oft in einer Art Aufbruchstimmung zu erkennen, vergleichbar einer Vogelschar, die, bevor sie losfliegt, Aufflugbewegungen macht und sich damit verständigt: Plötzlich fliegt der ganze Schwarm auf.

Ein junger Abendgymnasiast sagt zu mir: »Ich befinde mich in einer richtigen Aufbruchstimmung! Ich spüre, es muss sich etwas ändern in meinem Leben.« Er spürt einen zwar diffusen, aber starken Änderungsimpuls, der sich in Unruhe, Ungeduld und Vorfreude äußert.

Genau betrachtet ist unser ganzes Leben ein Unterwegssein, eine ständige Suche nach Erfüllung und nach neuen Wegen. Aufbruch bedeutet, sich froh und neugierig aufzumachen zu einem neuen Ziel, das vielleicht auch abseits bekannter Wege liegt, aber mit Vertrauen auf Gott, Familie und Freunde und nicht zuletzt auf die eigene Kraft.

Zurück zur Stimmigkeit. Stimmigkeit hat der amerikanische Psychologe und Entwickler der klientenzentrierten Psychotherapie, Carl R. Rogers (1972, S. 417f.), beschrieben. Er fragt: Was *passt* zu meinem Selbst? Was stellt andererseits eine Verbiegung, Verzerrung, Verleugnung oder Verletzung meines Selbst dar? Das Gefühl von stimmig und unstimmig ist bei vielen Menschen sehr ausgeprägt, so dass sie sich bei der Selbstveränderung gut darauf beziehen können. In der modernen Gesellschaft spricht man neuerdings oft vom *inneren Coach.* Der innere Coach ist uns ein wohlwollender, wohlgesonnener Gefährte, Begleiter und Berater. Der innere Coach achtet auf innere Signale und geht mit einer gesunden Portion Eigensinn vor.

2.9 Selbstentdeckung

Die eigentlichen Entdeckungsreisen bestehen nicht im Kennenlernen neuer Landstriche, sondern darin, etwas mit anderen Augen zu sehen. (Marcel Proust)

Selbstentdeckungen können wir häufig bei Kindern beobachten. Im Bewusstsein des Kindes fällt eines Tages, meist von einem Augenblick zum anderen, ein Schleier. Das Kind wird überwältigt von der Einsicht: Ich bin ich! Das Kind entdeckt: Ich bin ein anderer

Mensch als die übrigen, sehe anders aus, bin anders und will auch anderes. Denn ich bin ich! Kinder haben etwas, das man strahlende Intelligenz nennen kann. Sie sind gewissermaßen Turbo-Lerner und Turbo-Veränderer, furchtlos und unerschrocken in ihrer Entdecker- und Erfinderlust. Außerdem sind sie ständig auf der Suche nach Neuem. Dabei werden sie oft fündig und entdecken etwas ganz Neues. Und manchmal ist das eine Selbstentdeckung.

Ein Freund berichtet mir, dass er im Alter von sieben Jahren beim Spielen auf dem Schulhof plötzlich mit Schrecken entdeckt, dass er in den Pausen nur mit Mädchen spielt. Es passt nicht zu seiner Entwicklung, er hört sofort damit auf.

Beim plötzlichen Entdecken zeigt sich oft noch unsere kindliche Entdeckungsfreude. Zum geflügelten Wort ist der laute Freudenruf »Heureka!« (»Ich habe es gefunden!«) des griechischen Physikers und Mathematikers Archimedes geworden, als er im Jahr 250 v. Chr. das physikalische Gesetz vom Auftrieb entdeckte.

Selbstentdeckung kann ein kontinuierlicher innerer Prozess sein. Sie kann sich aber auch plötzlich, ruckhaft, überraschend und gleichsam über Nacht einstellen. Es stellt sich plötzlich eine tiefe innere Klarheit über das Ziel der Selbstveränderung und auch über den Weg ein, der einzuschlagen ist.

Ein Kollege berichtet über seine Entscheidung, ob er eine Frau, mit der er eine Beziehung unterhält, heiraten solle oder nicht. Eines Morgens, sie liegt neben ihm, hat er im Halbschlaf einen Traum. Darin fragt sie ihn: »Willst du mich denn heiraten?« Er sagt im Traum in für ihn selbst überraschender Klarheit: »Nein. Das kommt überhaupt nicht in Frage!« Mit diesem frischen Traumeindruck wacht er auf und ist sich seiner Entscheidung, sie nicht zu heiraten, völlig sicher.

Stefan Zweig schildert in seiner Erzählung »Vierundzwanzig Stunden aus dem Leben einer Frau«, wie eine feine, zurückhaltende, gutsituierte Fabrikantenehefrau Mitte dreißig, die schon zwei große Töchter hat, wegen eines jungen schönen Franzosen, den sie erst einige Stunden zuvor in ihrem Urlaubshotel kennengelernt hat, noch in derselben Nacht Ehemann und Familie ohne zu zögern verlässt.

Die Selbstveränderung hat immer mit der Frage zu tun: Verläuft mein Leben so, dass ich denke: Das bin zentral ich? Das bildet sich auch in dem schon erwähnten Begriff *Selbstverwirklichung* ab. Selbstverwirklichung bedeutet, mich möglichst längere Zeiten meines Lebens in der Nähe dieses Selbst aufzuhalten.

Zurück zur Selbstentdeckung und Selbstveränderung: Der aktuelle Zustand des Lebens ist misslich, weil er mich von meinem Selbst entfernt hat. Ich versuche also, Verhältnisse zu schaffen, in denen ich mit diesem Selbst wieder deutlicher verbunden bin. Das beginnt mit einfachen Fragen, zum Beispiel: Die hundert Dinge, die da auf meinem Schreibtische liegen, haben die mit meinem Selbst zu tun? Darauf muss man antworten: Einerseits ja, mein Beruf gehört zu meinem Selbst und zu meinem Beruf gehören nun einmal hundert Kleinigkeiten. Andererseits nein, weil ich die Sehnsucht spüre und überzeugt bin, dass zu meinem Selbst auch gehört, ab und zu etwas Zusammenhängendes zu denken über diese hundert Kleinigkeiten hinaus. Dann versuche ich meinen Arbeitsalltag neu zu organisieren. Wir sehen: Selbstentdeckung und Selbstveränderung finden im Alltag statt.

2.10 Vom Lob des Eigensinns

Eine Tugend gibt es, die liebe ich sehr, eine einzige. Sie heißt Eigensinn. Von allen den vielen Tugenden, von denen wir in Büchern lesen und von Lehrern reden hören, kann ich nicht so viel halten. Und doch könnte man alle die vielen Tugenden, die der Mensch sich erfunden hat, mit einem einzigen Namen umfassen. Tugend ist: Gehorsam. Die Frage ist nur, wem man gehorche. Nämlich auch der Eigensinn ist Gehorsam. Aber alle anderen, so sehr beliebten und belobten Tugenden sind Gehorsam gegen Gesetze, welche von Menschen gegeben sind. Einzig der Eigensinn ist es, der nach diesen Gesetzen nicht fragt. Wer eigensinnig ist, gehorcht einem anderen Gesetz, einem einzigen, unbedingt heiligen, dem Gesetz in sich selbst, dem »Sinn« des »Eigenen«. (Hermann Hesse)

In der Psychologie ist Sigmund Freud ein Beispiel für das zähe Durchsetzen seiner Ideen gegen jahrzehntelange große Widerstände, sowohl in der eigenen Fachwissenschaft als auch in der damaligen öffentlichen Meinung. Viele Entdecker, Erfinder, Visionäre und Religionsgründer müssen sich eine große innere Unabhängigkeit aneignen, um ohne Anerkennung von außen, dafür aber mit umso mehr eigener innerer Festigkeit gegen äußere Widerstände ihre Ideen umzusetzen.

Der Entdecker des Neandertalers, der Wuppertaler Gymnasiallehrer Johann Carl Fuhlrott, fand im Neandertal in der Nähe von Düsseldorf alte Skelettknochen. Als er sagte, es handele sich dabei um eine andere Spezies als den heutigen Menschen, wurde er verlacht. Denn sein Gegenspieler war der Prähistoriker Rudolf Virchow, damals einer der berühmtesten deutschen Forscher überhaupt. Virchows Urteil hatte großes Gewicht. Durch seine Autorität verhinderte Virchow lange Zeit, dass die Besonderheit und die große Bedeutung des Skelettfundes gewürdigt wurde. Erst nach mehr als zwanzig Jahren setzte sich die von Anfang an richtige Auffassung von Fuhlrott durch.

Der Dichter Bertold Brecht legt uns in seinem Werk »Der Jasager und Der Neinsager« den Gedanken nahe, dem eigenen Gewissen zu folgen und nicht einem kollektiven Kadavergehorsam zu verfallen, der schon viel Unheil in und an der Menschheit angerichtet hat. Brecht plädiert für den Eigensinn und damit verbunden dafür, unser Tun und Handeln nach Maßstäben der Vernunft und vor allem der Menschlichkeit auszurichten. Im Falle des Eigensinns lohnt es sich, den Begriff einmal in seine beiden Bestandteile zu zerlegen und sich mit ihm im Wortsinne auseinanderzusetzen: Eigen-Sinn. Ich denke über meinen eigenen Sinn nach. Da ist eine gewisse Beharrlichkeit durchaus erfrischend. Eigensinn signalisiert ja, dass eine gewisse Energie dahinter steht und der Wille, das Eigene zu tun. Eine Portion Eigensinn und eine gewisse Festigkeit des eigenen Vorhabens sind bei der Selbstveränderung also unerlässlich. Die folgende kleine Geschichte soll unseren Eigensinn stärken.

Ein Bauer zog mit seinem Sohn und seinem alten Pferd in der Hitze des Mittags in die Stadt. Der Vater saß auf dem Pferd, das der Junge führte. »Der arme Junge!«, sagte da ein Vorübergehender. »Seine kurzen Beinchen versuchen mit dem Tempo des Pferdes Schritt zu halten. Wie kann man so faul auf dem Pferd herumsitzen, wenn man sieht, dass das kleine Kind sich müde läuft!« Der Vater nahm sich dies zu Herzen, stieg hinter der nächsten Ecke ab und ließ den Jungen aufsitzen. Gar nicht lange dauert es, da erhob schon wieder ein Vorübergehender seine Stimme: »So eine Unverschämtheit! Sitzt doch der kleine Bengel wie ein König auf dem Pferd, während sein armer alter Vater nebenherläuft!« Dies schmerzte den Jungen. Er bat den Vater, sich hinter ihn auf das Pferd zu setzen. »Hat man so etwas schon gesehen?«, hörten sie eine Frau rufen, »solche Tierquälerei! Dem armen alten Pferdchen hängt der Rücken durch und die alte und der junge Faulpelz ruhen sich auf ihm aus, als wäre sie ein Sofa, die arme Kreatur!« Die Gescholtenen schauten sich an und stiegen beide, ohne ein Wort zu sagen, vom Pferd herunter. Kaum waren sie wenige Schritte neben dem Tier hergegangen, machte sich ein Fremder über sie lustig: »So dumm möchte ich auch mal sein! Wozu führt ihr denn das Pferd spazieren, wenn es nichts leistet, euch keinen Nutzen bringt und noch nicht einmal einen von euch trägt?« Der Vater schob dem Pferd eine Handvoll Hafer ins Maul und legt seine Hand auf die Schulter des Sohnes: »Gleichgültig, was wir machen«, sagte er, »es findet sich doch jemand, der damit nicht einverstanden ist. Ich glaube, wir müssen selbst wissen, was wir für richtig halten!« (Autor unbekannt).

2.11 Sich am eigenen Schopf aus dem Sumpf ziehen

Baron von Münchhausen zog sich bekanntlich selbst mitsamt seinem Pferd am eigenen Schopf aus dem Sumpf (Abbildung 4). Diese Geschichte des Lügenbarons kann eine Metapher dafür sein, dass selbst unter dramatischen Schwierigkeiten Selbstveränderung möglich ist. Selbst unter den größten Widrigkeiten ist der Mensch zu großen Leistungen imstande. Mit dem Bild von Münchhausen möchte ich zwei zentrale Botschaften bezüglich der Selbstveränderung transportieren:

1. Am eigenen Schopf: Wir können es selber!
2. Unter widrigsten Umständen: Wir können selbst schwierigste Situationen meistern!

Bei den Anonymen Alkoholikern heißt es: Nur das erste Glas nicht trinken! Ein ganz einfacher Baustein, unendlich oft aneinander gereiht. Und ein weiterer einfacher Baustein: Nur heute keinen Alkohol!

Es scheint darum zu gehen, die Gesamtaufgabe in lauter lösbare Einzelaufgaben einzuteilen. Deswegen lautet bei Selbstveränderungen die Frage oft nicht: Mache ich es so oder mache ich es anders? Sondern vielmehr: Mache ich etwas oder mache ich nichts? Das ist der für die Selbstveränderung zentrale Hinweis, dass das Projekt sich im Tun verändert und nicht im Planen des Tuns.

Bei Wilma Rudolph, einem armen afroamerikanischem Mädchen aus dem Süden der Vereinigten Staaten, wurde als Kind die Diagnose Polio, also Kinderlähmung, gestellt. Die Ärzte sagten ihr, dass sie niemals mehr in ihrem Leben würde gehen können. Die medizinische Behandlung der Polioerkrankung galt als aussichtslos. Dennoch gab sie nicht auf. Durch ständige Beinmassagen und durch ihr beharrliches Bewegungstraining ihrer Beine über Jahre hinweg lernte sie schließlich unter größten Mühen langsam wieder zu gehen, zunächst nur in kleinen Schritten. Durch ihr weiteres hartnäckiges Training lernte sie in der Folgezeit sogar langsam wieder das Laufen. Sie trainierte weiter, lief und lief und wurde 1960 bei den Olympischen Spielen in Rom dreifache Goldmedaillengewinnerin im 100-Meter-Lauf, im 200-Meter-Lauf und mit der Sprintstaffel! Wilma Rudolph, das zeitweilig gelähmte arme Mädchen, ging als eine der ästhetischsten und elegantesten Läuferinnen, die die Welt je hatte, als die schwarze Gazelle in die Sportgeschichte ein.

Tatsächlich erscheinen uns einige Selbstveränderungen wie ein Märchen oder ein Wunder. Aber es sind keine Märchen und keine Wunder, sondern es ist die Tatsache, dass uns Menschen die Fähigkeit innewohnt, scheinbar Unmögliches zu leisten.

Eine junge Busfahrerin Ende Zwanzig berichtet über ihre Zeit der tiefen Drogenabhängigkeit. Sie konsumiert sechs Jahre lang harte Drogen, insbesondere spritzt sie Heroin. Eines Tages ist sie wieder einmal völlig am Ende. Statt sich wieder wie gewohnt Stoff für den nächsten Schuss zu besorgen, den sie sich meistens durch Prostitution verdient, geht sie diesmal zu ihrer Mutter und schließt sich dort 14 Tage in ihr Zimmer ein. Sie schreit, tobt und weint tagelang in ihrem Zimmer, weil ihr das Heroin fehlt. Sie bleibt aber standhaft in ihrem Zimmer. Mit Hilfe der mütterlichen Liebe und Versorgung, aber insbesondere durch eigene Anstrengung und Willen schafft sie es, sich vom Heroin selbst zu entgiften und entwöhnen. Heute, als drogenfreie Busfahrerin, warnt sie sogar manchmal Jugendliche vor Drogen nach dem Motto: »Be smart, don't start!«

Natürlich ist dieses Beispiel eine Ausnahme. Aber es verdient Erwähnung, weil es zeigt, welch gewaltiges Selbstveränderungspotential jedenfalls in manchen Menschen steckt. Selbst bei schweren psychotischen Reaktionen sind Menschen in der Lage, zumindest kleine Selbstveränderungen vorzunehmen. Es gibt Patienten, die sich sogar bei der Einlieferung in die Psychiatrie gesunde Reste von Selbstveränderungskompetenz bewahrt haben, indem sie zum Beispiel sagen: »Das stehe ich hier durch!« Auf Grund der Schwere der Krankheit erlischt also nicht automatisch die Selbstveränderungsfähigkeit. Sie kann dysfunktional sein. Aber ein gewisser Handlungsspielraum bleibt erhalten.

Abbildung 4

3   Klarheit, Ziele, erste Schritte

Die Selbstveränderung kann durchaus gemächlich beginnen. Als Erstes besinnen wir uns darauf, welchen Änderungswunsch wir haben und welche Gesichtspunkte dafür und dagegen sprechen.

3.1 Selbstklärung

In diesem Abschnitt stelle ich Ihnen eine Reihe konkreter *Methoden und Techniken* vor, die geeignet sind, die Ambivalenz und den inneren Zwiespalt aufzulösen, der sich oft einstellt, und sich über seine eigenen Motive Klarheit zu verschaffen.

Klärung ist ein Prozess, der in Sekundenschnelle erfolgt oder auch sehr lange dauert.

- *Pro- und Kontra-Liste*
  Eine gute Hilfe bei der Entscheidungsfindung ist das Anlegen einer Liste mit allen Argumente, die für und die gegen die Sache sprechen. Lassen Sie Ihren Gedanken freien Lauf und schreiben Sie die Vorteile und Nachteile der ins Auge gefassten Entscheidung auf. Das Niederschreiben des Für und Wider macht die ganze Bandbreite der Gesichtspunkte deutlich. Es entsteht eine innere Argumentation, deren Ergebnis einen immer klüger macht. Häufig ist man überrascht über das Ergebnis, wenn man die Dinge tatsächlich aufschreibt.
- *Kreidestrich-Methode*
  Teilen Sie den größten Raum Ihrer Wohnung oder Ihres Hauses in zwei Hälften, zum Beispiel mit einem Zollstock oder Lineal. Benennen Sie die eine Hälfte mit der einen Alternative, zum Beispiel: »Ich möchte demnächst mit dem Rauchen aufhören«, die andere Seite mit dem Alternativimpuls: »Ich möchte *heute* mit dem Rauchen aufhören.« Dann gehen Sie zwischen diesen beiden Raumhälften hin und her, sprechen auf der einen Seite alles in hörbarer Sprache aus, was für diese Alternative spricht. Dann spazieren Sie zur anderen Seite und sprechen dort alles

aus, was für diese Alternative spricht. Pendeln Sie solange zwischen beiden Seiten hin und her, bis Sie auf einer der beiden Seiten stehen bleiben und sagen: Diese Alternative ist jetzt für mich die richtige! Auf diese Weise kann manche weitreichende Entscheidung rasch gefällt werden.

Eine junge Betriebswirtin will klären, ob sie mit dem Zusatzstudium, das sie schon zur Hälfte absolviert hat, weitermachen oder eine ihr angebotene Stelle in einem mittelständischen Unternehmen antreten soll. Sie teilt mit einer weißen Schnur den Raum, betritt die eine Hälfte, die für das Studium steht, dann wieder die andere. Sie denkt ruhig und gelassen nach, geht dann wieder auf die andere Seite, dann wieder auf die eine. Sie ist kein einziges Mal ratlos bei diesem Vorgehen und trifft nach einer guten Viertelstunde die Entscheidung, dass sie doch gewillt ist, das Zusatzstudium jetzt zu Ende zu führen.

In seltenen Fällen gelingt es nicht, sich für die eine oder andere Seite zu entscheiden: Man bleibt in der Mitte des Raumes stehen, gleichsam mit dem einen Fuß auf der einen und mit dem anderen Fuß auf der anderen Seite. Auch dies ist eine Klärung, denn dieses Resultat signalisiert ja: Am heutigen Tag kann ich mich nicht entscheiden, aber vielleicht ist es in einer Woche möglich.

Wenn ein Mann denkt, er müsste sich zwischen zwei Frauen entscheiden, und kommt zu keinem Ergebnis, so ist manchmal die Frage falsch gestellt. In einem solchen Moment ist es günstig, von der Zwangswahl zurückzutreten. Denn wer sich nicht entscheiden kann, stellt ja beide Wahlmöglichkeiten zur Disposition. Dies ist ein Hinweis darauf, dass er vielleicht beide Frauen nicht wirklich liebt.

- *Rollenspiel mit Hilfe von zwei Stühlen*
  Man kann auch ein Rollenspiel mit Hilfe von zwei Stühlen machen. Der eine Stuhl steht für die eine Position, der andere für die gegensätzliche. Nun setzt man sich auf den ersten Stuhl und vertritt laut diese Position. Dann wechselt man den Stuhl und vertritt den anderen Standpunkt. Das macht man so lange, bis die Sache klar ist oder – wie beim Pendeln im Raum – man erkennt, dass gegenwärtig die Entscheidung nicht zu fällen ist.
- *Abschätzung der Konsequenzen*
  Sie können auch eine Abschätzung der Konsequenzen einer Entscheidung vornehmen, indem Sie sich fragen:
  Was wird passieren, wenn ich …?

Was wird passieren, wenn ich nicht …?
Was wird passieren, wenn ich anders …?
Was wird passieren, wenn ich beides …?
Was wird passieren, wenn ich nichts …?

- *Münzwurf*
  Eine andere Möglichkeit ist der Münzwurf, der die Entscheidung simuliert. Zahl heißt: Du machst es! Kopf heißt: Du machst es nicht! Dann folgt die Selbstbeobachtung: Tritt Erleichterung und Freude oder Enttäuschung und Angst ein? Der Münzwurf ist ein kleines Experiment. Die Münze nimmt uns die Entscheidung nicht ab, aber sie macht uns unsere Neigung deutlich.

- *Zeitreise*
  Ich kann mich in eine kleine Trance versetzen. Dazu schließe ich die Augen und phantasiere mich auf der Zeitachse um zehn Jahre nach vorn. Dann halte ich inne, blicke zurück auf die Person, die vor zehn Jahren diesen Konflikt hatte, und frage: »Wie hast du die Sache denn damals entschieden?« Je nachdem, was ich darauf spontan antworte, tritt bei dieser Frage manchmal ruckartige Klarheit ein, die in der Minute zuvor noch nicht bestand.

- *Selbstbefragung*
  Eine gute Möglichkeit der Klärung ist es, sich selbst zu befragen. Auch hier, wie so oft in der Selbstveränderung hilft der Kunstgriff, sich gewissermaßen neben sich zu stellen und sich mit den Augen eines anderen zu betrachten. Kritische Fragen an sich selbst können lauten:
  - Machst du dir etwas vor?
  - Tust du alles, nur nicht das, was du eigentlich tun solltest?
  - Begibst du dich mit deinem Verhalten auf einen Nebenkriegsschauplatz?
  - Willst du dich selber mit dieser Sache austricksen?

Ein 45-jähriger Musiker berichtet von seiner schweren Lebenskrise. Seine Frau, die er sehr liebt, hat ihn verlassen, und er trinkt seit zwei Jahren sehr viel Alkohol. In einem besonders kritischen Augenblick, nachdem er am Abend wieder einmal sehr viel getrunken hat, fragt er sich morgens im wahrsten Sinne des Wortes ernüchtert: »Muss das so sein?« Diese einfache Frage und ihre sofortige Beantwortung hilft ihm, sich sowohl vom Alkohol als auch von seiner Frau zu lösen.

- *Selbstdiskussion*
Dinge kann man klären, indem man mit sich selbst diskutiert. Mit sich selbst diskutieren kann man, wenn es darum geht, sich etwas zu erlauben oder zu verbieten, etwas Bestimmtes zu tun oder zu lassen, egal, ob es sich zum Beispiel um einen möglichen Wechsel des Arbeitsplatzes, eine Urlaubsreise oder um Konsumgewohnheiten wie Essen, Rauchen und Kaufen handelt.

- *Probehandeln* (vgl. S. 120)
Manchmal ist bei der Klärung ein inneres Kreisen um die Klärungsfrage hilfreich, um sich aus der eigenen gedanklichen Starre zu lösen und größere Klarheit zu gewinnen. In den meisten Fällen braucht man zunächst noch gar nichts entscheiden. Vielmehr kann man sich darauf beschränken, erste Schritte in eine Richtung zu tun, die noch folgenlos sind. Dies ist das Probehandeln.

Ich kann zum Beispiel das Kündigungsschreiben an mein Ausbildungsinstitut oder meinen Vermieter schon schreiben, aber noch nicht abschicken. Ich kann einen Brief an die Eltern oder den Partner formulieren und schreiben, aber noch nicht abschicken. Ich kann mein Tun beobachten und mich dabei fragen: Wie fühlt sich das an, was ich jetzt mache?

- *Loslassen*
Das Loslassen ist das Gegenteil des Kämpfens. Bei vielen Zweifeln und Zwiespältigkeiten ist es angemessen, Energie von dem Thema abzuziehen. Manche Menschen sind wenig entschlussfreudig. Schon die Entscheidung im Restaurant: »Soll ich Chop Suey oder Bami Goreng essen?« stellt für sie eine Qual dar. Falls eine solche belanglose Entscheidung also quälend zu werden droht, so kann empfohlen werden, sie rasch zu fällen. Denn offenbar liegen ja zwei attraktive Alternativen vor, so dass man eigentlich nichts falsch machen kann. Danach hat man Kraft und Zeit frei, sich wichtigeren Themen zuzuwenden. – Neben den systematischen Klärungsmöglichkeiten gibt es aber auch ungeplante und überraschende Wendungen.

Ein Journalist will seit vielen Jahren Französisch lernen. Immer wieder unternimmt er halbherzige Anläufe. Als er heiratet – seine Frau ist Koreanerin –, entschließt er sich endgültig, das Französischprojekt fallen zu lassen und lernt stattdessen Koreanisch.

Mancher Zwiespalt und Zweifel lockert und löst sich, während wir in Bewegung sind, beim Spazieren, Laufen, Fahrradfahren und anderen sportlichen Betätigungen. Durch die äußere Dynamik der körperlichen Bewegung kommen wir oft auch in innere lebendige seelische Dynamik. In allen stationären Therapien werden deshalb Sport und Sporttherapien, Gymnastik und die Harmonisierung der Bewegungen als wesentlicher Teil der Behandlung betrachtet.

Manche Menschen machen gute Erfahrungen mit Tarotkarten und dem I-Ging, dem chinesischen Münzorakel. Diese nehmen dem Menschen die Verantwortung für seine Entscheidung nicht ab, wie mancher vielleicht hofft. Sie geben ihm aber Anstöße, vertieft über die Frage nachzudenken und dann in eigener Kraft und Selbstverantwortung zu einer Lösung zu kommen.

Manchmal geben uns auch Träume wichtige Klärungshinweise. Eine Stimmung, ein Satz aus einem Traum machen uns etwas deutlich, womit wir bei Tag vergeblich gerungen haben.

Selbstveränderung beginnt damit, dass wir unser Leben der letzten Jahre nicht als selbstverständlich betrachten. Im Gegenteil: Es ist frag-würdig, das heißt, dass es sich durchaus lohnt, dass wir Fragen an unser Leben richten. Dem ist die folgende Selbstreflexion gewidmet.

Einladung zu Selbstreflexion und Verhaltensänderung: Klärung

1. Welche der Klärungstechniken hat Ihnen schon einmal geholfen, eine Entscheidung zu fällen?

   ....

2. Wie ist die Sache dann später weitergegangen?

   ....

3. Oder auf welchem anderen Weg haben Sie zu jener Zeit die Klärung herbeigeführt?

   ....

   (Übrigens: Was gut funktioniert, kann man wieder machen!)

Einladung zu Selbstreflexion und Verhaltensänderung:
Eine Zeit frei von Pflichten

1. Was würde ich tun, wenn ich einen völlig von Pflichten freien
    Tag hätte?

    ....

2. … eine völlig von Pflichten freie Woche?

    ....

3. … einen völlig von Pflichten freien Monat?

    ....

4. Welches ist das unerledigte Projekt in meinem Leben, das ich
    jetzt angehen kann?

    ....

5. Tun Sie über diese Gedanken hinaus zunächst nichts! Dies ist
    nur ein Warming-up. Beobachten Sie nur die weiteren Gedan-
    ken, die in Ihnen aufsteigen.

    ....

3.2 Außenwelt und Innenwelt

Selbstveränderung kann auf zwei Ebenen stattfinden, in der Außenwelt und der Innenwelt. Sie ist auf beiden Ebenen gleichermaßen wertvoll und wirksam. Die *Innenwelt* ist das Unsichtbare, unser inneres Erleben und inneres Handeln. Unsere seelische *Außenwelt* ist das sichtbare, optische, unser sichtbares Handeln und Verhalten, eben unser Äußeres im weitesten Sinne. Wenn Sie zum Beispiel stärker, selbstbewusster und freier werden wollen, können Sie im eigenen Inneren anfangen, sich als Erstes von alten selbstentwertenden Gedanken lösen und neue selbstbejahende Gedanken entwickeln. Sie können sich aber auch unmittelbar selbstbewusster verhalten, indem Sie lauter und deutlicher sprechen, aufrecht gehen, Mitmenschen in die Augen schauen und ihnen damit auf gleicher Ebene begegnen. Der Mensch ist zwischen Außenwelt und Innenwelt durchlässig. Er kann in raschem Wechsel die eine oder die *andere* Perspektive einnehmen. Beide Seiten seiner Person beeinflussen sich gegenseitig.

Aber es geht auch umgekehrt von der Innenwelt in die Außenwelt. In unseren Untersuchungen konnten wir zeigen, dass Teilnehmer oft die Perspektive wechseln. Dabei gibt es Menschen, die von der vertieften Selbstbeobachtung, Selbstanalyse und Selbstreflexion ihrer Innenwelt ohne Umschweife zum Handeln in der Außenwelt übergehen.

Eine 18-jährige Gymnasiastin, die in Situationen mit Gleichaltrigen oft unsicher und ängstlich ist, kommt durch Zufall in Kontakt mit der Punkszene. Die fremde Welt der Punks fasziniert sie, besonders der unverblümte und direkte Umgangston untereinander. Kurzentschlossen lässt sie sich ihre schönen blonden langen Haare abschneiden und trägt stattdessen einen kahlrasierten Schädel mit der typischen Irokesenfrisur, die sie in schillernden Farben, rot, grün, blau und violett, einfärbt. Sie trägt die typische Punkerkleidung, Jeans mit schwarzen Aufschriften, Buttons an der Jacke, Springerstiefel und Ketten um die Hüften. Sie ist nun sichtbar eine andere. Mit diesem neuen Auftreten gewinnt sie innere Stärke. Sie kann sich in der Schule mehr durchsetzen und bekommt bessere Schulnoten, weil sie es jetzt häufiger wagt, den Mitschülern und Lehrern gegenüber ihre Meinung zu äußern.

Auf diese Art und Weise wird die innere Veränderung nach außen getragen und die äußere Veränderung nach innen. Es ist oft so, dass eine innere Veränderung durch eine zeitgleiche parallele äußere Veränderung gewissermaßen sichtbar dokumentiert und zementiert wird.

Das gleiche Prinzip machen sich alle Initiationsriten zunutze. Durch äußere Veränderung findet eine innere Veränderung statt. Auch in unserer Kultur gibt es zahlreiche Initiationsriten: Kommunion und Konfirmation; Jugendweihe; Mutproben und Einführungsrituale beim Militär; die Lossprechung nach der Lehre; Aufnahmeriten in Gruppen, Schulen und Firmen; priesterliche Einsegnungen und Einweihungen von Häusern und Gebäuden; Kinder- und Erwachsenentaufen, Schiffstaufen und Feuertaufen; Eide auf die Fahnen oder die Verfassung und vieles anderes mehr. All diese Dinge dienen der Markierung eines Wendepunkts im Leben und helfen den Betroffenen, einen guten Neuanfang zu finden durch einen äußeren Anstoß, der sich auch auf das innere Selbstverständnis auswirkt.

Bei vielen Menschen bewirkt allein schon der Ortswechsel im Urlaub eine Veränderung der eigenen Innenwelt. Oder der Wohnungswechsel. Es gibt Architekten, die sagen: Man kann einen Menschen mit seiner Wohnung heilen wie mit einer Medizin. Dass in harmonischen Räumen und Gärten auch Harmonie zwischen Seele und Körper entsteht, entspricht der fernöstlichen Lehre vom Feng Shui. Man kann sagen: Zuerst formen wir Flächen und Räume, dann formen sie uns. Für alle Räume gilt: Sie sind nicht nur architektonische, sondern auch seelische Räume. In Krisen und Wendepunkten des Lebens machen sich viele Menschen auf die Suche nach neuen Räumen, die ihnen in der jetzigen Situation mehr entsprechen als die alten. Oft hat Selbstveränderung mit der Trennung von alten Dingen, Gewohnheiten und Teilen der eigenen Außen- oder Innenwelt zu tun.

Ein gutmütiger 62-jähriger Elektromeister schafft es nach dreißig unerträglichen Ehejahren endlich, sich von seiner Frau zu trennen. Lange plagt er sich mit Schuldgefühlen, obwohl seine Frau ihn immer wieder erniedrigte und verletzte. Als er dann aus dem gemeinsamen Haus auszieht, wirft er viele alte Briefe, Erinnerungen und Einrichtungsgegenstände in die Mülltonne. Er sagt: »Ich werfe meinen ganzen seelischen Müll in die Mülltonne. Die Tonne damit vollzumachen, ist mir ein Genuss!« Er entrümpelt mit dem Abschied von diesen Gegenständen der Außenwelt seine Innenwelt.

Die Wechselbeziehungen zwischen Außenwelt und Innenwelt des Menschen sind auch Thema der Literatur. Ein einfacher Schuster wird in dem Theaterstück von Carl Zuckmayer durch das Anziehen einer entsprechenden Uniform zum »Hauptmann von Köpenick«, der durch sein forsches Auftreten die obrigkeitshörigen Beamten und Soldaten zum Narren hält.

Wir machen aber auch die entgegengesetzte Erfahrung: Wenn das Äußere zu sehr betont wird, muss man aufpassen, dass es einem nicht so geht wie dem Kaiser und seinen Untertanen in dem Märchen »Des Kaisers neue Kleider« (Hans Christian Andersen).

In seiner Gefallsucht wird der Kaiser das Opfer von zwei raffinierten betrügerischen Schneidern, die seine Eitelkeit dazu nutzen, ihm Geld und Gold für neue, angeblich unsichtbare Kleider abzunehmen. Die beiden Halunken arbeiten wochenlang am Webstuhl und verlangen immer mehr kostbare Materialien. In Wahrheit jedoch schleppen sie alle teuren Materialien und auch das Gold und Geld zu sich nach Hause. Sie tun nur so, als ob sie am Webstuhl arbeiten. Der Trick, dass alle den beiden Spitzbuben glauben, funktioniert nur deshalb, weil die beiden sagen: »Nur wer intelligent und tüchtig ist, erkennt die wahre Schönheit der neuen Kleider.« So geht der Kaiser am Ende nackt durch die Straßen und alle bewundern des Kaisers neue Kleider, weil sie vor den anderen nicht als dumm oder unfähig dastehen wollen. Aber ein Kind ruft: »Der hat ja gar nichts an!« Plötzlich sehen alle, dass der Kaiser tatsächlich völlig unbekleidet ist.

3.3 Ziele der Selbstveränderung

Die Festlegung eines Veränderungszieles ist der Anfang der Selbstveränderung. Ohne Ziel keine Selbstveränderung. Das Ziel der Selbstveränderung soll als konkretes Verhalten beschrieben werden. Es soll realistisch sein. Es ist vorteilhaft, sich nur einem Veränderungsziel zuzuwenden. Dann bündeln sich Kraft und Energie. Es gilt die alte Seglerweisheit: »Wer nicht weiß, wohin er will, für den sind alle Winde ungünstig.« Manche Menschen sprechen von Vorsätzen, wenn sie etwas erreichen wollen: Der Vorsatz, mit dem Rauchen aufzuhören, weniger zu essen oder zu trinken, freundlicher zu sein, mutiger und selbstbewusster zu sein. Die Liste ließe sich beliebig fortsetzen. Wir sehen in der Selbstveränderung Vorsätze als Ziele an, auch wenn der Begriff Vorsatz manchmal einen Beigeschmack von Sylvestervorsätzen hat, die bekanntlich im neuen Jahr oft rasch vergessen werden.

Von Klagen zu Zielen

Viele Menschen haben zunächst noch gar kein Ziel oder Änderungswunsch, sondern sie fühlen sich einfach nur schlecht oder unglücklich. Vorteilhafter ist es, wenn es gelingt, Klagen in Ziele zu verwandeln.

Ein Fitnesstrainer, der ein Zweitstudium absolviert, äußert den Wunsch, sich mindestens drei Abende Zeit für sich selbst zu nehmen. Als Erstes beeindruckt ihn in der Selbstbeobachtung, dass es ihm gelingt, eine positive Formulierung für sein Problem zu finden. Denn zuvor hat er nur darüber geklagt, dass er keine Zeit für sich selbst hat. Nun ist das konkret ausgesprochene Ziel, mehr Zeit für sich zu haben, der erste Schritt auf dem Weg zur Verbesserung der Verhältnisse.

Die Buddhisten sagen: »Der Weg ist das Ziel.« Das ist richtig, gilt aber nicht absolut. Bei allen Süchten ist die Abstinenz das Ziel, das erreicht werden soll – durchaus auf unterschiedlichen Wegen. Die Erfahrungen auf dem Weg zum Ziel sollen allerdings aufmerksam gemacht werden. In der Selbstveränderung ist es wie bei der Pilgerreise auf dem Jakobsweg. Das Ziel, Santiago de Compostela, ist wichtig, aber auch der Weg dorthin mit allen Erfahrungen, die man macht, ist von großer Bedeutung.

Bei unserer Zielverfolgung sind Geduld und Augenmaß wichtige Tugenden. Denn oft wollen Menschen nicht einfach ein Problem loswerden. Vielmehr schwebt ihnen ein genaues Ziel vor, das schnellstens erreicht werden soll. Das ist der Augenblick, in dem sich bei manchem Riesenansprüche melden. Wer schon zugibt, ein Problem zu haben, der will es am liebsten sofort in ein Goldstück verwandeln. Es kommt immer wieder vor, dass ein Student, der seit fast einem Jahr so gut wie nichts für sein Studium getan hat, sich das Ziel setzt, jetzt jeden Tag zwölf Stunden für sein Studium zu schuften (Fengler, 1992, S. 147). Oder eine schüchterne Bibliothekarin möchte schnellstens zu einer amüsanten und begehrten Partygängerin werden. Für die Selbstveränderung gilt: Lieber heute Kaffeehausgeiger als niemals Paganini!

Konkretisierung von Wünschen

Für die Überprüfung eines Erfolgs gilt:
- Wir erreichen ein Ziel.
- Teilziele sind auch Erfolge.
- Manchmal landen wir mit unserem Selbstveränderungsprojekt an einer ganz anderen Stelle, und auch dies ist richtig.

Wir können also drei Arten von Erfolgen unterscheiden:
1. Die tatsächliche Verhaltensänderung: Dies ist der *Ergebnis-Erfolg.*
2. Die Ausführung selbst: Dies ist der *Prozess-Erfolg.*
3. Das Bemühen ohne handgreifliches Ergebnis: Dies ist ein *Einsichts-Erfolg.*

Ein Beispiel ist die Unordnung auf dem Schreibtisch. Ein diesbezüglicher Wunsch kann lauten: Ich möchte, dass alles ordentlich liegt. Wenn ich mir aber die systemische Frage stelle: »Woran kann ich merken, dass ich Erfolg gehabt habe?« wird die Antwort lauten: »Ich merke es daran, dass außer den Dingen, an denen ich gerade arbeite, nichts anderes auf dem Schreibtisch liegt!«

Das ist nicht weniger oder mehr. Vielmehr definieren wir Erfolge auf einer *überprüfbaren Verhaltensebene.* Auch Pläne und Zukunftsideen sollten wir möglichst auf diese Art und Weise operationalisieren. Denn die deutlichsten Erfolgskriterien sind immer die auf der Verhaltensebene festgelegten. Erfreulich ist, dass *jedes* Veränderungsziel auf vielfältige Weise angehbar ist. Ziel und Methode sind nur locker gekoppelt. Persönliche Vorlieben spielen dabei eine wichtige Rolle: Mit Methoden, die uns liegen und die wir gern anwenden, werden wir meist erfolgreich sein.

Empfehlungen für die Zielformulierung sind die folgenden:
- Finden Sie ein verlockendes attraktives Selbstveränderungsziel, das eine Herausforderung darstellt.
- Wählen Sie ein bedeutsames Ziel, damit Sie Energie haben, sich für seine Erreichung einsetzen.
- Formulieren Sie ein Ziel, das in seiner Komplexität überschaubar ist, damit ein Erfolg wahrscheinlich ist.
- Beschreiben Sie Ihr Ziel konkret, klar, präzise, realistisch, verhaltensbezogen und erreichbar.
- Benennen Sie das Ziel nicht als Abwesenheit von etwas, sondern als Anwesenheit, nicht als Vermeidung, sondern als erwünschtes Verhalten.
- Wählen Sie das Ziel als den Anfang von etwas, nicht als das Ende.
- Definieren Sie Ihr Ziel positiv und zukunftsbezogen.
- Drücken Sie Ihr Ziel als messbare Größe aus.

- Legen Sie einen Zeitpunkt fest, bis zu dem Sie das Ziel erreicht haben wollen.
- Setzen Sie sich Zwischenziele.
- Fangen Sie heute an.
- Tun Sie jeden Tag einen kleinen Schritt.
- Lächeln Sie sich und andere Menschen an, während Sie mit Ihrem Ziel beschäftigt sind.

Ziele sind Leuchtfeuer für unser Handeln. Wie es jemandem gehen kann, der unrealistische Ziele hat, zeigt folgender Cartoon (Abbildung 5).

Abbildung 5

Einladung zu Selbstreflexion und Verhaltensänderung: Das Selbstveränderungsziel

Es geht in diesem Arbeitsblatt darum, festzulegen, welches Verhalten Sie im Laufe der nächsten Zeit verändern wollen. Indem Sie dieses Blatt nun vor Ihnen liegt und Sie es lesen, hat die Selbstveränderung bereits begonnen.

1. Welche Klage, Sorge oder Misslichkeit will ich in ein attraktives Ziel umformulieren?

    ....

2. Wie lautet das Ziel als Verhalten formuliert?

    ....

3. Welchen Kurznamen wollen Sie Ihrem Veränderungsprojekt geben?

    ....

Lebensträume und Visionen

Manchem Leser mag das Thema Ziele der Selbstveränderung etwas kühl und technisch erscheinen. Aber das muss nicht so sein. Sehnsüchte, Visionen, Träume und Herzenswünsche – all diese inneren Vorstellungen und Bilder sind diffuser, stärker gefühlsbetont als klare Ziele. Aber das ist kein Fehler. Bei der Verwirklichung unserer Herzenswünsche und beim Vorgehen in der Selbstveränderung ist eine Portion Herzblut genau das Richtige. Am besten ist deshalb ein Ziel, wenn es einerseits realistisch ist, aber auch sinnliche Qualitäten hat und man es förmlich riechen, hören, schmecken und fühlen kann: In unseren Zielen, Träumen und Sehnsüchten soll Leben spürbar sein!

Es ist viel Farbe in unsere kulturelle Landschaft gekommen, die man sich vor fünfzig Jahren nicht annähernd hätte vorstellen können – einschließlich mancher Kuriosa. Manches davon kann uns bei der Beschäftigung mit unserem Selbstveränderungsziel inspirieren.

Der Schriftsteller Hans Magnus Enzensberger ironisiert die *durchschnittliche Exotik* unseres Alltags: »Sie äußert sich am deutlichsten in der Provinz. Niederbayerische Marktflecken, Dörfer in der Eifel, Kleinstädte in Holstein bevölkern sich mit Figuren, von denen noch vor dreißig Jahren niemand sich etwas träumen ließ. Also golfspielende Metzger, aus Thailand importierte Ehefrauen, V-Männer mit Schrebergärten, türkische Mullahs, Apothekerinnen in Nicaragua-Komitees, Mercedes fahrende Landstreicher, Autonome mit Bio-Gärten, waffensammelnde Finanzbeamte, pfauenzüchtende Kleinbauern, militante Lesbierinnen, tamilische Eisverkäufer, Altphilologen im Warentermingeschäft, Söldner auf Heimaturlaub, extremistische Tierschützer, Kokaindealer mit Bräunungsstudios, Dominas mit Kunden aus dem höheren Management, Computer-Freaks, die zwischen kalifornischen Datenbanken und hessischen Naturschutzparks pendeln, Schreiner, die goldene Türen nach Saudi-Arabien liefern, Kunstfälscher, Karl-May-Forscher, Bodyguards, Jazz-Experten, Sterbehelfer und Porno-Produzenten. An die Stelle der Eigenbrötler und Dorfidioten, der Käuze und der Sonderlinge ist der durchschnittliche Abweichler getreten, der unter Millionen seinesgleichen gar nicht mehr auffällt« (Enzensberger, 1991, S. 264).

Wer vor seinem inneren Auge die Vorstellung hat: »Ich möchte gern zuhause arbeiten, in einem schönen Haus an einem Teich sitzen, schreiben und zeichnen, das ist meine Vision!«, schöpft daraus meist mehr Kraft als jemand, der nur das rationale Ziel hat: »Ich möchte 75.000,– Euro pro Jahr verdienen.«

Gemeinsame Herzenswünsche von Paaren, Familien, Teams oder Gruppen sind besonders stark. Sie aktivieren viel Kraft und Energie. Wichtig ist dabei, sich nach sorgfältiger Prüfung ehrlich sagen zu können: Das und das zu erreichen, ist für mich oder für uns tatsächlich möglich. In unseren Lebensträumen dürfen wir kühn in die Zukunft denken und träumen. Aber der Wunsch sollte echt und dauerhaft sein und er muss zu uns passen. Es ist deshalb sinnvoll, und man sollte es sich zur Regel machen, von Zeit zu Zeit immer wieder Folgendes zu überlegen: In einem, zwei, drei, fünf, zehn und zwanzig Jahren:

- Was soll dann sein?
- Wie wünsche ich mir dann meine Beziehung?
- Wie will ich leben und wohnen?
- Wie will ich finanziell dastehen?
- Welche Personen wünsche ich mir als Lebensbegegnung und für wen will ich Lebensbegleiter sein?
- Welche Freunde, Arbeit und Hobbys möchte ich haben?
- Welchen Kurs schlage ich als Kapitän auf meinem eigenen Lebensschiff ein?

Unsere Herzenswünsche, Lebensträume und Visionen benötigen auch eine Portion Nüchternheit. Es kommt darauf an, dass wir unsere Ziele, Wünsche und Sehnsüchte von Illusionen unterscheiden. Eine Illusion ist eine Selbsttäuschung, eine unrealistische oder falsche Vorstellung oder Hoffnung, die sich nicht verwirklichen lässt.

Kritische Lebensereignisse bringen uns weiter

Lebensereignisse wie das Bestehen des Abiturs, Abschluss des Studiums, Beginn einer Ausbildung, Hochzeit, Geburt eines Kindes, Abschluss einer Ausbildung, eine neue Arbeitsstelle, ein Auslandsaufenthalt, eine neue Partnerschaft und der Eintritt in den Ruhestand können eine Selbstveränderung begünstigen und auslösen.

Ein einschneidendes Erlebnis kann auch die Erkenntnis sein, im eigenen Leben festzustecken oder in die falsche Richtung zu leben. Kritische Lebensereignisse und Krisen wie Partnerverlust, Arbeitslosigkeit, Insolvenz oder ein Führerscheinproblem lassen bei manchem die Erkenntnis reifen: »So geht's nicht weiter! Du musst und willst etwas ändern!« Aus dieser Einsicht kann sich ein starkes Veränderungsmotiv entwickeln. Krankheiten sind oft Anlass für eine Veränderung.

Auch wenn Sie sich dabei ertappen, dass bestimmte Vorhaben und Ziele in ihrem Kopf immer wieder auftauchen, gewissermaßen periodisch nach dem Motto: »Das und das solltest du endlich einmal in Angriff nehmen!«, kann dies Anlass für eine Veränderung sein. Es gibt auch langgehegte Wünsche und Sehnsüchte, die zu irgendeinem Zeitpunkt zu einer Selbstveränderung führen. Auslöser einer Selbstveränderung können auch besonders günstige Umstände sein. Plötzlich passen Innenwelt und äußere Verhältnisse besonders gut zusammen. Auch sogenannte Aha-Erlebnisse und Erlebnisse von Evidenz sind häufig Auslöser für eine Neuorientierung und Selbstveränderung. Plötzlich hat man etwas verstanden. – Frauen probieren oft mehrere Diäten aus, irgendeine ist dann ihre Diät. Raucher probieren immer wieder, sich das Rauchen abzugewöhnen. Zu einem bestimmten Zeitpunkt geht plötzlich etwas, was jahrelang nicht gegangen ist.

Da jeder Mensch unerledigte Themen in sich trägt, gibt es eigentlich immer einen Anlass und eine Möglichkeit zur Selbstveränderung.

Schlüsselerlebnisse sind ein Anfang

Manchmal berichten Paare von ihrer Liebe auf den ersten Blick. Sie haben sich gesehen und sich plötzlich und sofort ineinander verliebt. Der Liebe auf den ersten Blick wohnt, wie Hesse formulierte, sicherlich ein Zauber inne. *Ein* Augenblick kann das ganze Leben verändern. Solche stark emotionsgeladenen Augenblicke gibt es auch in der Selbstveränderung. Auch hier gibt es Schlüsselerlebnisse, die tief unter die Haut gehen können und unser Leben voranbringen.

Ein Schlüsselerlebnis heißt: Wir finden einen Schlüssel, der uns eine bislang verschlossene Tür öffnet. Dann sind wir plötzlich aufgeschlossen für Neues, vor allem für uns selbst. Schlüsselerlebnisse rütteln uns auf und machen etwas sichtbar, was wir bis zu diesem Zeitpunkt nicht beachtet haben.

Ich habe einmal erlebt, wie ein Psychoanalytiker in einer Gruppentherapie, als die Rede zufällig auf das Rauchen kam, zu den Teilnehmern sagte:»Wir rauchen die Illusion!« Wir rauchen die Illusion, dass wir gute Laune haben, entspannt sind oder Freiheit und Abenteuer genießen. Paradoxerweise ist aber das genaue Gegenteil der Fall. Statt Freiheit und Abenteuer rauchen wir Abhängigkeit, und Freiheit und Abenteuer haben wir dann höchstens später beim Lungenfacharzt oder im Krankenhaus. Wie beim Rauchen ist es mit allen anderen Drogen und Süchten:»Wir konsumieren die Illusion!« Für einige Teilnehmer ist der Satz:»Wir rauchen die Illusion!« ein Schlüsselerlebnis. So fällt es ihnen plötzlich leicht, sich von ihrem schädlichen Konsummuster zu lösen.

Im Bereich der Sucht, also Alkohol, Nikotin, Essen, Spielen, Arbeit, gibt es viele beeindruckende Beispiele von Schlüsselerlebnissen, verbunden mit großem Leidensdruck. Exzesse der Sucht rufen manchmal Schlüsselerlebnisse hervor.

Ein 40-jähriger Steuerberater, Alkoholiker, hat einen völligen Filmriss und prügelt volltrunken seine Frau und seinen Sohn halbtot. Dann will er sich im Auto das Leben nehmen. Als das misslingt und seine Frau und sein Sohn überleben, sagt er sich: Jetzt muss etwas geschehen! Und wählt eine stationäre Psychotherapie.

Landläufig gibt es die Auffassung, man müsse nur genug leiden und Leidensdruck spüren, um dann erst mit der Selbstveränderung beginnen zu können. Die Anonymen Alkoholiker sind der Meinung, dass jeder an seinem Tiefpunkt angekommen sein müsse, um etwas zu verändern. Diese drastische Auffassung ist offensichtlich zumindest eine Teilwahrheit bei der Selbstveränderung.

3.4 Kleine Schritte – jeden Tag

Wir können mit kleinem Einsatz viel erreichen. Dieser Gedanke zieht sich durch alle unsere Überlegungen. Große Ziele sind fast immer nur in kleinen Schritten zu erreichen: die Ersteigung des Mount Everest, der Marathonlauf, das Abitur, Meisterleistungen in Kultur und Wissenschaft, auch die Beseitigung großer Probleme

und Mangelsituationen und die Überwindung massiver Widerstände, Ängste und Depressionen. Eine Zeitungsmeldung, die
2006 veröffentlicht wurde, legt davon Zeugnis ab:

In Kanada ist ein neunjähriges Mädchen auf einer Bootsfahrt vom Schiff gefallen. Niemand hatte bemerkt, dass sie ins Wasser gefallen war. Es war etwa
drei Kilometer vom Ufer entfernt. In der Ferne konnte sie ein kleines Licht
am Ufer sehen. Das Mädchen schaffte es zur Verblüffung und zum Erstaunen
aller Fachleute und Rettungskräfte, bis zum Ufer zurückzuschwimmen. Dort
wurde es, zwar entkräftet, aber gesund, gefunden. Es war etwa zwei bis drei
Stunden lang geschwommen, obwohl es keine besonders gute Schwimmerin
war. Vermutlich wären viele Erwachsene bei dieser großen Schwimmstrecke
ertrunken. Niemand konnte sich erklären, wie das kleine Mädchen es geschafft
hatte, aus eigener Kraft diese lange Strecke zurückzuschwimmen. Psychologen
befragten das Mädchen dazu und erhielten die verblüffende Antwort:»Ich
wusste ja die Richtung und dann bin ich einfach losgeschwommen. Immer
wenn ich müde wurde, habe ich gedacht: Mach' den nächsten Schwimmzug! Immer nur *einen* Schwimmzug! Ich habe immer nur an den nächsten
Schwimmzug gedacht und dann wieder an den nächsten. Und auf einmal war
ich an Land.« Die Psychologen waren sich einig, dass das Mädchen sicher ertrunken wäre, wenn es sich in Gedanken ständig mit der weiten Stecke, die
es zurücklegen musste, beschäftigt hätte. Dadurch, dass das kleine Mädchen
immer nur an den nächsten Zug gedacht hatte, hat es schließlich gesund das
Ufer erreicht.

Eine bemerkenswerte Maxime zur Lebensgestaltung lautet: Tue
erst das Notwendige, dann das Mögliche und plötzlich schaffst du
das Unmögliche! Eine Redensart aus China lautet: Der Mann, der
den Berg abtrug, war derselbe, der anfing, kleine Steine aufzuhe-
ben.

Eine Studentin klagt darüber, dass sie zu allem, was in Lehrveranstaltungen
besprochen wird, sofort ihren Kommentar abgibt, ob sie auf diesem Gebiet
Bescheid weiß oder nicht. Die anderen merken, dass sie gar nicht richtig nach-
gedacht hat, sondern einfach ohne Sinn und Verstand vor sich hinplappert.
Sie kommt dabei zu vorschnellen Urteilen, was als peinlich und inkompetent
empfunden wird. Es wenden sich mittlerweile schon Freunde von ihr ab oder
sagen:»Ich glaube, du spinnst!« Sie nimmt das selbst mit der Zeit wahr und
möchte es ändern. Kleine Schritte – jeden Tag, das bedeutet für sie, dass sie
sich vornimmt, in Situationen, in denen etwas Neues besprochen wird, zunächst einmal zwei Sachfragen zu stellen und die Antworten auf diese Sachfragen abzuwarten, bevor sie sich zum ersten Mal äußert. Dies hat eine sofortige
große Wirkung, weil sie jetzt plötzlich nicht mehr als diejenige dasteht, die
inkompetent dazwischenredet. Sie wird jetzt als interessiert und aufmerksam
wahrgenommen, als jemand, die sich kundig macht. Die mit tatsächlichem
Interesse vorgetragenen Sachfragen imponieren den Gesprächspartnern
und helfen ihr selbst, fundierter Stellung zu nehmen als zuvor. Durch dieses
zweimalige Fragen und Zuhören wird auch ihr erster Drang gelockert, den

anderen ihre eigene Meinung aufzudrängen. Kleine Schritte – jeden Tag heißt auch: Jedes Mal, wenn sie in eine solche Situation gerät, greift sie auf dieses kompetenzbeschaffende Verhalten zurück.

Bei der Selbstveränderung gilt: Der Weg entsteht im Gehen. Selbst wenn ich phasenweise in die falsche Richtung gehe, kann ich etwas lernen oder eine Korrektur des Weges vornehmen. Dabei empfiehlt sich tägliche Aufmerksamkeit.

Der Zen-Meister wird von seinem Schüler gefragt: »Meister, warum sollen wir denn immer alle 227 Regeln einhalten, auch die kleinen und unbedeutenden? Wäre es nicht viel besser, jederzeit zuverlässig nur die großen, allerwichtigsten Regeln einzuhalten?« Der Meister antwortet dem Schüler: »Nicht der große Felsbrocken versperrt uns den Weg und den Blick. Um den Fels können wir leicht herumgehen, aber die vielen kleinen Sandkörner im Auge trüben unseren Blick und behindern uns die Sicht!«

Manche Dinge und Aufgaben erscheinen auch nur auf den ersten Blick groß. In Wahrheit sind sie viel kleiner. Dafür gibt es eine Reihe von Beispielen. Bei vielen uns unüberwindbar erscheinenden Schwierigkeiten und Problemen verhält es sich ähnlich wie mit dem Riesen Tur Tur aus Michael Endes Kinderbuch »Jim Knopf und Lukas der Lokomotivführer«. Aus der Ferne betrachtet wirkt der Riese Tur Tur riesengroß. Je näher man ihm kommt, desto kleiner wird er! Schließlich ist er ganz klein, wenn man wirklich vor ihm steht. Er ist nämlich nur ein Scheinriese. In der Selbstveränderung machen wir uns ein großes Ziel überschaubar und damit handhabbar.

Ein Marathonläufer berichtet von dem Phänomen, dass er während der letzten fünf Kilometern des Laufes oft daran denkt, aufzugeben. Die Strapazen für die letzten Kilometer erscheinen ihm unerträglich. Er hilft sich mit folgender Selbstmitteilung: »Du hast schon so oft in deinem Leben fünf Kilometer geschafft. Du schaffst jetzt auch diese!« Er macht sich die schier unüberwindlich erscheinende Durststrecke auf diese Art und Weise überschaubar und schafft es so Schritt für Schritt bis ans Ziel.

Andererseits wollen viele Menschen alles sofort auf einmal. Es soll sich alles sofort und perfekt ändern. Stattdessen tun gerade solche Menschen oft gar nichts, weil sie mit kleinen Schritten ihren eigenen Ansprüchen nicht gerecht werden. Aber das Wunder des Gelingens funktioniert ja genau anders herum: Durch kleine Schritte erreiche ich das große Ziel! Man sagt: Steter Tropfen höhlt den Stein, oder auch: Rom ist nicht an einem Tag erbaut worden.

Eine junge Sängerin möchte gern in ihrer künstlerischen Karriere weiterkommen. Sie ist aber gezwungen, als Verkäuferin zu arbeiten, um ihren Lebensunterhalt zu finanzieren. Sie sagt sich täglich als ihre persönliche feste Formel: »Arbeite jeden Tag an deinem Traum!« Ganz gleich, ob sie gut oder schlecht gelaunt ist, ob sie viel zu tun hat oder ob es gar aussichtslos erscheint, sie tut etwas für ihren Traum. So ruft sie Agenten an, geht zu einem Casting, meldet sich bei Menschen, die sie schon einmal engagiert haben, schreibt E-Mails an Konzertagenturen, übt neue Songs ein, geht zu ihrem Gesangslehrer oder singt in einem Wettbewerb vor. Auch wenn es manchmal nur Kleinigkeiten sind: Irgendetwas tut sie jeden Tag.

Betrachtet man die Selbstveränderung als Spiel und nimmt sich pro Tag nur einige Schritte vor, wird es sehr viel leichter. Man reserviert sich für das Veränderungsprojekt zum Beispiel nur zehn bis zwanzig Minuten Zeit pro Tag, die sich jeder nehmen kann. Und man kommt damit trotzdem, oder gerade deswegen, gut voran! Aber: Man muss etwas tun. Und etwas Mühe kostet es auch. Denken Sie an folgende kleine Geschichte:

Ein Frosch ist in ein Fass mit Milch gefallen und kommt nicht mehr heraus. Er droht zu ertrinken. Aber statt zu resignieren, strampelt und schwimmt er so lange und so gut er kann. Schließlich werden aus der Milch Butter und Quark und er kann aus dem Fass heraushüpfen.

Selbstveränderung geschieht oft mit niedriger Energiedosis, aber mit fortlaufender Aufmerksamkeit. Der ehemalige Bundespräsident Gustav Heinemann sagt über politisches und wirtschaftliches Handeln: Das Geheimnis auch der großen und umwälzenden Aktionen besteht darin, den kleinen Schritt herauszufinden, der zugleich auch ein strategischer Schritt ist, indem er weitere Schritte auf eine bessere Wirklichkeit hin nach sich zieht.

Der sprichwörtlich lange Marsch durch die Institutionen der 68er-Generation, die langsame, aber sichere Durchdringung der Gesellschaft mit neuen Ideen und neuem Handeln hat neben mancher peinlichen Überanpassung viele Erfolge hervorgebracht, beispielsweise in der Umweltpolitik, der Frauenbewegung, der gesellschaftlichen Stellung von Minderheiten wie Schwule und Lesben und in der Kindererziehung. Auch in Teams und Arbeitsgruppen kann man mit kleinen ausdauernden Schritten viel erreichen. Wenn ich selber als Seminarleiter pünktlich bin, bürgert sich Pünktlichkeit der Seminarteilnehmer ein. Am Ende honorieren es die Teilnehmer und mir erleichtert es die Arbeit.

Selbstveränderung ist ein Entwicklungsprozess. Man kann sie nur in geringem Maße beschleunigen. Man kann versuchen, schnell voranzukommen. Aber wenn man nicht schnell gehen kann, muss man eben langsam gehen. Man sollte nicht zum Sklaven des eigenen Zeitplans werden.

Wenn in Organisationen und Firmen große Neuerungen wie beispielsweise die komplette Einführung des SAP-Computersystems anstehen, fragt sich die Firmenleitung oft: Sollen wir die Sache »Step by Step« oder mit einem »Big Bang« einführen?« In der Selbstveränderung und auch in Organisationen ist »Step by Step«, Schritt für Schritt, die sicherere Methode auf dem Weg zum stabilen Ergebnis. Manchmal gelingt uns aber auch der »Big Bang«, die große Umwälzung mit einem Mal. Beim »Big Bang« ist jedoch mit mehr Widerstand zu rechnen.

Auch manche Stockungen und Widerstände überwindet man mit kleinen Schritten. Manchmal kommt man in der Selbstveränderung nicht weiter. »Prompting« ist der Sammelbegriff für alle Maßnahmen, die einen stockenden Verhaltensfluss wieder in Gang bringen. Die Wirksamkeit kleiner Unterstützungen kennen wir in erster Linie aus der Verhaltenstherapie. Sie setzt eher auf die Menge, also auf die Quantität beim Aufbau von neuen Verhaltensweisen, und zwar durch beharrliches Üben und Training. Ein Beispiel ist das verhaltenstherapeutische Rollenspiel zur Verbesserung der Kontaktfähigkeit. Es geht hier zuerst nur um den Blickkontakt, dann um das Lächeln, dann um den ersten Satz des Ansprechens der sympathischen Person, dann um eine kleine zusammenhängende Unterhaltung, dann um die Wiederverabredung und schließlich noch um ein Telefonat. Dies kann schrittweise geübt werden und es ist oft sogar noch erheiternd. Vielen Menschen macht es Spaß, die frisch gelernten Schritte gleich auszuprobieren, in der S-Bahn, am Arbeitsplatz oder in der Diskothek.

Mit kleinen Schritten – aber ausdauernd – kann man beispielsweise sehr viele Ängste erfolgreich angehen. Das geht so. Man erstellt eine Angsthierarchie von 0 bis 100. Stufe 0 heißt: keine Angst. Stufe 100 ist die unerträgliche maximale Angst. Jetzt nähert man sich der angstauslösenden Situation und dem angstauslösenden Objekt mit kleinen Schritten, immer wieder. Das Ganze findet unter Entspannungsbedingungen statt. So kommt man schrittweise von der maximalen Angst herunter bis zu einem erträglichen Maß der Angst. Oft verschwindet die Angst durch das Üben in diesen kleinen Schritten sogar komplett.

Eine Abiturientin hat große Angst, in U-Bahnen und S-Bahnen zu fahren. Immer wieder probiert sie, ob sie es schafft. Zunächst gelingt es überhaupt nicht; sie betritt nicht einmal den Bahnhof, so groß ist ihre Angst. Nach und nach probiert sie es und es gelingt ihr, eine Station mit der Bahn zufahren. So versucht sie es immer weiter, bis sie schließlich zwei Haltestellen schafft, dann drei. Nach einigen Wochen und Monaten fährt sie ohne größere Probleme täglich etwa zwei Stunden mit der Bahn zu ihrer neuen Ausbildungsstelle.

In allen Kulturen gibt es Geschichten, Mythen und Legenden über schier unglaubliche grandiose Veränderungen, Verwandlungen und Leistungen durch ausdauernde kleine Schritte.

Eine chinesische Sage erzählt die Geschichte eines fleißigen Koi-Karpfens, der all seine Kraft und Entschlossenheit zusammennimmt, um den Gelben Fluss bis zu den Stromschnellen von Tungkuan hochzuschwimmen, wo er sich in einen heroischen Drachen verwandelt. Deshalb symbolisiert der Koi-Karpfen noch heute in Asien Erfolg durch beharrliche Arbeit. Er ist nicht nur wegen seiner Anmut und Schönheit so begehrt.

Halten Sie es mit George Sand: Kleine Taten, die man ausführt, sind besser als große, die man plant.

Einladung zu Selbstreflexion und Verhaltensänderung:
Kleine Schritte – jeden Tag

1. Welches Ziel verfolge ich gegenwärtig mit erster Priorität?

    ....

2. Welche zusätzlichen Schritte kann ich ab heute täglich tun, um mein Ziel rascher zu erreichen?

    ....

3. Fange ich morgen damit an oder heute?

    ....

3.5 Kleine Schritte – große Wirkung

»Kleine Schritte – große Wirkung« ist die Gegenposition zu der Auffassung, dass ein linearer Zusammenhang zwischen Ursache und Wirkung und zwischen Interventionsstärke und Interventionswirkung besteht. Wenn jemand sagt: »Ich liebe dich!«, ist das sehr schön und anrührend. Aber wenn er das dreimal so laut sagt, ist das keineswegs ein Beweis dafür, dass die Liebe dreimal so groß ist. Große Gefühle wie die Liebe brauchen eher kleine Gesten, eine Berührung, Umarmung, einen zärtlichen Blick und einen Kuss, aber keine lärmende Beteuerung. Entsprechend müssen wir in der Psychologie damit rechnen, dass große Interventionen manchmal nichts und kleine Interventionen sehr viel bewirken. Die Umstellung im Kleinen kann frappante Wirkungen nach sich ziehen.

Eine junge Versicherungskauffrau fährt immer, wenn es ihr schlecht geht, in die Stadt, um sich irgendetwas zu kaufen. Dann fühlt sie sich für kurze Zeit etwas besser. Sie selbst bezeichnet sich als kaufsüchtig, weil sie immer diese Frustkäufe praktiziert, denn ihr ist die Kontrolle über ihr Kaufverhalten verloren gegangen. Sie hilft sich zunächst mit einem kleinen Trick. Sie geht nur in die Stadt, um sich die schönen Dinge anzuschauen, lässt aber ihre Kreditkarte zu Hause. Damit ist sie erfolgreich, denn sie kann ja ohne Geld nichts einkaufen. – Im Verlauf der Selbstbehandlung ihrer Kaufsucht stellt sie sich die weitergehende Frage: Warum brauche ich eigentlich dieses Kaufen so sehr? Welche innere Lücke überbrücke ich damit? Sie erkennt in der Selbstklärung die Funktion ihres Kaufverhaltens immer mehr als das, was es ist: eine Ersatzbefriedigung für ihre Unzufriedenheit mit sich und ihrem Leben. Die junge Frau bleibt also nicht bei der Symptombehandlung der Kaufsucht stehen, was ja schon Verdienst genug wäre, sondern versteht plötzlich den Motivationshintergrund dieses Handelns.

Auch eine kleine Umstellung an der richtigen Stelle bewirkt viel.

In einer Paarberatung habe ich einmal folgende kleine Korrektur vorgeschlagen. Die Frau leidet sehr darunter, dass ihr Mann immer so an ihr herummäkelt. Sie sagt ihm das und er antwortet: »Du machst auch vieles falsch und schlecht und darunter leide ich! Du denkst über Dinge nicht nach, bevor du sie sagst, machst und tust!« Sie sagt daraufhin: »Aber das ist doch nicht alles! Du guckst nur nach dem Schlechten!« Danach hat der Mann sich angewöhnt, einen kleinen Vorspann zu benutzen, und es ist zugleich tatsächlich viel mehr als eine Floskel, indem er ihr sagt: »Vieles im Haushalt machst du ja wirklich schön. Aber …« Und dann erst kommt die Kritik. Mit Hilfe dieses kleinen Vorspanns ist sie versöhnt. Der Mann zeigt, dass er ihre positiven Seiten würdigt, und sie hat damit auch ein offeneres Ohr für Kritik.

Auch Selbstbelohnungen an der richtigen Stelle haben manchmal eine große Wirkung.

Eine Studentin berichtet, ihre einzige Belohnung in ihrem selbstaufgestellten Programm zur Änderung ihres Arbeitsverhaltens besteht darin, dass sie das, was sie alles gemacht hat, am Ende des Tages auflistet. Das hat ihr bisher nicht besonders gut geholfen. Aber jetzt neuerdings, wenn sie ihr Pensum tatsächlich erreicht oder sogar überbietet, schreibt sie ihre abendliche Liste mit einer schönen königsblauen Tinte, ihrer Lieblingsfarbe, mit dem Füller. Es ist fast keine Intervention, aber die Wirkung ist groß. Am Ende betrachtet sie ihre Niederschrift mit Wohlgefallen.

Wir sehen: Es gibt nicht nur in der Physik eine Hebelwirkung, sondern auch in der Psychologie, und es gilt, getreu der alten Handwerkerweisheit: Ein kleines Tröpfchen Öl ist oft besser als ein Hammerschlag!

Ein Lehrer berichtet, dass er sich – einer Empfehlung von Rudolf Steiner folgend – nach seinem morgendlichen Aufwachen fünf Minuten lang mit seinen Schülern, die er an diesem Tag zu unterrichten hat, beschäftigt. Für jeden Schüler hat er etwa zehn Sekunden Zeit reserviert, stellt ihn sich geistig vor und beschäftigt sich in zugewandter Stimmung mit ihm. Durch diese kleine Maßnahme begegnet er den Schülern im tatsächlichen Unterricht viel aufmerksamer als früher.

Das Unterbrechen einer festen *Verhaltenskette* ist ein gutes Beispiel dafür, dass ein ganzer unverwünschter Verhaltensbereich zum Verschwinden gebracht werden kann. Bei jedem Griff oder jedem Gedanken an ein Zigarette heißt die Unterbrechung der Verhaltenskette: Ich stehe, statt zu rauchen, auf und mache eine kleine Atemübung. Das kostet nicht viel, nur eine Minute oder zwei, befreit mich jedoch von finanziellen, gesundheitlichen und geruchsmäßigen Belästigungen mit minimalem Aufwand.

Wer *sparsam* interveniert, macht die Erfahrung, dass diese seltenen Interventionen oft als viel gewichtiger wahrgenommen werden.

Ein Gruppenleiter in einer Selbsterfahrungsgruppe schweigt zwei Sitzungen lang und sieht dem Treiben der Gruppe aufmerksam zu. Mitten in der dritten Sitzung bei irgendeinem Satz eines Teilnehmers sagt er mit allen Anzeichen der Verwunderung: »Tja, ist das so?« Da fällt die Gruppe aus allen Wolken, weil sie nach seiner langen Zurückhaltung schon gar keine Intervention mehr von ihm erwartet hat. Plötzlich merken alle: Er hat sehr wohl zugehört und seine Frage bezieht sich nicht nur auf die letzte Teilnehmeräußerung, sondern rückwirkend auf die zweieinhalb bisherigen Sitzungen.

Wichtig ist, dass wir uns in der Selbstveränderung zwischendurch die Freiheit nehmen, vom Ziel etwas zurückzutreten und den eigenen Plan aus einer übergeordneten *Metaperspektive* heraus zu betrachten, ja, ihn sogar hin und wieder in Zweifel zu ziehen. Dies dient keinesfalls der eigenen Verunsicherung. Ganz im Gegenteil können wir jetzt sogar gefestigter vorgehen, nachdem wir uns über die nächsten Schritte klarer geworden sind und diese in die Tat umsetzen. Auf diese Weise erzielen wir mit kleinen Schritten eine große Wirkung.

Einladung zu Selbstreflexion und Verhaltensänderung: Kleine Schritte – große Wirkung

1. An welchem Thema oder Problem hänge ich in meinem Leben gegenwärtig fest?

   ....

2. Wie kann ich dabei einmal einen anderen Hebel ansetzen?

   ....

3. Welchen Verlauf wird die Angelegenheit dadurch vermutlich nehmen?

   ....

3.6 Der günstige Zeitpunkt

Es gibt Menschen, die eine Veränderung mit folgenden Worten abwehren: Nicht gerade jetzt! Ausgerechnet jetzt, wo es mir so schlecht geht! Viel Arbeit, Stress, schlechte Auftragslage im Betrieb. Ausgerechnet jetzt, wo es mir einmal richtig gut geht! Urlaub, Wochenende, günstige Auftragslage im Betrieb!

Es gibt immer gute Gründe, dass es nicht gerade jetzt sein sollte. Das Gleiche gilt in der Partnerschaft für die Frage: Wann besprechen wir ein heikles Thema? Müssen wir das gerade jetzt besprechen? Die Antwort kann lauten: »Nein, müssen wir nicht. Wir könnten es auch zehn Minuten später machen, aber dann ist es auch nicht günstiger.«

Der frühere Bundeskanzler Willy Brandt sagte, als es um die Trennung von seiner Frau Ruth ging und die Parteigenossen ihm vorhielten, gerade drei Wochen vor der Wahl so etwas Wahlergebnisschädigendes bekanntzugeben: »Für eine solche Nachricht gibt es keinen günstigen, sondern nur ungünstige Zeitpunkte!«

Diese Erkenntnisse machen Gedanken über günstige Zeitpunkte nicht zunichte, aber sie relativieren sie. – Aber es gibt auch günstige Zeitpunkte. Selbstveränderung ist nicht immer auf angenehme optimale Art und Weise zu bewältigen. Wer erfährt, dass er Lungenkrebs hat, sollte sofort aufhören zu rauchen und nicht darauf warten, bis ein günstiger Zeitpunkt kommt. Sechs Wochen vor der Prüfung sollte man sofort mit dem Arbeiten beginnen und nicht auf eine günstige Konstellation warten. Man kann die Behauptung, den richtigen Zeitpunkt verpasst zu haben, natürlich auf die Spitze treiben. Ein Beispiel zeigt dieser Cartoon (Abbildung 6).

Abbildung 6

Unser Fazit lautet:
- Es ist nie zu spät für die Entscheidung zu einer Selbstveränderung.
- Es ist nie zu spät für eine Selbstveränderung.

Die Griechen hatten einen Gott namens Kairos, einen Sohn des Zeus. Er war der Gott des günstigen Augenblicks. Kairos trug nur vorn Haare, hinten hatte er eine Glatze. Wer ihn, wenn er auftauchte, nicht sofort beim Schopf packte, bekam ihn nicht mehr zu fassen. Vorbei war vorbei und die Chance war vertan. Es gibt ihn also, den günstigen, sofort zu nutzenden Augenblick im Leben, die Gunst der Stunde, in der Außergewöhnliches möglich ist.

Ein Landwirt mit eigenem Hof verbringt die Hälfte seines Lebens in Eintönigkeit und Monotonie: Jeden Morgen um fünf aufstehen, jeden Tag 14 Stunden arbeiten, danach noch ein Bier in der Kneipe und dann schlafen gehen. Lange Jahre führt er ein Leben voller Langeweile. Irgendwann fällt ihm das auf. Er beschreibt wörtlich: »Im 38. Lebensjahr bin ich aufgewacht und habe einen Befreiungsschlag gemacht! Ich habe einen Angestellten eingestellt, bin dann ab 17.00 Uhr zum Abendgymnasium gegangen und habe sogar studiert.« Schließlich wird er Schuldirektor und schildert: »Ich habe meine erwünschte Wandlung erfolgreich abgeschlossen. Spät, aber nicht zu spät!«

Es ist günstig, den Zeitpunkt zu erwischen, zu dem sich die Kräfte konstellieren. In der Psychologie von Carl Gustav Jung (1989, G. W. Bd. 2, S. 455) heißt es: Im Lauf der Behandlung ereignen sich die Phänomene zum richtigen Zeitpunkt. Dazu gibt es ein anschauliches Bild von drei Scheiben mit unterschiedlich durchlässigen Löchern, die hintereinander geschaltet sind und sich in verschiedenen Tempi drehen. Die drei Scheiben sind das Hier, das Jetzt und das Wie. Hinter ihnen ist ein Lichtstrahl zu sehen oder die Sonne. Manchmal wird man von der Sonne gar nichts sehen, weil die Scheiben ihr Hindurchstrahlen verhindern, aber zu bestimmten Zeiten werden alle drei Scheiben ihre Öffnungen so hintereinander gestaffelt haben, dass die ganze Kraft der Sonne hindurchstrahlen kann. Dies ist im seelischen Leben der Augenblick, in dem sich alle Kraft entfaltet.

Das kann man manchmal in der Partnerschaft beobachten. Wenn man nach einem Streit zum richtigen Zeitpunkt ein freundliches Wort sagt, wirkt das Wunder. Wenn man es zehn Minuten zu früh oder zehn Minuten zu spät sagt, dann ist der Zeitpunkt nicht der richtige, um auf guten Empfang zu stoßen.

Auch bei der Pensionierung kann man Kairos gut beobachten. Die Pensionierung ist ein Zeitpunkt, an dem man sich gut von vielem lösen könnte. Es ist eine natürliche Zäsur, aber viele verpassen den günstigen Zeitpunkt. Viele Menschen kleben an ihrem Arbeitsplatz fast im physischen Sinne. Sie wollen und können nicht loslassen. Sie hängen an ihrem Status, ihrer Firma, ihrer Behörde und ihrer Arbeit. Sie verpassen den günstigen Zeitpunkt der Loslösung.

Der Dichter Stefan Zweig (1980, S. 7) berichtet in seinem Buch »Sternstunden der Menschheit« von zwölf Situationen, in denen historisch-dramatische Dinge passieren. Er beschreibt dies folgendermaßen: »Wie in der Spitze eines Blitzableiters die Elektrizität der ganzen Atmosphäre, ist dann eine unermessliche Fülle von Geschehnissen zusammengedrängt in die engste Spanne von Zeit. Was ansonsten gemächlich nacheinander und nebeneinander abläuft, komprimiert sich in einen einzigen Augenblick, der alles bestimmt und alles entscheidet: ein einziges Ja, ein einziges Nein, ein Zufrüh oder ein Zuspät macht diese Stunde unwiderruflich für hundert Geschlechter und bestimmt das Leben eines Einzelnen, eines Volkes und sogar den Schicksalslauf der ganzen Menschheit.« Nun muss man aber mit Stefan Zweig ehrlicherweise sagen, dass solche Stunden selten sind. Denn im Leben jedes einzelnen Menschen geschieht unermesslich viel Gleichgültiges und Alltägliches. Aber manchmal verdichten sich Dinge in einem einzigen Augenblick, der alles bestimmt und alles entscheidet. Dann geht plötzlich, was jahrelang nicht gegangen ist.

Wenn man zu sehr gegen die Zeit handelt, wird man scheitern oder sehr viel mehr Kraft aufwenden müssen, als wenn man im rechten Augenblick handelt. Andererseits gilt auch: Manchmal muss man, obwohl kein Licht brennt, in den dunklen Keller! Alles andere wäre eine Ausrede. In solchen Augenblicken zu warten, könnte zu vollständiger Lähmung führen.

4 Wege zur Selbstveränderung – 12 Methoden

In der Selbstveränderung gilt: Viele Wege führen nach Rom. Alle Ziele im Leben sind auf sehr unterschiedliche Weise zu erreichen. Ich kann empfehlen, das eigene Selbstveränderungsprojekt immer von zwei Seiten gleichzeitig anzugehen:
1. Welches ist mein dringendstes Anliegen?
2. Welche Selbstveränderungsmethode sagt mir besonders zu?

Die Darstellung ist ein Angebot, kein Diktat. Experimentieren Sie mit allem, was Sie im Folgenden erfahren, in aller Freiheit und Besonnenheit, bis Sie Ihren Weg der Selbstveränderung finden. Bei der Auswahl der Methoden habe ich mich für zwei Grundsätze entschieden: Methodenvielfalt und Methodenpragmatik.

1. Methodenvielfalt

Angst kann man beispielsweise auf verschiedenen Wegen angehen. Man kann der Veränderung von Angst durch Verstehen des Problems, durch Selbstreflexion, Selbstanalyse und auch durch übende Verfahren und Training nahekommen. Man kann sich ihr schrittweise annähern, man kann Entspannungsverfahren lernen, sich der Angst stellen und sich ihr aussetzen. Manchen Leuten hilft der Sokratische Dialog. Dies ist ein kluges Gespräch über Bedeutung und Sinn der Angst, das scharfsinnig die Widersprüche der eigenen Sichtweise der Angst offen legt. Wirksam sind auch Gespräche mit vertrauten Personen nach der bekannten Tatsache: Das Reden über die Angst reduziert oft die Angst. Weitere Möglichkeiten sind Selbstmitteilungen, Gebet und Selbsthilfegruppe. Last but not least verdient die professionelle Hilfe durch Beratung und Psychotherapie Erwähnung.

2. Methodenpragmatik

Wir befürworten den pragmatischen Einsatz unserer Methoden. Es gibt keinen einzig richtigen Weg der Selbstveränderung. Des-

halb sollte jeder die Methode wählen, die bei ihm wahrschein-
lich zum Erfolg führt. Wichtig und entscheidend ist, was beim
Einzelnen Erfolg hat. »Wirklich ist, was wirkt!«, sagt Carl Gustav
Jung (1958, G. W. Bd. 16, S. 55). In der Selbstveränderung soll der
Betreffende Spielräume in dem Sinne haben, dass er verschiedene
Techniken und Verfahren anwenden kann, die ihm und seiner
Veränderung gerecht werden. Es ist sinnvoll und praktisch, mehrere Methoden gleichzeitig oder nacheinander anzuwenden. Wir
haben in unseren Untersuchungen immer wieder die Erfahrung
gemacht, dass viele unserer Teilnehmer spontan Annäherungen
an unterschiedliche Veränderungstechniken erfanden und damit
Erfolg hatten. Dafür stehen dem Leser alle 12 Methoden zur Verfügung. Leser und Leserinnen sind eingeladen, sich auf einen aktuellen Änderungswunsch beliebiger Art aus ihrem gegenwärtigen
Leben zu konzentrieren und die weitere Lektüre vorrangig darauf
zu beziehen. Bei der Selbstveränderung ist vieles eine Frage des
Gewusst-wie (Abbildung 7)!

Abbildung 7

Nun stelle ich Ihnen 12 Methoden der Selbstveränderung vor.
Sollte Ihnen eventuell eine Methode oder ein Beispiel nicht schlüs-
sig erscheinen, so fahren Sie dennoch mit der Lektüre fort. Es wird

bald wieder etwas auftauchen, das Ihnen vertraut vorkommt und Ihnen einsichtig ist. Eines schickt sich nicht für alle! Aber alles ist aus dem Erfahrungsschatz von Menschen abgeleitet. Wählen Sie solche Aspekte für sich selbst aus, zu denen Sie selber Vertrauen haben und Ihnen selbst einsichtig sind. Lassen Sie sich von Beispielen inspirieren. Manches hat man schon selbst oder im Freundeskreis so ähnlich erlebt und dort hat man keine oder gute Wege gefunden. Hier ist alles in einem großen Kompendium versammelt. Wir beginnen nun mit unserer ersten Methode.

4.1 Erkenne dich selbst!

> Gnothi se auton.
> (Erkenne dich selbst!; Inschrift auf dem Fries des Apollo-Tempels in Delphi, Griechenland)

Die Aufforderung zur Selbsterkenntnis finden wir in allen Kulturen und Religionen. Es handelt sich offenkundig um etwas Wichtiges. Selbsterkenntnis ist Sehnsucht und Auftrag des Menschen, sich Klarheit über sich selbst zu verschaffen, und natürlich in jeder Lebensphase und jedem Lebensalter immer wieder neu.

Selbsterkenntnis ist ein facettenreicher Begriff. Wir wollen ihn handhabbar machen und ihn für unser Veränderungsprojekt nutzen. Selbsterkenntnis ist auf ganz verschiedenen Ebenen und in unterschiedlicher Tiefe möglich.

Eine systematische Selbstveränderung bedarf eines Minimums an Selbsterkenntnis. Beginnen wollen wir mit der niedrigstschwelligen Form der Selbsterkenntnis: der *Selbstbeobachtung*. Aus der Forschung ist die erstaunliche Tatsache bekannt, dass allein durch die Selbstbeobachtung eines Verhaltens schon bemerkenswerte Verhaltensänderungen erzielt werden.

Eine Vermessungsingenieurin, die sehr unter ihrer Selbstunsicherheit leidet, berichtet: »Mir ist klar geworden, dass meine Selbstunsicherheit längst nicht mehr so stark ist wie vor einigen Monaten. Das Bewusstwerden durch die Selbstbeobachtung ist ein großer Schritt auf dem Weg zur Lösung meines Problems. Das Bewusstwerden der eigenen Gefühle und Bedürfnisse, und dies auch anderen mitzuteilen, ist sehr wichtig. Das Sprechen mit Freunden über diese Dinge ist sehr hilfreich, aber auch, dass ich in diesen Gesprächen entdecke, dass andere Menschen, die nach außen stark und sicher wirken, es gar nicht sind. Sie verbergen ihre Unsicherheit nur einfach gut. Ich sehe mittlerweile, dass jeder Mensch eine gewisse Unsicherheit erlebt. Dieses Wissen ist für mich ungeheuer wichtig. Ich gehe jetzt mit ganz anderer Sicherheit an Dinge heran, die mir eigentlich Angst machen, vor denen ich früher aber geflüchtet wäre.«

Selbstbeobachtung findet auf allen Sinneskanälen statt: Sehen, Hören, Fühlen, Riechen, Schmecken und Synästhesien.

Der *beobachtende* Teil in uns kann nun den *beobachteten* Teil, das beobachtete Verhalten und die beobachteten Gefühle steuern und neue Akzente setzen. Viele Menschen sind so sehr von ihren Gedanken oder Gefühlen beherrscht, dass sie darunter leiden. Ihnen fehlt die nötige Distanz. Überstarke Gefühle und intensive Situationen können Menschen gefangen nehmen und völlig vereinnahmen.

Eine Künstlerin wird in Konfliktsituationen mit Menschen, die ihr wichtig sind, oft ärgerlich, wütend und aggressiv. Wenn sie bemerkt, wie hilflos, betroffen und gekränkt die andere Person reagiert, wird sie traurig und ängstlich. Ihr tut alles leid. In diesem Augenblick möchte sie von dem Menschen geliebt werden, den sie zuvor attackiert hat. Sie sucht nach einer Lösung, auch nach einer Los-Lösung von diesen Gefühlen. Wenn sie dann zur Ruhe kommt, kann sie sich von ihren Gefühlen distanzieren. Sie erkennt, dass sie ihren Emotionen nicht ohnmächtig ausgeliefert ist, sondern Handlungsmöglichkeiten hat. Dadurch wird sie viel ruhiger und gerät seltener in solch überbordende Gefühlssituationen. Sie weiß, dass sie in Zukunft mit diesen Situationen besser umgehen kann. Das hilft ihr sehr.

Die Selbstbeobachtung ist das Gegenteil von dem gern zitierten Satz: »Das ist doch alles ganz normal!« Wer so spricht, nimmt keine Unterschiede wahr: eine Dumpfheit gegenüber den feinen Verästelungen des Lebens.

Schreiben hilft

Wichtig ist bei der Selbstbeobachtung, dass sie am besten täglich durchgeführt wird. Wenn die Selbstbeobachtung in Form einer Protokollierung erfolgt, hat sie etwas besonders Befriedigendes. Selbstbeobachtung und Tagebuch sind machtvolle Instrumente der Selbstveränderung. Dazu jetzt mehr.

Das Aufschreiben eigener Beobachtungen, insbesondere das Tagebuchschreiben oder das Aufschreiben der eigenen Lebensgeschichte haben oft eine geradezu therapeutische Wirkung. Beides stellt *Entlastung* und *Bereicherung* dar. Schreiben hat eine strukturierende distanzierende Wirkung für den Schreibenden. Es erlaubt einen vertieften Einblick in die eigene Person bis hin zum Aufspüren unbekannter unbewusster Motive des eigenen Handelns. Durch das Aufschreiben kann man Dinge klären und die eigene Vergangenheit mit einer gesunden Distanz betrachten. *Im* Schreibakt werden Dinge klar. Das Schreiben über die eigene Person hat therapeutische Effekte. Das spontane Führen von Tagebüchern in Krisensituationen ist ein häufig anzutreffendes Phänomen. Selbstreflexion durch Schreiben wird in vielen Lebensphasen als hilfreich erlebt. Schreiben als Selbsttherapie hat eine ausgesprochen positive Wirkung, auch wenn es nicht in eine professionelle Therapie eingebunden ist. Es kann eine Therapie oft nicht ersetzen, aber es trägt zur Klärung der inneren und äußeren Realität bei.

Ein Arzt berichtet, dass er immer, wenn in seiner Ehe etwas schief läuft, dies in einem Tagebuch aufschreibt. Er versucht, dadurch seinen Eigenanteil herauszufinden und den seiner Frau. Dieses Vorgehen liegt ihm sehr aus drei Gründen. Erstens fördert es das Verstehen des Konfliktes, zweitens bedeutet das Niederschreiben eine Katharsis, also ein konstruktives reinigendes Abreagieren der eigenen Gefühle. Eine dritte Wirkung des Tagebuchschreibens ist, während des Schreibens ganz für sich zu sein und sich auf sich selbst konzentrieren zu können. Auch das ist günstig und fördert den Prozess der Selbstveränderung. – Günstig wäre es für diesen Mann, auch über positive Erfahrungen mit seiner Frau zu schreiben.

Aber es muss nicht geschrieben werden. Oft reicht schon das Sprechen über sich selbst mit einem klugen, interessierten und wohlwollenden Gesprächspartner.

Sprechen hilft

Sprechen über sich selbst kann Erkenntnismittel und Therapeutikum zugleich sein. Im Aussprechen verändert sich der Sachverhalt. Das Sprechen über Angst, Tabus, Unklares und über nicht zu Ende Gedachtes in gesprochener Sprache hilft, Gedanken zu ordnen. Der akustische Ausdruck des Denkens, also das tatsächliche Aussprechen des Gedankens, ist prägnanter als die lediglich gedachte Überlegung. Sprache wird damit zum Schlüssel von Veränderungen. Worte können berühren und uns ungeahnte Ressourcen erschließen.

Sogar das Selbstgespräch kann helfen. Menschen, die allein

leben, neigen manchmal zu Selbstgesprächen. Sie versuchen, da der Gesprächspartner fehlt, sich allein Klarheit über Dinge zu verschaffen.

»Worte waren ursprünglich Zauber, und das Wort hat noch heute viel von seiner alten Zauberkraft bewahrt. Durch Worte kann ein Mensch den anderen selig machen oder zur Verzweiflung treiben. Worte rufen Affekte hervor und sind das allgemeine Mittel zur Beeinflussung der Menschen untereinander« (Freud, 1948, G. W., Bd. XI, S. 10). Freud sprach deshalb von seiner Psychoanalyse folgerichtig als Redekur. Der Amerikaner Steve de Shazer geht noch einen Schritt weiter als Freud. Für de Shazer (1998, S. 19) bedeutet Therapie »conversation«, was ja Konversation, Gespräch, die Unterhaltung zweier Menschen bedeutet. Therapie ist nach seiner Auffassung »nichts als ein Haufen Sprache«. Sigmund Freud und Steve de Shazer kommen beide zu dem Ergebnis: Worte können heilen. Diese Auffassung teilen wir, gehen aber sogar noch einen Schritt weiter.

Das Zauberwort

Selbstveränderungen finden manchmal nur aufgrund eines Wortes oder Satzes statt, den wir uns selbst sagen oder den eine andere Person zu uns sagt oder gesagt hat. Jörg Fengler (2003, S. 447) zitiert Eichendorff: »[…] und die Welt hebt an zu singen, triffst Du nur das Zauberwort« zur Illustration seiner scharfsinnigen, originellen Vorschläge, wie man treffende wirksame Interventionen in der Psychotherapie formulieren kann. Demnach gibt es auch heute noch *Zauberwörter und Zaubersätze*, die uns helfen können. Manche Wörter, Sätze und Formulierungen funktionieren ähnlich gut wie im orientalischen Märchen der Zauberspruch: »Sesam, öffne dich!«

Wenn kleine Kinder sehr lautstark und vehement irgendeine Sache fordern, sagen Erwachsene manchmal zu ihnen: »Wie heißt das Zauberwort?« Wenn die Kleinen dann das Zauberwort sagen, ist der Konflikt oder Notstand behoben und sie erhalten die ersehnte Sache. Man muss nach diesen Zauberwörtern manchmal suchen; manchmal fallen sie uns aber auch einfach zu. Manchmal müssen wir lange darauf warten, bis das empfangene Zauberwort seine Wirkung in uns entfaltet. Es schlummert gewissermaßen, bis wir bereit sind, es zu verstehen. Wir ernten also oft erst später das, was wir lange undeutlich mit uns herumgetragen haben. Deshalb müssen manche Dinge, auch in der professionellen Therapie, mit einer gewissen Unermüdlichkeit ausgesprochen werden, damit sie wirken. Manche Äußerungen anderer Menschen verstehen wir in ihrer Bedeutung und Wichtigkeit für uns erst später, manches erst nach Wochen, Monaten oder Jahren. – Bestimmte Worte oder Sätze können eine geradezu magische Wirkung auf uns haben. So hören wir von den verschiedensten Personen Hinweise, die unsere Person zum Gegenstand haben. Aber eine Formulierung trifft uns mitten ins Herz. Und plötzlich wird uns alles klar!

Wir sind auch Sender von Zauberwörtern für andere Personen. Diese Frage haben wir an der Kölner Universität untersucht. Personen unterschiedlichen Alters und Geschlechtes wurden befragt, ob sie schon einmal die Erfahrung gemacht haben, dass ein einziges Wort oder ein einziger Satz ihnen oder anderen Personen in ihrem Leben einen sehr wichtigen Impuls gegeben haben. In dieser Untersuchung traten bemerkenswerte Geschichten zutage, im Guten wie im Bösen. Die Teilnehmer berichteten, wie ein einziges Wort, ein einziger Satz einmal eine Beziehung gerettet, zerstört oder neu kalibriert hat. Oder wie jemand später zu einem anderen Menschen sagt: »Dieser Satz, den du mir damals gesagt hast, der hat mir unglaublich geholfen!« Wir selbst erinnern uns an diesen Satz vielleicht gar nicht mehr und erfahren erst jetzt von der weitreichenden Wirkung, die er seinerzeit erzielt hat. Das Ergebnis dieser Untersuchung deckt sich mit der Alltagserfahrung vieler Menschen. Ein einziges Wort zur richtigen Zeit kann manchmal zaubern und wahre Wunder bewirken. Das rechte Wort zur rechten Zeit, verhütet leicht manch' Herzeleid!, heißt es im Volksmund.

Eine angestellte 51-jährige Designerin, die schon lange Jahre von einem eigenen Modeatelier träumt, hat durch eine kleine Erbschaft plötzlich die Möglichkeit dazu. Obwohl sie es nun könnte, zaudert sie lange Zeit, da sie große Angst vor diesem Schritt hat. Eines Tages, als das Gespräch mit einer Freundin auf ihr Modeatelier kommt, sagt die Freundin plötzlich zu ihr: »Worauf willst du denn eigentlich noch warten?« Dieser Satz trifft sie so sehr, dass sie am nächsten Tag zum Immobilienmakler geht, Räume anmietet, ihre feste Stelle kündigt und nach vier Monaten ihr Atelier eröffnet.

Einem jungen Fernsehschauspieler, der immer wieder an sich zweifelt und deshalb vor der Kamera unsicher agiert, hilft der spontane Satz seines Regisseurs: »Peter, die Kamera liebt dich!« Daraufhin lacht der Schauspieler. Von diesem Satz ist er so begeistert und inspiriert, dass er ihn sich jetzt immer vor schwierigen Auftritten sagt – mit Erfolg.

Dies sind Beispiele, bei denen andere Menschen für den Betreffenden Dinge verdichtet auf den Punkt gebracht haben. Da findet sich in diesem Augenblick besonderer Empfänglichkeit ein Satz, von anderen mitgeteilt oder selbst gefunden, der offenbar so gut zu dieser Bedürfnislage passt, dass er auf der Stelle klärt, entlastet, aufbaut und dem vorherigen Misstand grundlegend abhilft.

Ein junger Mann, der von seiner Freundin ständig verbal attackiert und verletzt wird, weil er angeblich vieles falsch mache in seinem Leben und sich auch noch unvorteilhaft kleide, denkt über längere Zeit intensiv über diese massive Kritik nach. Er hegt deshalb starke Selbstzweifel. Eines Tages steht er vor dem Spiegel in seiner Wohnung, schaut sich an und befindet ganz plötzlich und ruckartig: »Ich bin ein attraktiver junger Mann!« Diese Worte kommen ganz tief aus ihm heraus. Er ist selber ganz verblüfft und verwundert über seinen eigenen Satz. Er sagt sich weiter: »Meine Freundin hat gar nicht recht!« Bis dahin hatte er immer nur die Sichtweise seiner Freundin für gültig gehalten. Jetzt hat er das Zauberwort, um den Vorwürfen der Freundin mit tiefer innerer Überzeugung entgegenzutreten. Es ist der eine Satz: »Ich bin ein attraktiver junger Mann!«

Das Finden des Zauberwortes hat oft eine weitreichende Wirkung. Es fällt dem Menschen, wie man sagt, wie Schuppen von den Augen. Kennzeichnend für das Zauberwort ist die ruckartige Umstellung, die irreversibel ist. Plötzlich hat man einen Begriff für einen Sachverhalt, der bis dahin völlig unklar war. Danach gibt es keine Rückkehr mehr zum Status quo ante. Das Zauberwort muss keineswegs besonders schlau sein. Man kann es oft finden, wenn man im Gespräch genau hinhört.

Ein Servicetechniker berichtet, wie ein Freund ihm vor einigen Jahren zu einem wichtigen Zauberwort verholfen hat. In beruflichen und privaten Situationen neigt er dazu, bei bevorstehenden Entscheidungen weitschweifig um die Dinge herumzureden. Der Freund sagt zu ihm einmal in einer solchen Situation: »Jetzt antworte doch einmal mit einem einfachen Ja oder einfachen Nein!« Das verblüfft ihn vollständig. Der einfache Satz des Freundes beeindruckt ihn sehr. Dieser Satz befreit ihn von seinem bisherigen üblichen Zaudern. Es gelingt ihm fortan viel besser, eindeutig Stellung zu beziehen.

In Träumen gibt es manchmal auch ein *Zauberbild*. Sigmund Freud berichtet in seinem Hauptwerk, der »Traumdeutung«, ausführlich über Traumbilder.

Der Bonner Chemiker Kekulé sah in einem Traum eine Schlange, die sich in den Schwanz biss. Daraus schloss er rasch auf die chemische Formel des Benzolrings, nach der er schon lange suchte. In dieser Formel sind die Moleküle ringförmig angeordnet. Auf diese Idee war er bis zu diesem Traum noch nicht gekommen.

Aus der Meditation gibt es Berichte von Schülern, die jahrelang meditieren. Irgendwann kommt dann, sozusagen mit einem Aufschrei, die Erleuchtung. Diese Passung hat lange auf sich warten lassen. Aber der eine Satz, die eine innere Entdeckung, befreien plötzlich von allem, was vorher war.

Der Meditationsschüler bekommt vom Meister die Aufgabe, über das Klatschen der einen Hand zu meditieren. Mit einer Hand kann man bekanntlich nicht klatschen, sondern nur mit zweien. Nach Jahren intensivstem meditativen Bemühens und innerer Versenkung springt er plötzlich auf und sagt sich laut: »Ich brauche diese Aufgabe nicht mehr zu lösen!« Das ist die Lösung. Er ist befreit.

Manche tiefenpsychologische und psychoanalytische Deutung ist so überraschend, blitzgescheit und schön, dass der Betreffende sofort eine tiefe Einsicht gewinnt. In der Therapie gelingt uns professionellen Helfern manchmal ein Zauberwort, wenn wir zum Beispiel berufliche Chiffren des Gesprächspartners verwenden oder etwas aufgreifen, was der Betreffende selbst als Bild benutzt hat.

Ein 42-jähriger Jurist, der beruflich sehr angespannt ist und auch in seiner Freizeit viel für die Familie tut, findet für sich den Begriff Packesel. Das trifft seine Stimmungs- und Gefühlslage und hilft ihm, seine Last zu verringern. Als sein Coach diesen Begriff aufgreift und weiterhin benutzt, empfindet der Jurist dies als besondere Aufmerksamkeit.

Es ist nicht nur ein Scherz, wenn es heißt: Selbsterkenntnis ist der erste Weg zur Besserung. Für die Selbstveränderung gilt: Erkenne dich selbst und finde heraus, was in deinem Leben Vorrang hat. Dann kannst du auch entsprechend handeln.

Einladung zu Selbstreflexion und Verhaltensänderung: Erkenne dich selbst

Besinnen Sie sich einmal auf wichtige Entdeckungen, die Sie im Laufe Ihres Lebens über sich selbst gemacht haben:

1. Mit 10 Jahren: Ich bin …

    ....

2. Mit 20 Jahren: Ich bin …

    ....

3. Mit 30 Jahren: Ich bin …

    ....

4. Mit 40 Jahren: Ich bin …

    ....

5. Mit 50 Jahren: Ich bin …

    ....

6. Mit 60 Jahren: Ich bin …

    ....

Dieser Prozess der Selbstentdeckung setzt sich, wenn wir unser Leben aufmerksam führen, bis zum Lebensende immer weiter fort.

Systematische Selbstanalyse

Viele Beispiele zeigen, dass sich aus einer Selbstbeobachtung im fließenden Übergang eine vertiefte Selbstreflexion und Selbstanalyse entwickelt.

Eine junge Frau, die gern weiblicher und erotischer wirken will, schildert, wie sie in Form einer Selbstanalyse herausfand, warum sie irgendwann in ihrer Vergangenheit damit begonnen hatte, ihre eigene erotische Ausstrahlung zu bekämpfen: »Ich fühlte mich ohne diesen erotischen Appeal viel freier und ungezwungener jungen Männern gegenüber. Wenn ich ein Kumpel unter ihnen war, lief ich nie Gefahr, dass mir einer näher kam. Denn dies hielt ich damals für zwangsläufig mit Komplikationen verbunden.« Sie äußert sich über ihre Scheu, Liebesbeziehungen einzugehen: »Warum möchte ich keine Liebesbeziehung eingehen? Weil ich dann in Teufels Küche komme! Wenn ich meinen Gedanken und Assoziationen freien Lauf lasse, verbinde ich Liebesbeziehungen ausschließlich mit Macht, Kampf, Wut, Hass, Ausweglosigkeit, Konflikten, nicht zu lösenden Problemen und Sackgassen. Die Gleichsetzung dieser Begriffe geht auf schlechte Erfahrungen zurück. Aber ich bin zuversichtlich, dass mir das in Zukunft weniger krass begegnet, weil ich das eigentliche Problem jetzt im Visier habe.« Durch Selbsterkenntnis gelingt es ihr tatsächlich, ihre erotische Ausstrahlung in der folgenden Zeit deutlich zu verbessern und intensiveren Kontakt zu Männern einzugehen – ohne dass sich diese katastrophalen Erwartungen bestätigen (Stroß, 2001).

Wie wir an diesem Beispiel sehen, ist die Selbstanalyse nicht übermäßig schwierig. Aufmerksame Personen praktizieren und beherrschen sie spontan und mit Erfolg. Viele Schriftsteller haben bewundernswerte und auch quälende Selbstbeobachtungen vorgenommen. Das Ergebnis der Selbstanalyse ist ein vertieftes Verstehen der eigenen Person. Viele Menschen haben ein großes Bedürfnis, nicht nur die alltäglichen, sondern auch die tieferen Motive ihres eigenen Denkens, Handelns und Fühlens zu verstehen.

Das Ergebnis dieses Prozesses ist von doppelter Art: Ich weiß, warum und wozu ich bestimmte Dinge tue oder getan habe und verstehe das, gleichzeitig versöhne ich mich mit mir, indem ich Verständnis für mich entwickle. Das erste ist ein Akt der Erkenntnis, das zweite ein Akt der Entlastung und Versöhnung mit sich selbst.

Einer 20-jährigen Frau fällt auf, dass sie sehr oft an ihrem Freund, der gutmütig, wohlwollend und mit vielem einfach zufrieden ist, Kritik übt. Beiden fällt auf, dass sie an ihm sehr viel mehr auszusetzen hat als er an ihr. Sie denkt darüber nach und kommt schließlich darauf: »Ich vergleiche ihn immer mit meinem Vater!« Immer wenn es ihr schlecht geht, denkt sie: »Was macht jetzt mein Freund und was würde mein Papa tun?« Dann genügt es nicht, was der Freund tut. Sie erzählt die Angelegenheit lachend ihrer Freundin: »Das kann ich ja gar nicht von ihm erwarten. Er ist ja erst 22. Ich sollte gnädiger mit ihm sein!« Sie mäkelt schließlich viel weniger an ihm und lacht sogar darüber. Durch eigene Reflexion und Selbstanalyse ist sie sich selbst auf die Schliche gekommen.

Sigmund Freud hat seine eigenen Motive unablässig über fünfzig Jahre hinweg analysiert. Für ihn war seine eigene Selbstanalyse ein Akt der Selbstbehandlung und Selbsttherapie. Er war optimistisch, was die Technik der Selbstbeobachtung und Selbstanalyse angeht. Freud bezieht sich auf den Dichter Friedrich Schiller. Dieser beschreibt die schöpferische kreative Tätigkeit, die einen gegenüber allen Einfällen und Ideen kritiklosen inneren Zustand erforderlich macht. Alle Gedanken, Einfälle und Ideen sind vorbehaltlos entgegenzunehmen und von hemmender Selbstzensur zu befreien. Freud beschreibt: »Und doch ist ein solches *Zurückziehen der Wachen von den Toren des Verstandes*, wie Schiller es nennt, ein derartiges sich in den Zustand der kritiklosen Selbstbeobachtung Versetzen keineswegs schwer. Die meisten Patienten bringen es nach der ersten Unterweisung zustande« (1948, G. W. Bd. II/III, S. 108).

Karen Horney (2007) rät zu folgenden praktischen *Techniken der Selbstanalyse* auf dem Hintergrund der Psychoanalyse Freuds:
- Die betreffende Person soll mitteilen, was sie wirklich fühlt. Sie soll ihren Gedanken freien Lauf lassen durch freie Assoziation und vermeiden, auftauchende Gedanken zu verdrängen.
- Alle Gefühle sollen freien Spielraum haben.
- Beim Assoziieren der Gedanken und Gefühle soll sich die Person des logischen rationalen Denkens enthalten und der Verlockung widerstehen, darüber nachzudenken, welche Ursache und welche Bedeutung die einzelnen Assoziationen haben.
- Die Assoziationen werden von ihren Gefühlen her und nicht verstandesmäßig zur Einsicht gebracht.

Dabei soll die Person dem nachgehen, was ihre Aufmerksamkeit am meisten fesselt. Dies ist immer die Angelegenheit, die am wenigsten verdrängt ist. Auf diese Art und Weise kommt man Schritt für Schritt in immer tiefere Schichten der Einsicht in die eigene Persönlichkeit.

Jetzt gehen wir in unserer Selbstbeobachtung noch einen Schritt weiter. Für die systematische Selbstanalyse ist es wichtig, dass ein Problem oder innerer Konflikt mehrfach und mit einer gewissen *Kontinuität* angegangen wird. Die Schritte sind nach Karen Horney folgende:

- Erster Schritt: Das Erkennen eines Problems oder Konfliktes.
- Zweiter Schritt: Das Aufdecken der Ursachen. Wie äußert sich das Problem oder der Konflikt im Alltag? Welche Konsequenzen hat das?
- Dritter Schritt: Das Aufdecken der Wechselbeziehung des Problems zu anderen Teilen der Persönlichkeit.

Clare, eine 30-jährige Chefredakteurin, ein Fall, den Karen Horney schildert, kommt im Verlauf ihrer Selbstanalyse zu immer tieferen Einsichten in ihre Persönlichkeit. Ihre fortschreitende Selbsterkenntnis durch aufmerksame Selbstbeobachtung und Selbstanalyse verläuft in drei Phasen. In jeder Phase ihrer Selbstanalyse entdeckt sie neue Dinge an sich:

- Erste Phase: Clare erkennt die *Fassade* ihrer Persönlichkeit und ihr Auftreten nach außen. Clares Kernmerkmal ist ihre große Bescheidenheit.
- Zweite Phase: Das *Leichtverdrängte* ist ihre Abhängigkeit von anderen Menschen.
- Dritte Phase: Das *Schwerverdrängte* ist ihr ganz tief innen verborgener Wunsch nach Überlegenheit, der erst nach und nach zum Vorschein kommt.

Aufgrund der Einsichten aus jeder Phase folgt jeweils eine andere Einstellungs- und Verhaltensänderung für Clare. Aus ihrer übergroßen Bescheidenheit wird der Glaube an sich selbst. Aus ihrer Abhängigkeit wird Aktivität. Aus ihrem tief innen sitzenden Überlegenheitswunsch gewinnt sie Kraft und Energie (Horney, 2007, S. 66).

Durch professionelle Psychoanalyse, aber eben auch durch Selbstanalyse können wir unsere eigene Persönlichkeit besser ergründen und damit eine gute Basis für die Selbstveränderung bilden. Denn wenn ich weiß, wer ich bin, was ich will und was ich kann, bin ich schon ein gutes Stück weiter. Danach stellt sich die Frage: Was muss, kann, soll ich tun, um mir selbst gemäßer zu

sein: Gedichte schreiben, neue Freunde finden, umziehen, mehr
Anerkennung anstreben usw.?

Eine 38-jährige Verkäuferin möchte abnehmen. In einem ersten Schritt ist sie
aufmerksamer bei ihrem Essverhalten. Sie stellt fest: Nie werde ich so richtig
satt. Das beunruhigt sie, weil sie ja so viel isst. Sie beobachtet sich weiter und
fragt sich dann: Warum werde ich eigentlich nie satt, warum ist es eigentlich
nie genug? Durch vertiefte Selbstanalyse ihres ganzen Lebens kommt sie darauf, dass das Essen zeitlebens eine Ersatzbefriedigung für sie war und ist. Mit
Essen reguliert sie ihre Zustände der persönlichen Bedürftigkeit: nach Liebe,
Anerkennung, Zuwendung und Geborgenheit. Sie konfrontiert sich schließlich mit der Frage: Wofür steht dein vieles Essen und dein Nichtsattwerden
eigentlich? Als sie sich diese Frage beantwortet mit:»Das Essen stillt meinen
Lebenshunger nicht mehr«, ändert sie ihr Essverhalten, macht mehr Sport
und verliert innerhalb eines Jahres zwanzig Kilo Körpergewicht.

Träume

Wie erfahren wir etwas über unsere tieferen Motive? Unsere
Träume bringen manchmal schlagartig Dinge ans Licht, die vorher
allenfalls diffus und unklar in unserem Bewusstsein waren. Träume
führen uns in andere Wirklichkeiten, in zauberhafte Welten, in ar-
chetypische, mystische und spirituelle Dimensionen. Träume sind
die Gelegenheit, sich mit verschiedenen Ebenen menschlicher Erfahrung vertraut zu machen. Unsere Träume sind der Königsweg
zu unterschiedlichen Wirklichkeiten in uns selber.

Die Beschäftigung mit den eigenen Träumen schafft Selbstbe-
gegnung und intensive Nähe zu sich selbst. In unseren Träumen
zeigt sich oft Wahrheit, werden Warnungen, Hinweise, Empfehlungen gegeben. Träume sind eine Ergänzung zu unserem Tages-
bewusstsein, das die Welt einseitig, eingeschränkt und nur unter
einigen wenigen Perspektiven wahrnimmt. Innerhalb der Selbstveränderung sind unsere Träume oft wichtige Informationsgeber
und manchmal auch Startsignale für eine sich mit tiefer innerer
Sicherheit vollziehende Selbstveränderung. Wir sollten sie deshalb
aufmerksam beobachten.

Einladung zu Selbstreflexion und Verhaltensänderung:
Ein eigener Traum

1. An welchen Traum aus der jüngeren Vergangenheit erinnern
    Sie sich?

    ....

2. Wie war Ihre Stimmungslage nach dem Erwachen?

    ....

3. Wovor könnte dieser Traum Sie warnen oder welches Han-
    deln könnte er Ihnen nahelegen?

    ....

4. Wie, denken Sie, werden Sie in Zukunft mit Träumen umge-
    hen, an die Sie sich am Morgen noch erinnern?

    ....

Fehlleistungen

Auch durch die Deutung unserer Fehlleistungen, also Verspre-
chen, Verhören, Versehen und Vergessen können wir uns selbst
und andere besser verstehen. Fehlleistungen lassen unbewusste
Tendenzen erkennen. Eine *Fehlhandlung* besteht beispielsweise
darin, die Autobahnabfahrt zu verpassen, die ich eigentlich hätte
nehmen müssen. Da kann ich mich natürlich fragen: Wollte ich
vielleicht gar nicht zu diesem Termin? Hatte es einen Sinn, dass
ich jetzt eine halbe Stunde später zu meiner Verabredung komme?
Hier drei schöne Beispiele von Fehlleistungen:

Der ehemalige Bundeskanzler Konrad Adenauer sagt in der Debatte über die
Wiederbewaffnung im Jahr 1953: »Wir werden alle Vorschläge der Opposition
sorgfältig prügeln!« (statt: prüfen).

Die junge Dame erzählt über ihren Sprachlehrer: »Der Unterricht ist ganz
interessant. Der Lehrer ist ein netter junger Engländer. Er hat mir gleich in
der ersten Stunde durch die Bluse zu verstehen gegeben, dass er mir lieber
Einzelunterricht erteilen möchte!« (statt: durch die Blume).

Die Bundeskanzlerin Merkel sagt am Ende des Klima-Gipfels: »Die Bekämpfung des Klimaschutzes wird uns nur dann gelingen [...] (sie meint aber wohl:
die Bekämpfung der Erderwärmung).

Der eigene Schatten

Carl Gustav Jung (1951) beschreibt in seiner Persönlichkeitslehre
den Begriff des Schatten. Der Schatten umfasst Teile und Seiten
unserer Persönlichkeit, die zwar zu uns gehören, aber nie richtig zugelassen, sondern ausgeblendet werden, weil sie tabuisiert
sind, von uns moralisch nicht akzeptiert werden oder in unserer
Lebensgeschichte nie eine richtige Chance zur Entwicklung bekommen haben und deshalb an den Rand unseres Bewusstseins
geraten sind. Carl Gustav Jung ist der Auffassung, dass diese
Persönlichkeitsanteile innerhalb der Seele ein Eigenleben tief im
Verborgenen führen und sich in Fehlleistungen, Traumbildern
und überstarken Affekten zeigen. Wir tun in der Selbstveränderung gut daran, auch unseren dunklen und verborgenen Anteilen
Beachtung zu schenken und sie als Signale und Informationen zu
nutzen.

Ein junger Mann möchte seine Angst vor anderen Menschen verlieren. Er beobachtet sich einige Wochen selbst. Eines Tages bemerkt er beim Betreten eines Raumes des Unternehmens, in dem er als Ingenieur arbeitet, plötzlich ein Gefühl von Angst, Hast und Unruhe. Früher hätte er vielleicht schnell den Raum verlassen oder auf Fragen anwesender Kollegen irritiert reagiert. Während er sich in dem großen Raum, in dem etwa zehn Kollegen sitzen, umschaut, bemerkt er in der rechten Ecke des Raumes einen Schreibtisch, an dem ein älterer Herr sitzt, der seinem Vater sehr ähnlich sieht. Der junge Mann geht nun aus dem Raum und fühlt sich von seinem unangenehmen Gefühl befreit. Er entdeckt, dass seine Angst vor anderen Menschen viel mit der Angst vor seinem Vater zu tun hat. Diese Erkenntnis hilft ihm sehr, seine Angst vor anderen Menschen zu verlieren. Und er kann sich nun eingestehen, dass die Angst vor seinem übermächtigen Vater auch im Erwachsenenalter immer noch in ihm weiterwirkt.

Selbstkonfrontation

Die Selbstkonfrontation nutzt Beobachtungen im Hinblick auf die eigene Person, die wir im Alltag nur allzu gern übergehen oder auch rasch wieder »vergessen«. In den Zeiten der Encounter-Bewegung, also in den 60er und 70er Jahre des vorigen Jahrhunderts, arbeiteten einige amerikanische Gruppentherapeuten mit Spiegeln, um sich und anderen ungeschminkt »den Spiegel« vorzuhalten. Eine derartige Selbstkonfrontation beginnt mit der einfachen Frage: Wie sieht dieser Mensch aus, den du jetzt im Spiegel siehst? Dies ist etwas völlig anderes als der morgendliche Blick in den Spiegel. Sie führt unmittelbar zu der Frage: Wer bin ich? Also ist es gut, sich selbst im Spiegel zu betrachten, im realen wie auch im übertragenen Sinne.

Ein 28-jähriger Controller lebt bewusst allein, um sich, wie er sagt, immer wieder mit sich selbst zu konfrontieren. Er schildert: »Nicht das Alleinsein hat mich gewählt, sondern ich habe das Alleinsein gewählt. Ich bin zwar oft allein, fühle mich aber nicht einsam, denn ich habe eine innere Heimat. Das Alleinsein ermöglicht mir immer wieder intensive dichte Momente der Konzentration auf mich selbst. Dies ist für mich und meine Selbstentwicklung sehr wichtig.«

Ein Teil der Selbstkonfrontation besteht darin, sich mit den eigenen subjektiven Wahrheiten auseinanderzusetzen. Besonders in Krisenzeiten kann man zum Beispiel jeden Tag einen Satz aufschreiben, von dem man fest überzeugt ist, dass er wahr ist, jenseits aller Relativierungen. Diese für einen selbst wahren Sätze können uns viel Kraft geben. Einige Beispiele:

- Wenn es einen Willen Gottes geben soll, dann wird er doch gewiss gütig sein.
- Meine Familie hilft mir.
- Meine Frau und meine Kinder lieben mich.
- Mein Körper gibt mir alle wichtigen Auskünfte.
- Ich habe einen guten Kern.
- Ich denke, dass die Welt interessant ist.

Einladung zu Selbstreflexion und Verhaltensänderung: Sätze über mich selbst – Identitätsklärung

Bitte vervollständigen Sie die folgenden fünf beginnenden Sätze jeweils zu einer vollständigen Aussage.

1. Ich bin …

   ....

2. Ich bin …

   ....

3. Ich bin …

   ....

4. Ich bin …

   ....

5. Ich bin …

   ....

Relativierungen

Zu allen Zeiten haben sich immer wieder auch warnende skeptische Stimmen gegenüber einer Selbsterkenntnis im Übermaß gemeldet. Johann Wolfgang von Goethe und Friedrich Nietzsche haben entsprechend auf die Tendenz des Menschen hingewiesen, sich nicht nur vor anderen, sondern sich auch vor sich selbst zu maskieren. Sigmund Freud hat dies später bestätigt. Die Selbstreflexion kann tatsächlich zu einer ungesunden Hyperreflexion werden. Personen, die sich ständig den Kopf über sich zerbrechen und nur dem eigenen Seelenleben nachspüren, unterlassen es oft, wichtige Aufgaben zu erledigen.

Ich behandelte einmal einen jungen Mann, der in jeder Sitzung am Anfang die Frage stellte: »Herr Doktor! *Warum* habe ich diese Angst?« Statt sich anzustrengen, seine Ängste im Alltag tatsächlich anzugehen, wollte er lieber vom Therapeuten kluge Erklärungen hören.

Neben der Selbsterkenntnis in Eigenregie gibt es auch noch professionell angebotene Formen der Selbsterkenntnis sowie das Feedback von anderen Menschen oder Selbstbild-Fremdbild-Übungen im Managementtraining und in Einzel- und Gruppentherapien. Auch diese Formen der Selbsterkenntnis beruhen auf den hier vorgestellten Überlegungen und Konzepten. Jörg Fengler (2004, S. 128) weist auf die Möglichkeit hin, sich selbst ab und zu eine Rückmeldung zu geben: »Das Selbst-Feedback ist aus mehreren Gründen von besonderem Nutzen:

• Mit sich selbst ist der Mensch ständig konfrontiert. Er hat sich also immer bei sich. Mithin ist zum Selbst-Feedback jederzeit Gelegenheit.

• Kein Mensch kennt uns so gut, wie wir uns selbst kennen, und zugleich kennt jeder von uns die Neigung zur Beschönigung und zu besonderer Großzügigkeit und Nachsicht, wenn es um die eigene Person geht. Selbst-Feedback ist also ein Training in unerschrockener Selbstbetrachtung.«

Awareness und Achtsamkeit

Fritz Perls, der Begründer der Gestalttherapie, beschrieb die Wichtigkeit von »awareness«. *Awareness* ist leidenschaftslose Wachheit, ein Zustand klarer Bewusstheit. Awareness benötigt man zur Be-

obachtung der Außenwelt in der Selbstveränderung, wie auch zu
der der Innenwelt. *Achtsamkeit* enthält zusätzlich eine moralische
Komponente, nämlich die Aufforderung, würdigend mit sich und
anderen umzugehen. Achtsamkeit beachtet alles, alle Körpersig-
nale, die Liebe zu den Mitmenschen und die Natur. Achtsamkeit
ist gewissermaßen das Konzept seelischer Ökologie und Nachhal-
tigkeit. Dies ist letztlich eine Aufforderung zur Radikalisierung
des Alltags: Jeder Moment kann ein signifikanter bedeutender
Moment sein. Jede alltägliche, auch die kleinste Situation, kann
zur Erkenntnis, Selbstwürdigung und Selbsterforschung wie auch
zu Begegnung und Beziehungsaufbau dienen.

4.2   Der erste Schritt

> Wer den Anfang hat, hat die Hälfte!
> (griechisches Sprichwort)

> Der Worte sind genug gewechselt, lasst mich auch endlich Taten
> sehen!
> (Johann Wolfgang von Goethe, Faust I, Vorspiel auf dem Theater)

> Auch die längste Reise beginnt mit dem ersten Schritt.
> (chinesisches Sprichwort)

Ohne ersten Schritt keine Selbstveränderung. Die Selbstveränderung beginnt mit dem ersten Schritt – wenn er denn getan wird.
Bei Erich Kästner heißt es: Es gibt nichts Gutes, außer man tut es!
Der erste Schritt, die kleinste Veränderung, zieht, wenn sie gelingen, die Erkenntnis nach sich: Ich gewinne Kontrolle über einen
Teil meines Lebens. Dem erfolgreichen ersten Schritt folgt der
nächste fast von allein. In der Psychologie spricht man hier von
Erfolgsgeneralisierung. Um beim ersten Schritt möglichst erfolgreich zu sein, sollte man ihn deshalb bewusst klein wählen. Wenn
man allerdings überhaupt nicht weiß, was zu tun ist, kann man
sich bei vielen Themen als ersten Schritt jedenfalls Informationen
einholen.

Eine junge Frau, die Altenpflegerin werden will, weiß gar
nicht, wie sie beginnen soll. Auf die Idee, als Erstes zum Beispiel
das Telefonbuch aufzuschlagen und unter A wie Altenpflege
nachzusehen, kommt sie zunächst nicht. Aber dies ist ein erster

Schritt, um zu erfahren: Wie kann eine Annäherung an diesen Beruf aussehen?

Auch mit der Selbstveränderung kann man anfangen, ohne schon von Anfang an ein komplettes Konzept zu haben.

Ein witziges Beispiel liefert ein Student, der gern mehr Sport machen will. Er sagt: »Ich treibe zwar noch keinen Sport, habe mir aber schon einige Prospekte vom City-Fitness-Studio geholt!« Dies ist natürlich nicht der ganze Erfolg, aber ein erster Schritt in die richtige Richtung und ein Beispiel erfolgreichen Beginnens.

Für jedes Problem und jedes Ziel gibt es einen ersten Schritt in die richtige Richtung. Ich habe im Folgenden eine kleine Kostprobe möglicher erster Schritte aus der Fülle von Möglichkeiten zusammengestellt:

- Jemand, der auf seinem Schreibtisch das totale Chaos hat, kann die Papiere zunächst einmal so übereinander schichten, dass sie nicht mehr ins Rutschen kommen.
- Jemand, der gestresst ist, kann als ersten Schritt den Atem ins Zwerchfell senden und die Motorik verlangsamen.
- Jemand, der Angst vor Leistungsversagen im Beruf hat, kann zu Arbeitsbeginn mit wichtigen lösbaren Aufgaben beginnen und sie vielleicht sogar erfolgreich zu Ende führen.
- Ein Student, der Angst davor hat, für das Studium zu dumm zu sein, kann zunächst nur die ersten zehn Seiten des Fachbuches lesen, das er für das Seminar und die Klausurvorbereitung benötigt, diese zehn Seiten exzerpieren, laut sprechend rekapitulieren und memorieren.
- Bei Schulangst ist der erste Schritt, sich der Schule zunächst bis auf hundert Meter zu nähern und erst nach einigen weiteren Tagen der Annäherung das Schulgebäude – gegebenenfalls in Begleitung – zu betreten.
- Wer abnehmen möchte, mag zunächst eine Waage mit Digitalanzeige kaufen. Dann kann er anfangen, sich mit den Fragen seines Gewichts, seiner Ernährung, seiner Vorsätze und seiner Sportplanung zu befassen.
- Wer sich das Rauchen abgewöhnen will, kann jede Zigarette nur bis zur Hälfte rauchen, auf jede zweite Zigarette verzichten oder nur jede zweite Stunde überhaupt rauchen. Man kann auch zunächst nur beobachten, wie viele Zigaretten man überhaupt raucht.

- Wer mit seinem Geld nicht auskommt, kann seine Einnahmen und Ausgaben notieren, damit er sieht: Wohin verschwindet eigentlich mein Geld?
- Wer kontaktarm ist, der wird vielleicht nicht auf Anhieb kontaktfreudig. Aber der erste Schritt besteht darin, Orte aufzusuchen, an denen es im Prinzip möglich ist, Menschen kennenzulernen.
- Bei Kontaktangst auf der Party ist der erste Schritt, sich zum Buffet zu bewegen, an dem sich viele Gäste aufhalten, und jemanden anzulächeln.
- Wer Urlaub machen will, aber zaudert, kann sich zunächst über das Zielland, das er im Auge hat, Reisekataloge besorgen.
- Bei einer Denkblockade am Schreibtisch ist der erste Schritt, kurz aufzustehen und zehn Minuten im Raum spazieren zu gehen, dabei halblaut über das Thema mit sich selbst zu sprechen und sich dann wieder an den Schreibtisch zu setzen. Mit der Motorik kommen auch Denken und Schreiben in Bewegung. Gegebenenfalls ist die gedankliche Beschäftigung mit dem Thema der erste Schritt. Ich male mir in der Phantasie aus, wie ich den ersten Schritt tun werde.

Es handelt sich um lauter erste Schritte, die noch nicht die Problemlösung sind. Sie zeigen der Person aber, dass sie Einfluss auf das Geschehen hat. Über dieses Tun bestätige ich mir: Ich habe mit der Selbstveränderung begonnen!

Einwände gegen diese Praxis

Das Gegenteil von »Der erste Schritt sofort« ist der Satz: »Man müsste eigentlich mal das und das tun!« Wenn man sagt: »Ich müsste jetzt eigentlich Briefe schreiben!« und man gerade diesen Gedanken hat, legt man diesen oft gleich wieder beiseite. »Der erste Schritt sofort« hingegen heißt: Briefpapier und den Brief, auf den ich antworten will, auf den Tisch legen und entscheiden: Ich tue es jetzt sofort! Aber bei so viel Verteidigung des ersten Schrittes mag sich erneut Widerstand melden: Das ist doch bloß blinder Aktionismus! In Bayern nennt man dieses Vorgehen Gschaftlhuberei. Darauf ist zu antworten: Den ersten Schritt sofort tun heißt natürlich, einen Schritt zu machen, der vorbereitet und sinnvoll ist. Es geht also darum, nicht blindlings irgendetwas zu tun, sondern etwas, das nach Logik der Sache in einem sinnvollen Zusammenhang steht, in die richtige Richtung geht, nicht schädigt und vermutlich das weitere Geschehen fördert.

Es gibt aber auch den entgegengesetzten Denkfehler: Zuerst muss man das Ganze komplett verstanden haben. Erst dann kann man den ersten Schritt tun. Auch dies ist ein Irrweg. Die Klärung erfolgt im Vorankommen Schritt für Schritt: Durch Erfahrung wird man klug.

Ein amerikanischer Referent für Unternehmensplanung kritisiert auf einem Fortbildungsseminar für deutsche Manager sarkastisch die zu weit in die Zukunft hineingehende langfristige Planung. Er sagt: »In the long run we are all dead!« (»Langfristig sind wir alle tot!«) und stellt dem das Konzept der sogenannten »rollenden Planung« gegenüber. Das bedeutet: weit vorausschauende Grobplanung, die aber jederzeit neuen Verhältnissen in Form einer Feinsteuerung angepasst werden kann.

Ein Negativbeispiel, stellvertretend für viele:

Ein zwanghafter Student steht um 7.00 Uhr auf und berichtet, dass er sich schon morgens nach dem Frühstücks einen ganz genauen Tagesplan macht, Minute für Minute: Frühstücken bis 8.00 Uhr, Abwaschen bis 8.15 Uhr, zum Schreibtisch gehen bis 8.16 Uhr, das Buch lesen bis 8.45 Uhr. Dann plant er den weiteren Ablauf des Tages. Als er endlich anfängt zu arbeiten, ist es schon 9.00 Uhr. Jetzt stimmt der ganze Plan nicht mehr und er muss ihn neu schreiben. So vergeht der Tag mit Pläne schmieden, aber ohne Ergebnis.

Wie man erfolgreich beginnen kann, zeigen folgende Beispiele. In meinen Seminaren mache ich manchmal Übungen, bei denen die Teilnehmer etwas aufschreiben sollen. Manchen fällt nichts ein, sie sitzen vor ihrem leeren Blatt, stocken und wissen nicht weiter. Wenn ich das erkenne, sage ich: »Schreiben Sie doch zuerst einmal Ihren Namen auf das Blatt!« Dies ist ein erster Schritt, bei dem sie nichts falsch machen können. Und mit der Schreibmotorik kommt auch die Denkmotorik in Gang.

Schülern und Studenten mit Arbeitsstörungen sage ich: »Entscheiden Sie sich jetzt nicht, jeden Tag zehn Stunden zu arbeiten, sondern setzen Sie sich nur an den Schreibtisch, aber bitte ohne Illustrierte!« Dann sind die Studenten verblüfft, dass das klappt. Sie müssen nicht gleich die große Entscheidung fällen: »Ab heute arbeite ich viel mehr als bisher«, sondern sie fällen nur eine physische Entscheidung: »Ich setze mich frei von Ablenkung an den Platz, an dem ich dann mit dem Arbeiten beginnen kann.«

Heinrich von Kleist hat die Eigendynamik des Anfangens und des ersten Schrittes beim Sprechen in dem Essay »Über die allmähliche Verfertigung der Gedanken beim Reden« dargestellt. Er schildert die ungeplante spontane Rede des französischen Grafen Mirabeau, durch die er letztlich den Funken zur französischen Revolution entfachte. Mirabeau griff den König zunächst dreist verbal an und mit jedem einzelnen Wort seiner fortschreitenden Rede fand er neue Argumente und neuen Mut, darzustellen, dass die Nation Befehle gibt und keine empfängt, auch nicht vom König. Kleist zeigt mit diesem Beispiel eindrucksvoll, wie der erste Schritt, einmal getan, weitere Schritte nach sich zieht und allmählich in Mut, Begeisterung und – zumindest bei Mirabeau – in wilde Verwegenheit übergeht.

Die Kunst des Beginnens

> Und jedem Anfang wohnt ein Zauber inne,
> der uns beschützt und der uns hilft, zu leben.
> (Hermann Hesse, Stufen)

In allen Lebensabschnitten und auf vielen Ebenen gibt es Hinweise darauf, wie wichtig der Anfang, der erste Schritt, das Betreten von Neuland sind: der Eröffnungstanz, der erste Kuss, die erste Liebe, das erste Mal, das erste Kind, der erste Schultag, der erste Vortrag, die Initiationsriten bei den Naturvölkern und vieles andere mehr.

Oft haben Neubeginn und erster Schritt etwas Magisches und Beflügelndes. Manche Menschen zelebrieren das Neue und Besondere. Es gibt Menschen, die, wenn sie einen Brief von einem geliebten Menschen bekommen, sich erst mal eine Tasse Tee kochen und eine Kerze anzünden und dann den Brief lesen. Mit der Kunst des Beginnens kann man Widerstände beseitigen und den Einstieg als besonders bewussten Akt gestalten.

Die Vorfreude ist ein sehr schönes Gefühl. Sie kann uns bei der Selbstveränderung beflügeln. Kinder freuen sich manchmal über ein neues Schulheft mit einem schönen Bild auf dem Einband. Die Papierseiten sind noch schön weiß, glatt und frei von Eselsohren. Es heißt zu Recht: Frisch gewagt ist halb gewonnen! Aber wahr ist auch: Aller Anfang ist schwer! Dies ist eine andere Teilwahrheit.

Pflicht oder Lust?

Bei jedem Beginn kann ich mich fragen: Will ich mit dem Angenehmen, Schönem anfangen oder mit dem, was unangenehme
Pflicht ist? Ich selbst helfe mir beim Anfangen einer neuen Sache
manchmal mit Freud und seiner Instanzenlehre: Soll ich mit dem
Lustprinzip beginnen, also mit dem, was am meisten Spaß macht,
oder mit dem, was mein Ich, die nüchterne Realität mir sagt, oder
das vorziehen, was mein Gewissen mir rät?

Manche Menschen beginnen ihren Arbeitstag jeden Morgen
mit dem angenehmen Teil, andere steigen mit der Pflicht, einer
unangenehmen und schwierigen Sache, ein. Beides kann sinnvoll
sein. Wenn man immer sagt: Erst die Arbeit, dann das Vergnügen!, wird das Leben recht säuerlich. Es gibt Arbeiten, die notwendig sind, aber auch Spaß machen. Auf beiden Wegen, im Wechsel,
kommt man gut voran. Am Ende ist es weniger eine Frage von
Lust oder Unlust. Vielmehr ist entscheidend, überhaupt zu beginnen und den ersten Schritt zu tun.

Handeln klärt, hilft und heilt

> Erkläre mir, und ich vergesse. Zeige mir, und ich erinnere. Lass' es
> mich tun, und ich verstehe. (Konfuzius)

> Denke heute und handle heute! (speziell für die Zwecke des Selbst-
> veränderers modifizierte Form des deutschen Sprichwortes: Denke
> heute und handle morgen)

Wer rastet, der rostet. Ein rollender Stein setzt kein Moos an. Der
Appetit kommt beim Essen. Morgen, morgen, nur nicht heute,
sagen alle faulen Leute! – Volksmund und Philosophie wissen offensichtlich um die Bedeutung des Handelns, wie die Vielzahl der
obigen Redensarten zeigt. Dem Handeln kommt der gleiche Rang
zu wie dem Denken. Dies bedeutet: Schneller Handlungsbeginn
mit einem sinnvollen ersten Schritt kann empfohlen werden. Im
Zen-Budhismus spielt das Tun und Handeln des Menschen auf
dem Weg zur Erleuchtung die größte Rolle.

Ein Novize fragt den Zen-Meister: »Was ist Zen? Bitte unterweise mich!«
Dieser erwidert: »Hast du schon gefrühstückt?« »Ja, Meister«, antwortet
der junge Mönch. »Dann«, sagt der Meister, »spüle deine Schale!«

Neben dem Handeln im engeren Sinn kann aber auch das Denken in gewisser Weise aktives Handeln sein. Das Denken, der Denkakt, ergänzt und korrigiert unser Handeln. Seit Freud (1948, G. W. Bd. VIII, S. 233) wird in der Psychologie das Denken als *Probehandeln* gesehen. Probehandeln als Vorstufe des Handelns ist ein gutes und geeignetes Mittel der Selbstveränderung.

Wenn man zum Beispiel eine Bewerbung startet, wäre das Handeln auf der Triebebene: »Ich gehe da mal hin, wird schon klappen!« Das Denken als Probehandeln fragt: Wie muss ich mich vorbereiten? Was muss ich mitnehmen? Gut gekleidet und gekämmt. Pünktlich, Bewerbungsunterlagen, Lebenslauf, Gesprächskompetenz, Gehaltsvorstellung, Flexibilität. Das Probehandeln verhindert Handeln nach dem unüberlegten, ungestümen Lustprinzip und ermöglichst ein Handeln nach dem Realitätsprinzip.

Einladung zu Selbstreflexion und Verhaltensänderung: Ein erster Schritt

1. In welchem Bereich Ihres Lebens können Sie jetzt und sofort einen ersten Schritt tun?

   ....

2. Welche weiteren Schritte werden Sie danach, noch heute, morgen und übermorgen vornehmen?

   ....

Die Richtung stimmt. Wirklich?

Early to bed and early to rise,
makes a man healthy, wealthy and wise.
(amerikanisches Sprichwort)

Der frühe Vogel fängt den Wurm. Früh übt sich, wer ein Meister werden will! Wer nicht früh ein wenig in seine Gesundheit investiert, wird später ein Vielfaches in seine Krankheit investieren müssen. – Zahlreiche Redewendungen machen deutlich, was beispielsweise auch aus der Verkehrspsychologie bekannt ist: Ein Autofahrer, der einen Unfall hatte, muss gleich wieder ans Steuer. Der Pilot, der einen Absturz hatte, muss gleich wieder an den Steuerknüppel. Es ist wichtig, dass sich Schock und Angst gar nicht erst festsetzen können. Es geht darum, möglichst früh, schnell und von Anfang an den richtigen Weg einzuschlagen. Dann ist es noch leicht. Frühe Weichenstellung bedeutet immer auch, leicht und schnell die richtigen Signale zu setzen.

Das frühe Bereitstellen von Basisressourcen zählt ebenfalls zur frühen Weichenstellung, als da wären Zeit und etwas Geduld, eine äußere Umgebung und Ordnung, die die eigene Veränderung zulässt, innere Gelassenheit und Zuversicht und der Austausch mit anderen Menschen. Dies sind alles Dinge, die meist leicht verfügbar sind, nichts kosten und uns sehr voranbringen. Frühzeitiges Weichenstellen heißt, sehr schnell zur Zielerreichung zu kommen und auch möglichen Problemen zuvorzukommen.

Studentinnen und Studenten, die ein Studium beginnen, werden in Einführungsveranstaltungen meist mehrere frühe Weichenstellungen empfohlen:

- Verbringen Sie viel Zeit vor den schwarzen Brettern, weil dort fast alle wichtigen Informationen verfügbar sind.
- Schaffen Sie sich ein soziales Netz durch Mitgliedschaft in einer Musikgruppe, Theatergruppe, Studentengemeinde, Sportgruppe, Hochschulgruppe, in denen Sie regelmäßig Kontakte pflegen, bekannt sind und willkommen geheißen werden.
- Arbeiten Sie in Kleingruppen. Das ist der Markt des informellen Wissens über alle Belange von Studium, Prüfung, Wohnung, Uni, Job, Geld und Kontakt.

- Suchen Sie regelmäßig den persönlichen Kontakt zu Ihren Dozenten. Sprechen Sie mit ihnen.
- Lesen Sie Studien- und Prüfungsordnungen und versuchen Sie, Unklarheiten aufzuklären.
- Sprechen Sie mit Kommilitonen, die schon eine Prüfung gemacht haben. Notieren Sie sich die Einschätzungen, die diese über die Prüfung und den Prüfer abgeben, und die Fragen, die ihnen gestellt wurden, und auch die Antworten, die sie gegeben haben.

Das für Studenten Gesagte gilt natürlich in gleicher Weise für neue Mitarbeiter in Wirtschaft, Verwaltung und Organisationen. Auch sie können früh die Weichen stellen, indem sie im Intranet surfen, Geschäftsberichte und Pressemitteilungen lesen, in Teams arbeiten, Führungskräfte ins Gespräch ziehen, an Projektgruppen und Führungszirkeln teilnehmen, den Kontakt zu Betriebsrat und Gewerkschaft pflegen und am Firmensport teilnehmen.

In Seminaren gebe ich den Teilnehmern gleich zu Anfang Aufgaben, so dass sie erst gar nicht auf die Idee kommen, dass das ganze Seminar von mir allein gestaltet wird. Damit wird sofort einer möglichen Abhängigkeit vom Seminarleiter vorgebeugt. Die Teilnehmer werden gewissermaßen zur Selbständigkeit angeleitet. Sonst könnte sie das, was ich in Anfangssituationen in Seminaren sage, sehr leicht kritiklos machen oder sie würden sich in der Passivität rasch bequem einrichten. Auch als Trainer stelle ich sehr schnell und sehr früh die Weichen zum selbständigen Arbeiten.

Gerade in langfristigen Beziehungen, wie Partnerschaft und Beruf, ist es gut, schon früh Weichenstellungen vorzunehmen, die klar machen, was man will, was man kann, welche Aufgaben man übernehmen kann und will und welche nicht. Man sollte dem Gesprächspartner schon früh klar machen, welche Ziele man anstrebt und wie es um die eigene Belastbarkeit steht. Es ist günstig, Markierungen vorzunehmen, die rechtzeitig Grenzen setzen und Klärungen in Beziehungen mit sich bringen. Einer möglichen Fehlentwicklung wird so schon im Stadium der Nichtschädigung entgegengewirkt.

Im Arbeitsleben wird Neuen oft mit Zweifeln an ihrer Kompetenz begegnet. Auch in diesem Fall gilt die Wichtigkeit der frühen Weichenstellung. Mancher Berufsanfänger wird am Arbeitsplatz zunächst mit der Frage konfrontiert: »Sie sehen so jung aus! Haben Sie denn überhaupt schon die nötigen praktischen Erfahrungen als Controller, Therapeut, Seminarleiter oder Führungskraft? Haben Sie überhaupt schon die Lebenserfahrung dafür?« Viele versuchen sich dann um die Wahrheit herumzudrücken und sagen: »Ich sehe zwar noch so jung aus, bin aber schon 34 und habe neben der Uni auch schon viele Praktika gemacht!« Manche antworten mit der Unterwerfungsgeste: »Ja, tut mir leid. Ich kann es nicht richtig, aber …!« Besser ist es, zu sagen: »Ja, Sie haben Recht! Ich bin gerade erst am Anfang meiner Tätigkeit. Ich hoffe aber, dass das Sprichwort gilt: Neue Besen kehren gut! Ich werde versuchen, auch als Anfänger sehr gut zu arbeiten. Vielleicht können Sie mir später eine Rückmeldung geben. Anfänger stellen auch noch Fragen, die der langjährig Tätige nicht mehr stellt. Ich sehe viele Vorteile im Beginn meiner Tätigkeit!« Mit diesen Ausführungen stellt man früh die Weichen für selbstbewusstes Auftreten und kommt einem möglichen Problem zuvor. Wenn man aber seine fehlenden Erfahrungen verschleiert und beschönigt, blockiert man nicht das Problem, sondern bauscht es auf.

Im Zeitmanagement heißt es manchmal scherzhaft: Der Tag beginnt am Abend vorher! Wir bereiten abends die Arbeit vor, die wir morgens beginnen wollen. Wir legen am Vorabend schon die Kleidung bereit, die wir am nächsten Tag anziehen wollen. Wir sind schon morgens freundlich zu unserem Partner, damit wir abends mit ihm eine schöne gemeinsame Zeit haben werden.

Frühe Weichenstellung legt das Augenmerk aber auf das schnelle, rechtzeitige Eingreifen, um schon von Anfang an die Dinge auf die richtige Spur zu bringen. Wie wir gesehen haben, ist frühzeitige Weichenstellung ein wichtiger Grundgedanke unseres Lebens. Auch in der Selbstveränderung tun wir gut daran, zu überlegen, wie wir früh die richtigen Weichen stellen können. Das Vorgehen der frühen Weichenstellung kann also in den Änderungsbereichen Arbeit, Selbstsicherheit und Ernährung empfohlen werden, aber eignet sich darüber hinaus besonders bei allen Fragen der Gesundheit und des Konsums.

Einladung zu Selbstreflexion und Verhaltensänderung:
Klärungen im Vorfeld

1. Bei welchem Projekt, das vor Ihnen liegt, sehen Sie besondere Risiken?

   ....

2. Wie ist diesen Risiken im Vorfeld durch besonnene Entscheidungen zu begegnen?

   ....

3. Wer ist für Sie ein kluger, wohlwollender Gesprächspartner, mit dem Sie den ganzen Ablauf einmal gedanklich durchsprechen und im Vorfeld schon richtige Weichenstellungen vornehmen können?

   ....

Gefahr erkannt – Gefahr gebannt?

Wir wollen nun darstellen, wie wir wichtige Weichenstellungen mit einfachen Mitteln vornehmen können.

Ein sehr freundlicher Fahrlehrer, der gegenüber seinen Mitmenschen und Fahrschülern schlecht Nein sagen kann, wenn diese ihn um einen Gefallen oder einen Termin bitten, löst sein Problem auf ungewöhnliche Weise. Wenn er einen oder mehrere Tage frei nehmen will, reißt er die entsprechenden Seiten schon einige Zeit vorher aus seinem Terminkalender.

Eine andere kluge Weichenstellung besteht darin, Verhaltensweisen auszuwählen und zu etablieren, die mit dem Problem völlig unvereinbar sind. Solche gibt es – oft zu unserer eigenen Überraschung – in großer Zahl.

Ein verheirateter Seminarteilnehmer will auf einem Seminar, das im Hotel stattfindet, keine Frauen näher kennenlernen, weil er seine Frau und seine Kinder liebt, sich aber vor der Eheschließung als verführbar erlebt hat. Er weiß nicht, wie er das machen soll. Ich schlage ihm vor: »Bleiben Sie einfach immer in der Gruppe. Dadurch stellen Sie sicher, dass das Gespräch immer im Bereich des Öffentlichen bleibt; es gibt keine Verfänglichkeiten, keinen Klammerblues abends in der Hotelbar mit der Folge, am anderen Morgen ungewollt im Zimmer einer Seminarkollegin aufzuwachen.«

Es ist eigentlich ganz leicht, wenn man den inneren Entschluss konsequent in die Tat umsetzt und verfänglichen Situationen aus dem Weg geht. Die Verhaltenskette des Geschehens wird nicht spät, sondern früh unterbrochen. So komme ich dem Problem zuvor. Oft können wir uns verschiedener Mittel bedienen, um eine frühe kluge Weichenstellung durchzusetzen.

Im buddhistischen Klosterleben gibt es sehr viele feste Abläufe, ganz ähnlich übrigens in christlichen Klöstern auch: von morgens 4.00 bis 5.00 Uhr meditieren, 5.00 bis 6.00 Uhr Hausreinigung, bis 7.00 Uhr singen, von 7.00 bis 8.00 Uhr essen. Sehr viele Abläufe dienen dazu, Problemen zuvorzukommen, beispielsweise dem Problem des Müßiggangs oder dem der abschweifenden Gedanken zu begegnen. Nach 18.00 Uhr dürfen keine Frauen mehr im Kloster sein. Dem Problem der Langeweile kommt man zuvor, indem es feste Arbeitszeiten und viele Aufgaben gibt.

Die einfachste Form, ein Problem am Auftreten zu hindern, besteht darin, ihm weniger Aufmerksamkeit zuzuwenden als bisher.

Ein junger Kaufmann berichtet voller Scham und Entrüstung, dass er in Kundengesprächen manchmal leicht errötet. Ich rate ihm, diese Angelegenheit nicht zu hoch zu hängen und sich nicht zu sehr auf sie zu konzentrieren. Anfänglich zögert er und beharrt auf der Peinlichkeit, die sich daraus für ihn ergibt. Als er wirklich loslässt, verschwindet das Erröten tatsächlich innerhalb weniger Monate.

Übermäßiges Schweigen kann nur durch Reden beendet werden.

Eine schüchterne, ängstliche junge Mutter traut sich in Elternversammlungen, im Beruf und beim Sport nicht, den Mund aufzumachen. Sie nimmt sich vor, in jeder Gruppe, an der sie teilnimmt, mindestens zweimal etwas zu sagen, und sei es ein noch so bescheidener Beitrag. Wenn sie redet, ist das Schweigen beendet.

Manches unerwünschte Verhalten verschwindet durch Unterlassen. Oder wir können uns selbst an einem ungeeigneten Verhalten hindern.

Ein Verwaltungsangestellter bezeichnet sich selbst als penibel bis hin zu einer gewissen Zwanghaftigkeit. Dies bindet einen Großteil seiner Kraft für ständiges Aufräumen und Saubermachen. Diesen Zustand empfindet er als sehr nachteilig. Er will das ändern und berichtet nach einigen Tagen: »Ich konnte, als bei uns eine neue Heizung eingebaut wurde und viel Schmutz entstand, die Wohnung ganz gut in einem ziemlich schlimmen Zustand ertragen. Ich habe, als der Einbau fertig war, mich nicht sofort daran gemacht, alles gründlich zu reinigen und aufzuräumen, während ich dies normalerweise nicht ertragen kann. Ich blieb ruhig sitzen und erholte mich vom Stress mit den Handwerkern!« Einige Wochen später kann er erneut von einem Erfolg gegenüber seinem übermäßigen Ordnungswunsch berichten. Er und seine Frau haben Besuch, der ein kleines Kind mitbringt. Die Wohnung sieht nach einigen Stunden entsprechend chaotisch aus. Obwohl am Abend weitere Besucher zum Geburtstag kommen, gelingt es dem Mann, das Chaos auszuhalten, ohne dass er das Bedürfnis hat, aufräumen zu müssen. Er blockiert seine übermäßige Ordnungsliebe durch ruhiges Sitzen und Zuschauen.

Es gibt Menschen, die ein Problem mechanisch blockieren.

Ein Kollege berichtet von seiner schönen afrikanischen Freundin, die er oft fotografiert hat. Als die beiden auseinandergehen, drängt sich ihm die Idee auf, eine große Holzkiste zu kaufen, die er mit einem riesigen Schloss abschließen kann. In diese Kiste versenkt er alle Fotos und alle Tagebücher, die er in der Zeit des Zusammenlebens mit dieser Frau geschrieben hat. Dem Außenstehenden erscheint dies wie ein magischer Akt. Es soll nie mehr ein Blick auf diese Bilder geworfen werden können, auch von ihm selbst nicht. Einige Zeit später kann er sich von dieser brachialen Form der Abweisung wieder lösen und sich den Erinnerungen in maßvoller Weise wieder widmen – als Teil seines vergangenen Lebens.

Die Unvereinbarkeit und der gegenseitige Ausschluss bestimm-

ter Verhaltensweisen wurde erstmalig von dem südafrikanischen Psychologen Joseph Wolpe (1958) beschrieben. Wolpe behandelte Menschen mit Ängsten vor Tieren. Er konnte experimentell nachweisen, dass gewisse Verhaltensweisen sich nicht miteinander vertragen. So sind beispielsweise Angst und Entspannung unvereinbar. Angst wird durch eine entspannte Haltung förmlich blockiert. Wenn ich ruhig, gelassen und entspannt bin, kann Angst gar nicht erst auftreten, solange sie von der Entspannung dominiert wird. Wolpe nannte dieses Phänomen »reziproke Hemmung«. Zwei Verhaltensweisen hemmen sich reziprok, also wechselseitig: Wenn das eine stattfindet, dann kann das andere sich nicht ereignen.

Feinsteuerung

Während wir durch frühes Weichenstellen von Anfang an den richtigen Weg eingeschlagen haben, wollen wir jetzt dafür sorgen, dass wir möglichen Problemen zuvorkommen. Das geht häufig mit sehr einfachen Mitteln. Es kommt dabei meist darauf an, ganz kontinuierlich kleine Korrekturmaßnahmen zu ergreifen. Wenn es also gegenüber dem Optimum eine kleine Abweichung vom Optimum gibt, wird rasch korrigiert, und bei jeder weiteren kleinen Abweichung ebenfalls. Das gilt für viele Gebiete des Lebens: Disziplin im Klassenzimmer, Aufmerksamkeit der Teilnehmer im Management-Training, Gesundheitserhaltung, Reiten eines Pferdes oder Steuern eines Autos. Wenn das sofortige Nachsteuern unterbleibt, nimmt die Gefahr einer Fehlentwicklung zu.

In der Führungsebene kommt man den Problemen zuvor, indem man als Vorgesetzter regelmäßig mit den Mitarbeitern spricht. Wenn man auf Fehler der Mitarbeiter nicht sanktionierend, bedrohend oder entwertend reagiert, trauen sie sich, auch über Patzer zu sprechen, statt sie zu vertuschen. Dem Problem zuvorkommen heißt auch, Eventualitäten früh zu bedenken und gegebenenfalls rasch einzugreifen. In der deutschen Redensart heißt es: Wehret den Anfängen!

Dem Problem zuvorzukommen knüpft an den alten Gedanken der *Psychohygiene* an, der täglichen Aufmerksamkeit für die seelische Gesundheit. Diese schon 1907 begründete Disziplin sieht ihre Aufgabe in der seelischen und geistigen Gesundheit und in der Vorbeugung psychischer Erkrankungen. Psychohygiene bedeutet *tägliche Aufmerksamkeit* für gesunde seelische Abläufe. In vielen Unternehmen spielt deshalb betriebliche Gesundheitsförderung, Stressbewältigung und Burnout-Prophylaxe eine große Rolle, lauter Maßnahmen, die der Vorbeugung möglicher gesundheitlicher Schäden dienen (Fengler, 2008).

Mit der Gesundheits-, Drogen- und Suchtvorbeugung wird heute vielfach schon im frühen Kindesalter begonnen. Es gibt beispielsweise ein Programm des Vereins »Aktion Mensch« für den Bereich des Kindergartens mit dem Titel »Was tun gegen Sucht?«. In diesem Vorbeugungsprogramm, das sich an Eltern und Erzieher richtet, werden folgende sieben Regeln gegen Sucht aufgestellt:

1. Kinder brauchen seelische Sicherheit.
2. Kinder brauchen Anerkennung.
3. Kinder brauchen Freiraum.
4. Kinder brauchen realistische Vorbilder.
5. Kinder brauchen Bewegung und richtige Ernährung.
6. Kinder brauchen Freunde und eine verständnisvolle Umwelt.
7. Kinder brauchen Träume und Lebensziele.

Daran erkennt man das Konzept: Suchtvorbeugung im Kindergarten heißt nicht, mit Kindern über Zigaretten, Alkohol und Drogen zu sprechen, sondern ihre Lebenskompetenzen zu fördern und sie in ihrer Persönlichkeit zu stärken. Ähnliche frühe Vorbeugungsprogramme gibt es auch von der Bundeszentrale für gesundheitliche Aufklärung mit dem Titel »Kinder stark machen«. In Gewaltprävention und Verbrechensbekämpfung setzt auch die Polizei auf das Thema Vorbeugung. Es gibt spezielle Kommissariate, die sich mit dieser Materie beschäftigen.

Viele Problementwicklungen in der Partnerschaft, in der Arbeit und im Suchtverlauf lassen sich mit folgendem Bild beschreiben. Das Problem ist wie eine Kugel, die einen immer steileren Abhang herabrollt, bis sie schließlich ganz unten angekommen ist. Damit ist auch der Betreffende ganz unten angekommen. Je mehr die Kugel, das Problem, herunterrollt, je mehr Kraft müssen wir aufwenden, um die Kugel aufzuhalten und sie wieder in den idealen Zustand zu bringen. Es wird immer schwieriger, je länger die fatale Talfahrt andauert. Am Ende brauchen wir einen riesigen Kraftakt, um die Kugel wieder nach oben zu bekommen (vgl. Abbildung 8). Deswegen ist es wichtig, früh zu intervenieren, bevor es zum Problem wird. Wir sollten dem Problem früh zuvorkommen. Das Problem als Kugel, die sich abwärts bewegt, und die entsprechenden Interventionen, um die Kugel zu stoppen, ist hier grafisch dargestellt.

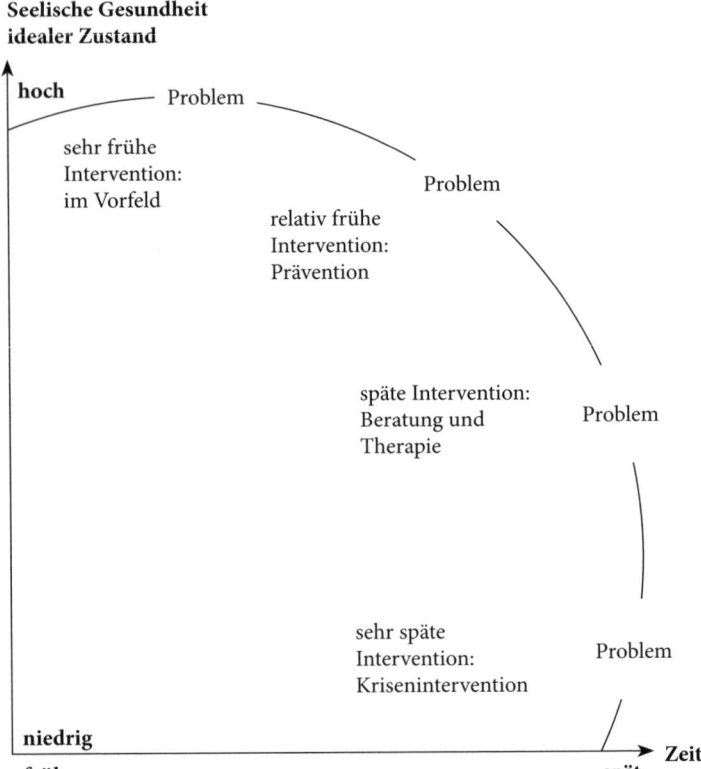

Abbildung 8: Verlauf einer Problematik und die entsprechenden Interventionen

Einladung zu Selbstreflexion und Verhaltensänderung: Frühe Weichenstellung

1. Wann ist es Ihnen einmal gelungen, einer drohenden Fehlentwicklung mit einer frühen Weichenstellung und mit einfachen Mitteln vorzubeugen?

2. Machen Sie es sich zu einer festen Angewohnheit, verschiedene Bereiche Ihres Lebens immer wieder einmal auf mögliche bevorstehende Fehlentwicklungen abzuklopfen.

3. Greifen Sie dann rasch, aber moderat ein: Je früher, desto besser, desto müheloser.

4.3 Bleiben Sie dran!

Eine *schrittweise Annäherung* ist immer dann sinnvoll, wenn eine Sache nicht sofort vollständig erreicht werden kann, sondern die Zielerreichung nur über einen längeren Zeitraum oder einen längeren Weg möglich ist. Es ist sehr tröstlich zu wissen, dass man die meisten Dinge schrittweise erreichen kann, besonders die großen. Die Technik der schrittweisen Annäherung gilt auf vielen Lebensgebieten. Durch schrittweise Annäherung lassen sich sehr verschiedene Verhaltensweisen systematisch aufbauen. Die Anforderungen können Schritt für Schritt erhöht werden. Selbst komplexes Verhalten kann man durch schrittweise Annäherung aufbauen: Durch schrittweise Annäherung kann man selbstsicheres Verhalten, aber auch Kontaktverhalten oder Arbeitsverhalten aufbauen und viele Ängste und Phobien wie zum Beispiel Sprechangst, Angst vor Menschen, Angst vor dem Autofahren, Angst vor Spinnen, Mäusen, Hunden und Schlangen angehen.

Demosthenes, der einen Sprachfehler und Sprechangst hat, überwindet selber seine Redeangst. Er sucht sich einen übermächtigen Gegner, das laut tosende Meer, und redet gegen das Meer an, so laut und gut er kann. Er erschwert sich die Situation noch, indem er einen Stein in den Mund nimmt. Demosthenes wird zum berühmtesten Redner der Antike.

Goethe überwindet seine Höhenangst, indem er immer wieder das Straßburger Münster besteigt. Er therapiert sich, indem er die Angstsituation aktiv aufsucht und im wahrsten Sinne Schritt für Schritt den Turm erobert.

Auch Ängste vor Leistungsforderungen und viele Arbeitstörungen sind mit schrittweiser Annäherung gut angehbar. Der Angstpegel wird dadurch reguliert, dass der Betreffende sich selbst zutraut, den nächsten Schritt zu gehen. Er entscheidet selbst, wie klein oder wie groß der Schritt ist, den er sich als Nächstes vornimmt.

Ein 28-jähriger Fließbandarbeiter möchte seine Angst verlieren, unter Menschen zu gehen. Sein Ziel ist es, kleine oder größere Gruppen ohne Angst und Panik aufzusuchen. Er geht zunächst an Orte, an denen sich kleinere Gruppen treffen, zum Beispiel Verein, Fitness-Studio, Kino, kleinere und größere Feste und Partys. Besonders stolz ist er, als er ein großes Rock-Konzert mit 60.000 Leuten besucht und sogar den Innenraum betritt. Er geht schrittweise vor. Mittlerweile macht er sich vor dem Besuch von Kino und Konzerten keine Gedanken mehr und geht einfach frei von Angst und Panik zu diesen Veranstaltungen.

Ein Unternehmensberater schildert, wie er als 13-jähriger Junge seine Angst vor dem Sprung ins Wasser überwunden hat. Zuvor hatte der Sportlehrer ihm gedroht, wenn er nicht vom Drei-Meter-Brett springen würde, bekäme er in Sport die Note Ausreichend. Als Erstes nimmt er sich das Ein-Meter-Brett vor und schafft es auf Anhieb. Im Verlauf der Sommerferien gelingt es ihm, den Sprung vom Drei-Meter-Brett zu machen, dann vom Fünfer! Die Krönung ist sein Sprung vom Zehn-Meter-Brett.

Kleine Schritte sind das Gegenmittel gegenüber der Vermeidung. Das ist sehr tröstlich: Die Reise beginnt mit dem ersten Schritt. Der Weg entsteht beim Gehen. Im Tun entsteht das Gesamtwerk. Natürlich kann und soll man ruhig versuchen, mit großen Schritten auf sein Ziel zuzugehen. Aber wenn man keine großen Schritte gehen kann, muss man eben kleine gehen. Das ist das Gute daran: Man kann die Größe der Schritte immer selber passgenau wählen. Es muss kein mit dem Lineal gezogener schnurgerader Weg zum Ziel sein, wie oft behauptet wird, wenn es um Zielerreichung geht. Ganz im Gegenteil lohnt es sich, auf dem Weg zum Ziel auch nach links und rechts zu schauen, hin und wieder zu verweilen und dann den nächsten Schritt zu gehen. Man entdeckt Neues, nimmt seine eigenen Kräfte besser wahr und startet dann wieder durch, oder, wie das Sprichwort heißt: Wer sich verirrt, lernt die Umgebung kennen. Dies gilt auch für die Selbstveränderung.

Übung macht den Meister – und die Meisterin

Viele Fähigkeiten können wir einüben und trainieren: ein neues EDV-Programm, singen, ein Musikinstrument spielen, tanzen und lachen. Überall dort, wo man neue Verhaltensweisen lernen oder bereits einmal beherrschte Verhaltensweisen intensivieren möchte, ist *Training* eine wichtige Methode. Man kann den Ausdruck von Gefühlen üben, zum Beispiel indem wir unseren Ärger in moderater Weise äußern oder unsere Liebe zeigen oder uns in angemessener Form abgrenzen.

Eine schüchterne junge Studentin, die gern mehr Kontakt zu Männern haben möchte, geht Schritt für Schritt vor. Sie schildert: »Seit ein paar Tagen bin ich mit einem jungen Mann, den ich nett finde, vom Sehen her bekannt. Man lernt täglich in derselben Bibliothek und beäugt häufig den anderen und seinen Schreibtisch. Wenn sich Blicke trafen, habe ich bewusst gelächelt und gewartet, was er macht. Er hat meistens zurückgelächelt! Das habe ich aber erst am zweiten Tag geschafft. Dann habe ich mir einen Ruck gegeben, bin abends beim Verlassen der Bibliothek an ihm vorbeigegangen, schön langsam, habe erst auf seine Bücher geguckt, dann ihn angesehen und mich lächelnd von ihm verabschiedet und auf Antwort gewartet! Der hat einfach zurückgelächelt und gegrüßt! War doch gar nicht so tragisch! Seitdem grüßen wir uns immer. Ist auch gar nichts Schlimmes passiert! Kleine Schritte sind auch Fortschritte.« Sie lernt so zwar auf Anhieb noch nicht ihre große Liebe kennen, aber sie macht erste Schritte auf dem Weg dorthin. Denn sie kann sich mit diesem Satz weiter motivieren und rückt ihrem Wunsch, einen netten Partner kennenzulernen, damit sicher ein großes Stück näher (Stroß, 2001).

Gerade im Hinblick auf Ängste ist Training die Methode der Wahl. Wenn wir beispielsweise Angst haben, auf andere zuzugehen, beginnen wir mit einem kleinen Schritt, zum Beispiel mit einem Lächeln. Dann geht es weiter, indem wir den anderen Menschen mit einer kleinen Bemerkung kurz ansprechen. Wichtig ist, dass man am Anfang bewusst kleine Schritte wählt, die sozusagen garantiert zum Erfolg führen. Indem ich die Aufmerksamkeit auf das Training meines Wunschverhaltens richte, vermindert sich zwangsläufig die Aufmerksamkeit für das bisherige Problemverhalten. Ein gutes Beispiel für Training ist das *Autogene Training*. Mittels einfacher Autosuggestionen wird im Autogenen Training ein angenehmer Zustand aktiver Selbstentspannung herbeigeführt. Jeder kann dieses Verfahren lernen – allerdings mit Anleitung durch erfahrene Gruppenleiter.

Mentales Training

Eine besonders wirksame Variante des Trainings ist das mentale Training. Aber was ist mentales Training überhaupt? Mentales Training bedeutet, dass man sich Tätigkeiten, Handlungen und Bewegungen bewusst vorstellt und in der Vorstellung simuliert, ohne sie gleichzeitig praktisch auszuführen.

Es handelt sich beim mentalen Training um ein imaginatives Verfahren. Es kommt bei schwierigen Leistungen und in Situationen zum Einsatz, die wegen ihrer hohen Anforderungen und Besonderheiten nicht ständig real geübt werden können, zum Beispiel beim Fallschirmspringen. Die Kraft der Vorstellung und Visualisierung nutzen auch Skispringer. Bevor sie sich die Schanze herunterstürzen, stellen sie sich den perfekten Sprung geistig vor, wie sie den Widrigkeiten von Wind, Wetter, Temperatur und Schnee angemessen begegnen und wie sie die gewünschte Zielmarke überqueren.

Selbstverständlich gibt es auch viele Anwendungsmöglichkeiten des mentalen Trainings im Alltag. Immer geht es darum, Maßnahmen einzuüben, die der Bewältigung schwieriger Situationen in Beruf, Partnerschaft, im Umgang mit Ängsten und Krankheiten dienen. Mentales Training kommt bei vielen Ängsten zum Einsatz, indem man sich an schwierige angstbesetzte Situationen wie Zahnarztangst, Angst in Sprechsituationen oder Angst vor Menschen zunächst im Denken und Erleben annähert und sie innerlich durchspielt. Das erleichtert einem den Einstieg beim realen Umsetzen des geistig Vorgestellten und Geübten.

Mentales Training nutzt unterschiedliche Trainingsformen. Eine ganz wichtige Form ist, dass der Trainierende die zu trainierende Handlung per *innerem Monolog* mit sich durchspricht. Das Durchsprechen nützt deshalb, weil scheinbar automatische und selbstverständliche Abläufe dabei viel klarer werden und man dadurch Schwachstellen entdeckt, an denen man arbeiten kann! Dabei stellt man sich den eigenen inneren Zustand bei der entsprechenden Handlung vor und versetzt sich in dieses Verhalten hinein, um die Sache auf möglichst vielen Sinneskanälen nachzuempfinden. Man versucht, die Dinge intensiv wahrzunehmen und zu spüren, wie es sich anfühlt und anhört, wie es riecht und schmeckt und welche Kräfte, Druck, Zug, Spannung und Entspannung, da am Werk sind. Die gewissermaßen echte Vorstellung vom Ablauf der entsprechenden körperlichen und seelischen Aktion ist die wichtigste Voraussetzung für den Lerneffekt und die Leistungssteigerung durch mentales Training.

Einladung zu Selbstreflexion und Verhaltensänderung: Schrittweise Annäherung und Training

1. Für welches Anliegen in Ihrem gegenwärtigen Leben ist eine schrittweise Annäherung die geeignete Methode?

   ....

2. Wie sehen die ersten drei Schritte dabei aus?

   1. ....

   2. ....

   3. ....

3. Welche eigenen Fähigkeiten möchten Sie gern einüben und trainieren?

   ....

Die schrittweise Annäherung bewährt sich in vielen Situationen, wo es um mangelnde Übung, mangelnde Kenntnis oder auch um Beseitigung von Angst geht. In anderen Fällen müssen wir einen bisherigen Ablauf, der uns zwar in Fleisch und Blut übergegangen und geläufig ist, sich aber als dysfunktional erweist, unterbrechen und einen anderen Fortgang wählen. Wenn wir zum Beispiel auf der Autobahn immer wieder einen Umweg gefahren sind, weil wir die falsche Abfahrt genommen haben, können wir lernen, irgendwann so frühzeitig wach zu sein, dass wir an der richtigen Stelle abbiegen, um dann immer wieder nachträglich festzustellen, dass wir jetzt wieder daran vorbeigefahren sind. Dies ist ein Alltagsbeispiel. In alltäglichen *Verhaltensabläufen* ist es ähnlich. Der gewohnte Ablauf ist uns geläufig, erweist sich aber nicht als dienlich. Und dann sind wir selber imstande, ihn zu ändern.

Viele Belastungen lassen sich rasch beheben, wenn wir den bisherigen nachteiligen Verhaltensablauf an irgendeiner Stelle ändern oder umgestalten. Ein Beispiel zeigt Abbildung 9:

Änderung des Verhaltensablaufs für Autofahrer 1. Die Ampel springt auf Rot. 2. Ich bremse.	
Bisheriger Ablauf	**Neuer Ablauf**
3. Ich schaue die Ampel wütend an, weil sie meine Weiterfahrt blockiert.	Ich betrachte das Rotlicht als Entspannungssignal, lehne mich zurück und atme ins Zwerchfell. Ich danke der Ampel dafür, dass sie den Verkehr für mich regelt.
4. Wenn die Ampel grün wird, gebe ich Gas und presche los, um die verlorene Zeit aufzuholen.	Wenn die Ampel grün wird, nicke ich ihr freundlich und dankbar zu und fahre gelassen an.

Abbildung 9: Verhaltensabläufe ändern

Änderungen der Verhaltenskette lassen sich in vielen Situationen und Lebensbereichen vornehmen:

- *Berufsalltag*: Dienstliche Meetings, Supervisionen, Besprechung und Konferenzen soll man nicht auf den Spätvormittag legen. Denn zu dieser Zeit sind alle Menschen hungrig, ungeduldig und gereizt.
- *Erziehungsarbeit*: Eine Mutter von drei Kindern berichtet, wie die Fahrt in die Autowaschanlage für sie zu einer kurzen Erholung wird. Statt sich über das lästige Autowaschen zu beklagen,

fährt sie immer in die Anlage »Lappland«, wobei der Name Lappland mit Gedanken an dünne Besiedlung, große Weite, Stille und Freiheit verbunden ist. Während der Autowäsche findet sie zu Gelassenheit.

- *Feierabend*: Manche Menschen, die von der Arbeit nach Hause kommen und schon beim Betreten der Wohnung gleich eine große Beanspruchung durch Angehörige erleben, richten sich manchmal eine kleine Auszeit ein, eine halbe Stunde zum Duschen und Kleidungswechsel oder einen Moment der Stille im Sessel, bevor die Familie über sie herfällt. Dies ist auch Kindern zu vermitteln: Um 18.00 Uhr bin ich zu Hause und um 18.30 Uhr bin ich für euch da!

- *Sexualität*: In der Erotik ist es bekanntermaßen eine Grundvoraussetzung, dass es harmonisch zugehen und das sexuelle Geschehen nicht durch die Lust oder Unlust eines Partners bestimmt werden sollte. Möchte man am Abend Zärtlichkeiten austauschen, ohne dass daraus ein starrer Programmpunkt wird, sollte man schon im Laufe des Tages für eine gute Atmosphäre sorgen und die erotische Werbung sensibel, einfallsreich und lebendig gestalten.

- *Streitsituationen*: An die Stelle des unerwünschten Streits in der Partnerschaft kann man ein mit Streiten unvereinbares Verhalten setzen, zum Beispiel ein versöhnliches Wort an den Partner richten.

- *Ernährungsgewohnheiten*: Von Carl Gustav Jung wird berichtet, bevor er anfing zu essen, habe er einen Moment lang innegehalten und gesagt: »Jetzt möchte das Essen von mir gegessen sein!« Das Tischgebet hat ja eine ähnliche Funktion, also nicht einfach losfressen, sondern einen Moment innehalten und Gott danken. Auch in buddhistischen und hinduistischen Kulturen praktizieren die Menschen immer wieder religiöse Rituale und Gebete. Diese unterbrechen den hektischen Alltag und ermöglichen Besinnung und Selbstkonzentration.

Die Änderung der Verhaltensabläufe kann auf unterschiedliche Weisen erfolgen:

1. *Den Verhaltensablauf unterbrechen.* Wir stoppen das, was schlecht oder falsch verläuft im Denken, Sprache und Handeln.

2. *Den Verhaltensablauf verlangsamen.* Wo sich Unruhe und Hektik breit machen, verlangsamen wir unser Denken, Sprechen und auch unsere Motorik. Das bringt uns zunächst mehr Ruhe und macht den Kopf frei.

3. *Den Verhaltensablauf strukturieren.* Wir bringen Handlungsetappen in eine sinnvolle Reihenfolge. In unserem Alltag heißt das oft: Was muss ich vorher tun, wenn ich nachher das und das tun will? Dazu gehört auch die bereits erwähnte Strukturierung der Zeit und die Festlegung von Prioritäten.

4. *Dem Verhaltensablauf eine andere Richtung geben.* Jetzt kommt etwas Neues hinzu. Wir entscheiden uns für einen neuen Weg.

Bei der Telefonseelsorge lernen die Mitarbeiter, das erste Klingeln des Telefons nur zu registrieren und als Entspannungssignal zu nehmen, das zweite Klingeln abzuwarten, dann langsam zum Hörer zu greifen, ihn langsam ans Ohr zu setzen und langsam und deutlich zu sprechen: »Telefonseelsorge, Guten Tag, was kann ich für Sie tun?« Dies führt zu einer Entspannungsreaktion gegenüber der ursprünglichen Absicht des Telefonklingelns, Alarm auszulösen. Auf diese Weise wird das Klingeln zu einem Entspannungssignal.

Es gibt Personen, die ihr Frühstück so hoch ritualisiert haben, dass sie nur äußerst ungern davon abweichen und missmutig werden, wenn sie denn einmal davon abweichen müssen: »Wenn ich morgens nicht meine zwei Brötchen habe, bin ich ungenießbar!« Beim Rauchen gilt es täglich fünfzig oder hundert Versuchungs- und Appetitsituationen, in denen wir bisher geraucht haben, so umzugestalten, dass sie auch ohne Zigarette noch erträglich sind, mit Bonbon, Kaugummi, Knabbern am Kugelschreiber, Gestikulieren.

Immer dann, wenn ein Verhaltensablauf lästig wird, können wir uns fragen, welche Alternative es dazu gibt. Beim Rauchen könnte das sein: vom Tisch aufstehen, mit den Händen am Polster des Sessels knibbeln, aus dem Fenster schauen und tief in das Zwerchfell atmen. Äußerst wirkungsvoll ist in solchen Fällen die Unterbrechung der Abläufe durch geeignete Gedanken, die man abruft. Bei allen Rauchanlässen können wir zum Beispiel zu der aversiven Kognition greifen: »Wer einen Raucher küsst, kann auch gleich einen vollen Aschenbecher auslecken!« Ein positiver Satz lautet: »Ich atme tief die frische Luft.« Personen mit Figurproblemen sagen sich den Satz: »Ich werde schlank und schön. Ich kann wieder Sport treiben. Ich lasse den Ballast hinter mir!«

Eine Krankenschwester strebt danach, in ihrer Beziehung zu ihrem etwas unzuverlässigen Freund unabhängiger und selbständiger zu werden. Sie nimmt eine einfache Änderung der Abläufe vor, indem sie damit aufhört, den ganzen Abend auf den Anruf ihres Freundes zu warten. Weiter gewöhnt sie sich an, wenn ihr Freund länger als eine halbe Stunde zu spät zu einer Verabredung kommt, eigenständig etwas zu unternehmen. Für den Freitag, der bisher immer der Beziehung gehört hat, nimmt sie sich nun erstmalig selbst etwas vor. Sie besucht eine Kunstausstellung, auf die sie sich schon lange gefreut hat und die sie bisher wegen ihres sprunghaften oder unentschiedenen Freundes nie aufsuchen konnte.

Wir sehen also: Wir können jeden Verhaltensablauf an verschiedenen Stellen unterbrechen und ihm etwas von seiner bisherigen Selbstverständlichkeit und Zwangsläufigkeit nehmen. Man sieht schon bei Kindern, dass manche sich auf dem Schreibtisch alles zurechtlegen, Bleistift, Radiergummi, Lineal, Heft und Buch, und dann fangen sie an zu arbeiten. Bei anderen fliegt alles wie Kraut und Rüben durcheinander. Impulsive und aufmerksamkeitsgestörte Kinder und Jugendliche profitieren besonders von der Änderung der Abläufe. Kinder und Jugendliche können lernen, ihre Impulse zu kontrollieren, bevor das konfuse Arbeiten beginnt. Sie können eine Selbstmitteilung aussprechen, die zur gedanklichen Verlangsamung und vermehrten Kontrolle führt. Kindertherapeuten lassen den sympathischen Teddybären sagen: »Ich bin schlau, ich schau' genau!« Impulsive Kinder lernen im Aufmerksamkeitstraining den Satz und das dazu gehörige Verhalten: »Eins nach dem anderen!«

In der Psychologie wird neben dem äußeren, sichtbaren Verhalten eines Menschen auch inneres Verhalten wie zum Beispiel unsere Gefühle als miteinander verbunden angesehen, als Ablauf von *innerem Verhalten*. Auch innere Verhaltensabläufe kann man unterbrechen, wenn sich unerwünschte immer wiederkehrende, scheinbar automatisch ablaufende Gedanken und Gefühle gebildet haben.

Manche dieser festen Verhaltensweisen und Gewohnheiten haben sich mit der Zeit zu etwas entwickelt, das wir als schädlich für uns ansehen. Aber wir können uns von ihnen freimachen – allerdings fällt uns dies nicht immer leicht.

Rudolf Steiner, der schon erwähnte berühmte Anthroposoph, demonstrierte seinen Anhängern einmal die Schwierigkeiten der Selbstveränderung, indem er ihnen eine kleine Aufgabe stellte. In einem seiner Vorträge schlug er ihnen eine Übung vor: »Ziehen Sie jeden Morgen um 10.00 Uhr Ihren rechten Schuh kurz aus und wieder an. Das ist eine kleine Übung, die Sie überall, wo Sie sind tun können, außer beim Autofahren. Prüfen Sie, wie leicht Ihnen das fällt und wie oft es Ihnen in diesem Monat gelingt!« Die Erfahrung lehrte seine Anhänger, dass es ihnen unendlich schwer fiel, auch nur an drei Tagen hintereinander diesen Vorsatz in die Tat umzusetzen.

Bei vielen Verhaltensweisen bietet sich verblüffenderweise folgende Strategie an: Nicht bekämpfen, sondern hinter sich zurücklassen! Man sollte eher Energie vom Thema abziehen, damit die bisherige Verhaltenskette an Dramatik und Verpflichtungscharakter verliert, und nicht die Verhaltenskette mit überstarker Willenskraft bekämpfen, weil wir sie damit ungewollt zu uns heranziehen. Man kann nur jemanden bekämpfen, den man für einen starken mächtigen Gegner hält. Wenn man aber Energie vom Thema abzieht, kann es sogar viel eher sein, dass das Thema verblasst und an Bedeutung verliert. Der Gegner ist gar nicht so stark, wie man zunächst glaubt.

Es ist dabei wie mit einem Blatt Papier, auf dem es nicht möglich ist, die alten Schriftzüge ganz auszuradieren. Indem ich aber neue Buchstaben mit kraftvollem Strich darüberschreibe, vielleicht sogar in einer anderen Farbe, werden die alten nach einiger Zeit fast unsichtbar. So können wir auch mit unseren Verhaltensmustern verfahren. Wenn wir immer wieder bestimmte Handlungen aufmerksam und bewusst durchführen, prägen sich diese mit der Zeit fest ein. Die alten Handlungsmuster verlieren ihre Kraft, verblassen und fallen schließlich ganz von uns ab.

Halten wir es also mit Marc Twain, der sagt: Eine Gewohnheit kann man nicht zum Fenster hinauswerfen.

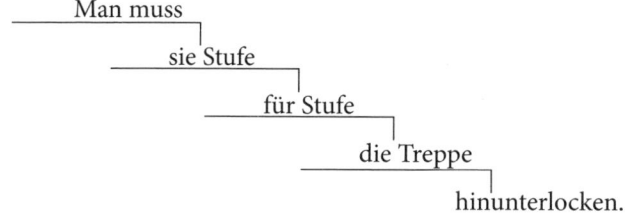

Man muss
sie Stufe
für Stufe
die Treppe
hinunterlocken.

Zum Abschluss dieses Kapitels noch ein kleines Bonbon, wie man es sich ganz besonders leicht machen kann, indem wir anknüpfen an etwas Gutes, was wir in unseren Alltag schon integriert haben. Es ist ein ganz besonders leichtes Verfahren.

Vorwärts im Huckepack-Verfahren

Manchmal nehmen wir uns vor, etwas zu tun, vielleicht sogar jeden Tag, Sport, Selbstaufwertung und anderes, aber es fällt uns schwer, einen Zeitpunkt zu finden und einen Ort, zu dem wir es wirklich praktizieren. Für diese Fälle kann ich Ihnen das sogenannte *Premack-Prinzip* empfehlen. Es bedeutet, dass ein seltenes Verhalten an ein häufiges Verhalten angekoppelt wird und von letzterem gewissermaßen im Huckepack-Verfahren mit in den Tag genommen wird. Das Vorgehen dabei ist ganz einfach. Wir vereinbaren mit uns selbst, dass wir das neue gewünschte Verhalten, zum Beispiel Sport, Selbstaufwertung, Vokabeln lernen, Entspannung, positive Selbstmitteilung, immer dann ausführen, wenn wir ein anderes häufiges Verhalten sowieso praktizieren. Das häufige Verhalten kann sein: Aufstehen, Kochen, Toilettengang, ins Auto einsteigen, aus dem Auto aussteigen, die Zeitung lesen, sich die Hände waschen und anderes. Gewiss fällt jeder Leserin und jedem Leser auch noch eine andere Verhaltensweise ein, die sie oder er täglich mehrmals ausübt.

Das bisher seltene Verhalten tritt dann bald viel häufiger auf, prägt sich ein und verfestigt sich. Fast immer, wenn es um die Ausführung von Verhaltensweisen geht, die wir bisher versäumt oder unterlassen haben, ist das Premack-Prinzip eine große Hilfe. Aus freien Stücken würde ich nie Liegestütze machen. Aber jedes Mal, wenn ich durch die Wohnzimmertür gehe, mache ich dort auf dem weichen Teppich zwanzig Liegestütze. Oder: Immer, wenn ich aus dem Bad komme, mache ich zehn Minuten Yoga und Entspannungsübungen.

Eine Stationsschwester, die sich über viele Jahre hinweg von ihrer Familie, ihren Kindern, den Nachbarn und von Kollegen hat übermäßig in Anspruch nehmen lassen, kommt auf folgende Idee: Jedes Mal, wenn ein anderer Mensch einmal wieder, wie so oft, etwas von ihr will und Wünsche an sie heranträgt, verbindet sie im Gegenzug die Frage des anderen mit einer eigenen Bitte. Sie sagt dann: »Ja, das kann ich machen. Kannst du mir dafür bei … behilflich sein?« Auf diese Weise gelingt es ihr, den einen oder anderen eigenen Wunsch seiner Erfüllung näher zu bringen. Darüber hinaus lernt sie jetzt sehr viel besser die Personen kennen, die eigentlich immer nur etwas haben wollen, aber nie selbst etwas zu geben bereit sind.

Durch die regelmäßige Verbindung des seltenen mit dem häufigen Verhalten wird bald auch das seltene zum häufigen Verhalten.

4.4 Überlisten Sie sich selbst!

Eine Selbstüberlistung findet immer dann statt, wenn wir uns aus freien Stücken eine Regel oder Beschränkung auferlegen, die wir leicht umgehen könnten, die wir aber im Dienst eines Ziels akzeptieren, in unserem Falle eines Ziels der Selbstveränderung. Wir nehmen uns also die Freiheit, einer Versuchung zu widerstehen, während wir doch gleichzeitig einräumen, dass wir ihr gern erliegen würden und durchaus auch Freiheit und Gelegenheit dazu haben. Wir gehen auf diese Art und Weise mit List und Augenzwinkern mit der eigenen Person um. Im Alltag erfinden Menschen sehr schöne und sehr wirksame kleine Selbstüberlistungen. Mit diesen kleinen Selbstüberlistungen wird ein ursprünglich für groß gehaltenes Problem kleiner und besser angehbar.

Eine Selbstüberlistung gelingt einem Rechtsanwalt, der unter seinem hohen Gewicht leidet und endlich abnehmen möchte. Er bittet seine Frau, die Gerichte nicht mehr in Schüsseln auf den Tisch zu stellen, sondern er nimmt sich in der Küche eine Portion auf den Teller, isst sie mit gutem Appetit auf und beendet die Mahlzeit dann.

Um eine kleine Selbstüberlistung handelt es sich zum Beispiel, wenn man zur Prüfung ein Amulett mitnimmt oder auf die Reise ein Stofftier. Beide werden uns nicht wirklich vor Unfällen schützen, aber ein bisschen Aberglaube ist doch tröstlich und darf auch sein. Selbstüberlistung kann bei allen Fragen der Geldeinteilung eine große Rolle spielen, zum Beispiel, wenn man statt 1000 Euro am Monatsanfang jede Woche nur 200 Euro abhebt.

Ein Kollege entdeckt beim Trekking in Nepal, dass er über zwei verschiedene Wanderstile verfügt. In einem Fall geht er in großen, schweren, langen Schritten. Jeder Schritt ist eine Entscheidung. Der andere Wanderstil besteht aus vielen kurzen Schritten, bei denen der Fuß nur leicht aufsetzt und fast keinen Fußabdruck hinterlässt. In diesem Fall hat der Kollege das Gefühl, überhaupt keine Kraft in den Schritt investieren zu müssen.

Ähnlich ist es beim Gewichtheben. Wenn man es mit verzerrtem Gesicht und unter großer mimisch erkennbarer Anstrengung vornimmt, ist es viel schwerer, als wenn man das Gewicht einfach, ruhig und konzentriert anhebt, als sei es leicht.

Selbstüberlistungen sind verblüffende witzige Interventionen. Ein Beispiel für eine Selbstüberlistung, wenn ich mir das Rauchen abgewöhnen will, ist folgendes: Ich mache mir das Zigarettenrauchen schwer, indem ich die Zigaretten nicht im Haus habe, sondern im Auto lasse. Wenn ich rauchen will, muss ich raus auf die Straße und dort auf- und abgehen. Es kostet mich also Zeit. Ich könnte natürlich auch die Zigaretten mit ins Haus nehmen, aber ich lege mir selbst ein Hindernis auf, das sich mir von außen nicht stellt. Ein positives Beispiel, in dem statt einer Barriere eine Attraktion eingeführt wird, ist folgendes: »Ich gehe heute Abend nur dann ins Kino, wenn ich diese drei Seiten zu Ende geschrieben habe.«

Selbstüberlistungen haben viel mit dem »So tun, als ob« zu tun. Ich tue so, als ob ein anderer, eine strenge Person, missgünstig und kontrollierend, mir ein Vergnügen streitig mache. Gleichzeitig weiß ich aber: Ich bin es selbst und tue es freiwillig. Die Logik der Selbstüberlistung lautet: Ich tue so, als ob eine fremde Instanz mir etwas gebietet oder verbietet, weiß aber zugleich, dass ich es selbst bin.

So tun, als ob

> Fake it, until you make it!
> (amerikanische Schauspielerweisheit)

Mit diesem Satz ist eigentlich schon alles gesagt: Tue so, als ob du es richtig kannst, bis du es richtig kannst. Andersherum: Bis du es richtig kannst, tue so, als ob du es kannst. Dieser Kunstgriff hilft in vielen Lebenslagen. Schauspieler, die morgens nicht fröhlich sind, bringen sich mit Lachen, Grimassieren und Fratzenschneiden selber in eine gehobene Stimmung, bis die Stimmung wirklich steigt. Ähnlich wirkt die Lachtherapie: Die Teilnehmer werden zunächst aufgefordert, spontan zu lachen, was ja bekanntlich nicht gelingt. Aber die Versuche, der Instruktion dennoch zu folgen, sind dermaßen lachhaft, dass es beim Erproben des unspontanen Lachens unweigerlich zu gemeinsamen Lacherlebnissen kommt, die nach einer Weile tatsächlich den Charakter des Spontanen haben.

Das Lachen auf Kommando in der Lachtherapie funktioniert also. Zunächst ist das Lachen dabei nur eine rein körperliche Angelegenheit, aber das natürliche tiefere Lachen entwickelt sich daraus. Es ist egal, worüber man lacht. In der Lachtherapie gibt es die Idee, mit Lachen Krisen zu bewältigen. Lachen löst Beklemmungen und Ängste, intensiviert die Atmung, stärkt Herz und Kreislauf und unser Immunsystem. Lachen in der Gruppe stärkt zusätzlich noch unser Selbstwertgefühl. Im Lachen fängt man an, Dinge neu zu sehen.

Der Gedanke des *Als-ob* geht auf den Philosophen und Kant-Schüler Hans Vaihinger (1927) zurück. Vaihingers Gedanken fanden Eingang in die moderne systemische Therapie. Mit dem Als-ob können wir nämlich zweckmäßige Vorstellungen bilden, die uns das Leben erleichtern. Sie sind eine Hilfe bei der Selbstveränderung. Die Welt des Als-ob ist wirklich und wirksam wie die sogenannte wirkliche Welt. Vaihinger betont die nützliche Funktion des Als-ob für Gedanken und Handlungen. Sie befähigen uns, mit der Wirklichkeit besser fertig zu werden, als wir es ohne sie könnten. In unserem Alltagleben sind Als-ob-Konstruktionen von großem Wert. Die Feststellung »Alle Menschen sind gleich« ist ein solches Beispiel. Diese Feststellung kollidiert zwar mit unserer Erfahrung in der Begegnung mit Menschen im Alltag, ist aber eine hilfreiche Orientierung für den Umgang miteinander.

In der Hypnotherapie wird mit dem Als-ob erfolgreich gearbeitet. An jemanden, der sehr verzweifelt ist, ergeht die Aufforderung: »Erzählen Sie einmal, wie wäre es denn, wenn es Ihnen gut gehen würde?« Der Betreffende bringt sich in einen Zustand des Wohlbefindens, indem er sagt: »Ja, wenn es mir gut geht, dann ist es ganz anders! Dann ist meine Brust freier, ich habe eine geweitete Lunge, ich blicke geradeaus, meine Stimme ist fester und ich habe eine ausladendere Gestik, Mimik und Körperhaltung!« Während der Betreffende so berichtet, fühlt er sich in diesem Augenblick tatsächlich besser. Atmung, Blick und Körperhaltung werden vitaler. Dann fällt er in die Kraftlosigkeit zurück. Man sagt ihm dann: »Kehren Sie doch noch einmal zurück in den Zustand, indem Sie sich gut und kraftvoll fühlen!« Daran merkt er, dass er Einfluss hat auf das, was er bisher als von außen bestimmt erlebt hat. Im weiterer Verlauf kann er dann in einem Zustand von Gelassenheit und Phantasie über weitergehende Neuorientierungen in seinem Leben nachdenken.

Wenn jemand das Gefühl hat, er könne sich zu nichts aufraffen, er aber gern einmal wieder ins Theater gehen möchte, so kann er folgendermaßen vorgehen: Er besorgt sich eine Eintrittskarte, lässt sich aber die Freiheit, sie verfallen zu lassen. Am späten Nachmittag bereitet er sich vor, indem er duscht und sich passend anzieht, wiederum mit der Option, nicht loszugehen. Eine Stunde vor Beginn begibt er sich auf den Weg in die Stadt, schlendert zum Theater, immer mit der Möglichkeit, er könne auch darauf verzichten, aber er wird dann gewiss die Theaterkarte nutzen. Auch wenn er vorher noch gar keine Lust hatte, so kommt doch bekanntlich der Appetit beim Essen. Hinterher ist er gewiss froh, dass er das Konzert besucht hat.

Das »So tun, als ob« entpuppt sich bei näherem Hinsehen häufig als ein wahrer Kunstgriff. Mir ist es einmal gelungen, bei einer selbstunsicheren Frau mit dieser Vorgehensweise einen guten Erfolg zu erzielen. Ich fragte sie, was denn passieren würde, wenn sie mutig wäre? Sie sagt daraufhin mit klarer Stimme: »Ja! Dann würde ich mit meinem Chef sprechen, meinen nächsten Urlaub planen und buchen, mein Geld anders einteilen, regelmäßig joggen.« Der Kunstgriff besteht darin, dass wir uns davon entlasten, es unmittelbar zu tun, und gerade dann können wir es paradoxerweise.

Rekruten, die zum Militär eingezogen werden, sind am Anfang noch nicht eine Truppe. Aber aufgrund der in scharfem Ton erfolgenden Befehle tun sie so, als ob sie eine Truppe seien, und reagieren kollektiv und uniform. Nach einiger Zeit werden sie tatsächlich zu einer Truppe.

In einer zerstrittenen Familie mit Vater, Mutter und drei Kindern ist der Vater derjenige, der in der Kommunikation besonders destruktiv ist. Der Familientherapeut gibt dem Vater die Instruktion: »Seien Sie mal die nächsten fünf Minuten König Salomo. Sagen Sie Ihrer Familie mit Ihrer ganzen Weisheit als König Salomo, was hier eigentlich los ist!« Daraufhin macht der Vater eine blitzgescheite Analyse der ganzen Verstrickung, einschließlich seiner eigenen. In dem Amt, das ihm übergeben wird, als ob er Salomo sei, ändern sich Rolle und Perspektive und er kann eine bis dahin ihm selbst unbekannte Ressource nutzen. Der Vater hat eine Vorstellung von Salomos umfassender Weisheit und kann diese Fähigkeit in sich selbst aktualisieren.

Das Als-ob ermöglicht es uns also, in ungenutzte gedankliche Räume einzudringen und daraus Ressourcen zu entnehmen. Fritz Perls, der berühmte Gestalttherapeut, wurde einmal von einem Klienten gefragt: »Was soll ich denn nach der Therapie nur ohne dich machen, Fritz?« Da sagte Perls: »Setz' dir Fritz einfach auf die Schulter, dann kannst du ihn jederzeit fragen, was jetzt in deinem Leben dran ist. Dann wird Fritz dir alles Wichtige sagen!« (frei nach Perls, 1969, S. 119). Natürlich weiß der Klient nicht, was Perls sagen würde, aber er hat sich eine Vorstellung von Perls angeeignet, die ihn zumindest in Teilbereichen kompetent zur Selbstberatung macht. Oft berichten Menschen in der Selbstveränderung von Personen, an die sie denken, wenn sie in schwierigen Situationen sind, zweifeln oder eine Entscheidung zu treffen haben: Was würde jetzt mein Vater, meine Mutter, der kluge Kollege, der wohlwollende ehemalige Chef, Pfarrer, Lehrer oder Therapeut mir jetzt sagen?

Zeitreise

Eine Zeitreise ist eine in der Phantasie entwickelte Vorstellung, wie man in einer fernen Zukunft die jetzige Gegenwart beurteilen wird.

Eine 45-jährige Juristin, die über ihre extreme berufliche Belastung berichtet, brach bei ihrer eigenen Zeitreise plötzlich und überraschenderweise in Tränen aus und sagte: »Wenn ich so weiter mache wie bisher, dann werde ich keine 80, dann bin ich schon mit 50 tot!« Die heftig erlebten Gefühle und Erkenntnisse aus dieser Übung haben ihr sehr gut getan und sie dazu veranlasst, ihrem Leben einen anderen Schwerpunkt zu geben.

Bei allen Zeitreisen besteht der Kunstgriff in der Einführung des Als-ob. Dann steht plötzlich die Weisheit des 50-Jährigen schon dem 30-Jährigen zur Verfügung.

Einladung zu Selbstreflexion und Verhaltensänderung: Selbstüberlistung

1. Jeder Mensch greift ab und zu zu einer kleinen Selbstüberlistung, die ihm hilft. Bei welcher Selbstüberlistung haben Sie selbst schon einmal Erfolg gehabt?

   ....

2. Mit welcher Aufgabe kommen Sie gegenwärtig oder schon seit längerer Zeit nicht recht voran?

   ....

3. Welche kleine augenzwinkernde Selbstüberlistung kann Ihnen dabei helfen, die Sache wieder anzuschieben?

   ....

Selbstbelohnung

Die Selbstbelohnung ist eine besonders kluge Form der Selbst-überlistung. Wir könnten uns die Belohnung natürlich auch geben, ohne das gewünschte Verhalten zu zeigen, aber indem wir die Selbstbelohnung verknappen und sie nur auf das gewünschte Verhalten folgen lassen, schaffen wir uns einen besonderen Anreiz, dieses Verhalten zu üben.

Generell gilt: Wenn wir ein neues Verhalten praktizieren, das uns bisher schwergefallen ist, haben wir uns eine Belohnung verdient. Die sollen wir uns dann auch geben: ein kurzes Innehalten, ein freundliches Uns-selbst-Zunicken, nach langem Einsatz vielleicht ein Einkauf oder eine Reise. Neben diesen äußeren Verstärkern sind besonders wirksam die inneren Verstärker. Sie funktionieren so: Wenn ein Schritt zur Selbstveränderung gelungen ist, sollte man gleich einmal kurz innehalten und sich sagen: Das ist jetzt getan! Ja, so kann ich es machen! Das will ich jetzt weitermachen. Selbst kleinere Schritte sind zu würdigen: Das habe ich gut gemacht! Dann fahren wir ermutigt mit der Arbeit fort. Die Selbstbelohnung kostet in diesem Fall nur zwei Sekunden und stellt eine angenehme Selbstwürdigung dar. Auch Belohnungen durch angenehme Tätigkeiten können unseren Änderungsplan beflügeln.

Eine 28-jährige Biologin berichtet von einem Selbstbelohnungsprogramm, das sie für sich entwickelt hat. Sie hat nur noch vier Wochen Zeit für die Abgabe ihrer Diplomarbeit und weiß gar nicht, wie sie sich für das Schreiben ihrer Arbeit motivieren soll. Sie kauft sich schöne Wolle für einen Schal und fängt an, 30 Minuten lang an ihrer Arbeit zu schreiben. Dann wechselt sie den Platz im Raum und strickt 15 Minuten lang. In diesem Wechsel von Arbeit und Erholung, wobei sie die Schreibphasen immer länger ausdehnt, gelingt es ihr, die Arbeit termingerecht fertigzustellen. Die Technik der Selbstbelohnung erweitert sie im Laufe der Zeit auf andere Gebiete ihres Lebens.

In der amerikanischen Literatur heißt dieses Vorgehen »grandmother's rule«, also die Regel der Großmutter: »Erst die Arbeit, dann das Vergnügen!« Aber eine kleine Zwischenbelohnung dürfen wir uns erlauben, wenn sie uns nicht ablenkt und uns weder zu viel Zeit noch zu viel Geld kostet. Aber Achtung! Es gibt auch Fehlbelohnungen, zum Beispiel wenn Studenten sagen: »Jetzt habe ich schon den ganzen Tag nichts geschafft. Dann tröste ich mich wenigstens abends dafür mit einem Kinobesuch.« »Ich habe den ganzen Tag nicht geraucht, dafür kann ich mich jetzt am Abend mit einer Zigarette belohnen.« Besser macht es diese junge Frau:

Eine Studentin hat das Problem, nie rechtzeitig mit der Arbeit an Referaten zu beginnen. Nachdem sie aber einmal gute Fortschritte gemacht hat, fährt sie mitten in der Vorlesungszeit mit ihrem Freund in den Urlaub, ohne schlechtes Gewissen und ohne Bücher.

Wir stellen fest: Mittels Belohnung formen wir unser Verhalten, und zwar im Sinne der von uns gewünschten Richtung.

Ein Informatikprofessor berichtet über seine große Angst, mit dem Auto über hohe Brücken zu fahren. Er macht sich einen Plan. Nachdem es ihm doch dreimal ohne Panikattacke und Unfall gelungen ist, über eine Brücke zu fahren, belohnt er sich mit einer Reise an die Mosel, bei der er mit dem Auto linksrheinisch über viele hohe Brücken fahren muss. Er schafft es tatsächlich und legt sich jetzt die Messlatte sogar noch höher: »Jetzt probiere ich es auch noch bei Regen und im Dunkeln, über diese Brücken zu fahren! Die sollen sich doch nicht einbilden, dass sie mich noch weiter erschrecken können!«

Wenn man sich einen Plan aufstellt, ist es wichtig, dass er Spaß macht. Das Aufstellen des Plans soll eine motivierende und spielerische Herausforderung sein. Am besten geht man mit einer Portion Humor und einer Prise Gelassenheit an die Sache heran.

Einladung zu Selbstreflexion und Verhaltensänderung: Selbstbelohnung

1. Wie haben Sie sich bisher schon einmal eine eigene Tätigkeit versüßt und erleichtert?

....

2. Auf welche neue Aufgabe wollen Sie diese Praxis übertragen?

....

3. Welche neue Form der Selbstbelohnung fällt Ihnen jetzt spontan ein, die Sie bisher noch nicht praktiziert haben, die Ihnen aber verlockend erscheint?

....

4.5 Perspektivenwechsel

> Die Gedanken sind frei. (Schweizer Volkslied, 1810)
>
> Unser Kopf ist rund, damit das Denken die Richtung ändern kann. (Francis Picabia, Dadaist, 1910)

In diesem Kapitel geht es darum, die Selbstveränderung mittels unserer *Gedanken* und *Bewertungen* erfolgreich zu bewerkstelligen. Grundsätzlich gilt: Jede Veränderung benötigt einen Perspektivenwechsel. Das Schöne daran ist: Wir können die Perspektive unseres Denkens jederzeit wechseln, wenn wir es ein bisschen üben und für möglich halten. Wir können lernen, auf das eigene Denken Einfluss zu nehmen. Wir können lernen, die eigenen Gedanken so zu steuern, dass es uns besser geht. Wir können lernen, Gedanken aufzurufen oder sie auch abzuweisen. Sie führen gelegentlich ein Eigenleben, aber wir haben gewissermaßen einen Zugriff auf sie.

Es geht also bei der Verhaltensänderung auch darum, das Problem aus einer anderen Perspektive zu betrachten. Die systemische Therapie spricht von *Reframing*, also der Wahl eines anderen vorteilhafteren Bezugsrahmens. Die Logik dieses Vorgehens lässt sich mit Hilfe des Klassikers aus dem Jahr 1935, des »Neun-Punkte-Problems« aus der Denkpsychologie von Karl Duncker veranschaulichen: Neun Punkte der Abbildung sind durch vier gerade, zusammenhängende Linien zu verbinden, ohne dass ein Punkt übrig bleibt und ohne beim Zeichnen den verwendeten Stift vom Blatt abzuheben (Abbildung 10).

Abbildung 10: Neun-Punkte-Problem (nach Duncker, 1935)

Wenn jemand diese Aufgabe zu lösen versucht, mit der (unbegründeten) Annahme, die Lösung müsse innerhalb des durch die Punkte vorgegebenen Rahmens zu finden sein, wird er scheitern.

Es ist nötig, aus dem selbstgewählten Rahmen herauszutreten und ihn zu überschreiten. Dann ist die Lösung plötzlich einfach und klar (Abbildung 11).

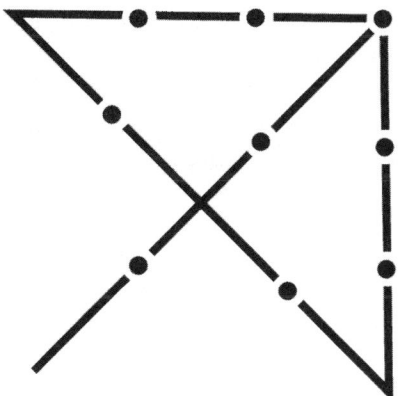

Abbildung 11: Lösung

Ein Ehepaar, sie Journalistin, er Arzt, beide Ende dreißig berichten: Sie wollen unbedingt auf einer der am weitesten von Deutschland entfernten Südsee-Insel leben und arbeiten, trauen sich aber jahrelang nicht, es tatsächlich zu tun. Die Frau berichtet wörtlich, dass lediglich die eigene starke Sperre im Kopf sie daran gehindert hat, es wirklich zu tun. Als sie das beide verblüfft erkennen, verwirklichen sie ihren Lebenstraum und gehen tatsächlich in die Südsee.

Mancher Perspektivenwechsel entwickelt sich langsam, aber es gibt auch die schnelle Variante. In Seminaren bitte ich manchmal die Teilnehmer, die fast alle dazu neigen, immer wieder denselben Platz im Raum einzunehmen, die Plätze zu tauschen. Durch diese kleine Veränderung entsteht eine neue Sichtweise. Sie sitzen jetzt woanders, haben andere Nachbarn, sehen andere Bilder im Raum, haben einen anderen Blick im Raum oder aus dem Fenster. Allein diese kleine Umstellung zieht einen Perspektivenwechsel und eine neue Sichtweise nach sich. Manchmal kommen wir dadurch zu neuen verblüffenden Gesprächsthemen und Ansichten.

Ein gelungener Perspektivenwechsel ist der Beweis für die eigene Fähigkeit, dass wir uns aus erstarrten Wahrnehmungs- und Denkmustern lösen können. Er äußert sich manchmal in Sätzen wie: Ich sehe die Sache jetzt mit anderen Augen und in einem anderen Licht!

Ein Perspektivenwechsel ist auch durch die Anwendung der *Skalierungsfrage* (s. S. 191f.) zu erreichen. Dort geht es zunächst noch nicht um den Anspruch, das Problem zu beheben. Vielmehr wird das Problem in ein Ziel verwandelt. Auf diese Art und Weise besteht die sofortige Gelegenheit, Ideen auf dem Weg zu diesem Ziel zu sammeln, sie auf ihre Realitätsnähe zu überprüfen und dann umzusetzen.

Von einem Perspektivenwechsel können wir auch dann sprechen, wenn wir einen ursprünglichen Änderungswunsch korrigieren oder nachbessern, in seinem Umfang variieren oder im Laufe der Selbstveränderung uns etwas ganz anderes vornehmen. Wie wir zeigen konnten, kommen wir mit der Methode des Perspektivenwechsels in allen Änderungsbereichen entscheidend weiter. Besonders wirksam ist die Methode bei Dingen, die gänzlich neu in Angriff genommen werden, und bei allen Entscheidungsprozessen.

Neubewertung

Ein Perspektivenwechsel liegt auch vor, wenn ich zu einer Neubewertung einer Situation komme.

Ein 49-jähriger erfolgreicher Geschäftsmann verlässt von heute auf morgen seine Familie. Im Vorfeld hat er für sich neu bewertet, dass er sich in einem 40 m²-City-Apartment freier und damit wesentlich wohler fühlt als in der Ehe mitsamt Haus und drei Autos. Den Luxus stellt er seiner verlassenen Ehefrau zur Verfügung. Die Neubewertung seiner persönlichen Situation, was er persönlich für attraktiver hält, führt also zu einer für ihn großen Selbstveränderung.

Eine Neubewertung liegt auch vor, wenn ich neben der fortbestehenden negativen auch eine positive Bewertung entdecke und auszuformulieren vermag. Wenn das eigene Kind nicht gehorcht und man sich als Elternteil darüber ärgert, kann der bisher nicht berücksichtigte positive Aspekt zum Beispiel lauten: Das Kind ringt um seine Eigenständigkeit.

Am günstigsten ist diese Neubewertung, wenn sie als *Ergänzungsimpuls* gehandhabt wird. Ungünstig ist es, wenn die Neubewertung versucht, die alte Bewertung völlig zum Schweigen zu bringen. Es lohnt sich bei vielen Dingen, insbesondere bei Widrigkeiten und Widerständen im Leben, auch nach positiven Aspekten dieser Situation zu suchen. Beim Verzicht auf das Rauchen kann eine Neubewertung zum Beispiel folgendermaßen vorgenommen werden: Ich genieße das Rauchen, aber Schritt für Schritt tritt der Gegenimpuls deutlicher hervor. Irgendwann kommt der Break-Even-Point: Die Ablehnung wird ein bisschen größer als der Genuss. Dann ist der Weg bis zum freiwillig gewählten Verzicht nicht mehr weit.

Viele Leute klagen darüber, dass Gott ihnen und anderen nicht helfe. Dabei übersehen sie, dass wir jeden Tag aus misslichen und gefährlichen Situationen gerettet werden und wie viel Glück wir dabei oft haben. Manchmal ändert sich die eigene Sichtweise auch ruckartig und plötzlich ist die neue Erkenntnis da. Oder jemand sagt: »Alles, was ich anpacke, geht schief!« Zur Neubewertung kommt es, wenn er sagt: »Nein! Diese Sache ist schiefgelaufen. Du kannst jetzt einen neuen Versuch starten!« Mit dieser neuen Sichtweise lockert man den bisherigen Tunnelblick. Für die Selbstveränderung ist eine Sichtweise günstig, die uns Handlungsoptionen eröffnet und Entwicklungen ermöglicht.

Abbildung 12

Abbildung 12 zeigt, wie der Tunnelblick uns hypnotisieren kann und uns die Entdeckung der naheliegenden Lösung verstellt.

Auflösung gedanklicher Unsitten

Manchmal hemmen festgefügte gedankliche Unsitten unsere Entwicklung.

Eine Frau unterstellt ihrem Mann oft rasch feindselige Motive. Wenn er zehn Minuten später von der Arbeit kommt, sagt sie: »Das kann doch nur bedeuten, dass du mich nicht mehr liebst! Sonst hättest du mich angerufen, dass du im Stau stehst.« Wenn er vom Einkaufen einen Liter Milch weniger mitgebracht hat, als sie es ihm aufgetragen hat, sagt sie: »Das kann doch nur bedeuten, dass dir unsere Beziehung egal ist!« Die Frau stellt zwischen dem Handeln des Ehemannes und ihrer gedanklichen Bewertung seines Handelns eine kurzschlüssige depressiv-anklagende Verbindung her. Dieses Deutungsmuster ist tief in ihrem Denken verankert. Letztlich richtet sich dieses negative Deutungsmuster aber gegen sie selbst.

Manche Patienten kommen in meine Praxis und sagen: »Ich habe eine Psychose!« Der Psychiater Weitbrecht (persönliche Mitteilung) antwortet solchen Patienten: »Irrtum, mein Lieber! Sie haben keine Psychose, sondern Sie haben viele Auffälligkeiten im Denken, Erleben, Handeln und in der Wortwahl. Und an denen wird zu arbeiten sein!« Die Etiketten *Neurose* und *Psychose* dienen manchen Patienten also hauptsächlich zur eigenen Bequemlichkeit. Manche Patienten kämpfen regelrecht um die Aufrechterhaltung einer Diagnose, in neuerer Zeit bevorzugt die Diagnose *Borderline-Störung*.

Einem meiner Patienten wurde eine frühere Borderline-Diagnose in einer Reha-Einrichtung nicht mehr bescheinigt. Jetzt verbringt er einen Großteil seiner Zeit damit, um diese Diagnose zu kämpfen, vermutlich wegen der nicht zu übersehenden Vorteile seines Krankheitsgewinns (Geld, Freizeit, Krankschreibung) und um sich nicht in einer Umschulung anstrengen zu müssen.

Die Psychologie spricht in solchen Fällen von *kognitiven Schemata*. Kognitive Schemata sind im Laufe der Jahre und Jahrzehnte erworbene verfestigte Sprech- und Denkstrukturen, die uns selbst oft gar nicht mehr bewusst sind. Sie sind oft starre und vor allem erfahrungsresistente Versuche, das Leben zu meistern. Sie verringern unsere Eigenwirksamkeit und unsere Wahlmöglichkeiten. Es ist günstig, sich von solchen einengenden Denkmustern zu befreien, weil sie ein eigenständiges Handeln wesentlich erschweren.

Einige Beispiele negativer Denkschemata sind:

- Da kann man nichts machen!
- Das ist eben so ein Gefühl, daran kann man doch nichts ändern!
- Ich bin halt so ein geselliger Typ, das Alleinsein liegt mir nicht!
- Ich habe schon alles versucht, abzunehmen, aber es klappt nicht!
- Das schaffe ich nie!

Solche Sätze sind in der Regel grobe Vereinfachungen. Sie entlasten uns zwar zunächst, nehmen uns aber gleichzeitig unsere Eigenwirksamkeit. Bei Süchtigen kann man diese kognitiven Muster besonders schön betrachten.

In einem Suchtseminar sagt ein Teilnehmer: »Ich war drei Jahre lang trocken. Da war ich bei Freunden auf einer Feier, da hatte ich plötzlich ein Weinglas in der Hand. Ich weiß nicht, wo das hergekommen ist!« Da sagt ein anderer Teilnehmer zu ihm: »Wie, ist das Glas irgendwie aus der Tischplatte herausgewachsen?« »Nee, das nicht!«, sagte der Teilnehmer.

Diese Denkschemata dienen der Reduktion von Komplexität, indem man sich irgendeinen Bereich des Lebens übersichtlich gestaltet. So kann man sich allerdings selbst um die eigenen Handlungsmöglichkeiten bringen. Eine Form der Lockerung und Lösung daraus ist die *Verabschiedung* dieses Musters aus dem eigenen Denken. Es ist auch möglich, das kognitive Muster zu relativieren, indem ich zum Beispiel einen passenden Ergänzungssatz zu dem starren Schema formuliere. Denken Sie an unser gerade genanntes Beispiel: »Ich habe eine Psychose.« Der passende Ergänzungssatz könnte heißen: »Ja, das stimmt, ich habe eine Psychose. Aber ich kann eine Menge dafür tun, dass es mir trotz Psychose gut geht!« *Erfahrungsoffenheit* und *Eigenwirksamkeit* sind die Kernstücke einer jeden Therapie. Im Gegensatz dazu bedeuten solche kognitiven Schemata ja, gewissermaßen aus der Vergangenheit und aus vergangenen Erfahrungen heraus und nicht in der Gegenwart zu leben. Selbst unsere seit der Kindheit im Laufe von Jahren und Jahrzehnten verfestigten und erstarrten Gedankenmuster und Denkstrukturen können wir ändern.

Neubenennung und Neuformulierung

Es ist eine erstaunliche Tatsache in der Selbstveränderung: Jede Wortwahl entscheidet mit darüber, welchen Handlungsspielraum wir haben. Manchmal ist allein schon die Änderung einer Bezeichnung in dieser Hinsicht ein hilfreicher Kunstgriff. Ich kann einer Sache oder einem Problem die Bedeutung verleihen, die ich für richtig und angemessen halte. Ich messe der Sache zu, wie wichtig oder für wie schwer und bedeutungsvoll ich sie halte. Wir können allein durch unsere Sprache Kleinigkeiten zu Katastrophen hochstilisieren.

Eine Mutter kommt entrüstet und gleichzeitig deprimiert zu mir in die Beratung und schildert: »Mein Sohn hat jetzt schon zweimal seine Hausaufgaben vergessen! Es ist eine absolute Katastrophe mit ihm!« Im Gespräch können wir uns darauf verständigen, dass dies eine *Ausnahme* ist und alle Kinder, übrigens auch alle Erwachsenen, Dinge vergessen. Die Untaten des Sohnes erscheinen jetzt in einem anderen Licht und stellen keinen Anlass zur ernsthaften Besorgnis mehr dar.

Die sprachliche Konstruktion eines Problems kann also demotivierend und vernichtend sein, sie kann aber auch konstruktiv und ermutigend sein.

Eine 40-jährige Kosmetikerin will fünf Kilo abnehmen und schildert dabei ihre anfängliche Vorstellung vor diesem Riesenpensum! Im Verlauf der Beschäftigung mit dem Thema kommt sie aber zu folgender Neueinschätzung: Fünf Kilo sind doch nicht die Welt! Gegenüber der anfänglichen Vorstellung: »Das ist ja ein Riesenpensum!« macht sie sich das Problem kleiner und damit ist es leichter angehbar. Es bedeutet eine Erleichterung im wahrsten Sinne des Wortes.

Manche Menschen ziehen zu Beginn einer Selbstveränderung eine geradezu vernichtende Bilanz ihres Lebens, die sich oft in Form von negativen Sätzen über sich selbst und die eigene Existenz zeigt. Wichtig ist es dann, in der Therapie zu besseren konstruktiveren Formulierungen über das eigene Leben zu kommen.

Ein 42-jähriger Elektroingenieur berichtet, dass seine Frau ihn wegen eines anderen Mannes verlassen habe und er durch einen Jobverlust jetzt auch noch sein Haus verliere. Außerdem wollen seine beiden geliebten 8- und 10-jährigen Kinder bei der Mama leben und nicht bei ihm. Er zieht als Bilanz seines Lebens: »Ich stehe vor den Trümmern meiner Existenz!« Als wir uns gleich in der ersten Sitzung darauf verständigen können, für sich selbst eine andere neue Sichtweise zu finden, kommen wir darauf: »Mein Leben ist eine Baustelle!« Dies ist immer noch derselbe Sachverhalt. Er wird immer noch von seiner Frau verlassen und verliert sein Haus, aber allein schon mit dem anderen Satz: »Mein Leben ist eine Baustelle!« wird eine Assoziation von Aufbau geschaffen. Dieser Satz hilft ihm in den nächsten Monaten, in den Zeiten zwischen unseren Sitzungen, sich genügend Zuversicht zu bewahren.

In der Neuro-Linguistischen Programmierung (NLP) nennt man diese Art von Interventionen *Reframing* (vgl. S. 152). »Frame« bedeutet wörtlich übersetzt Rahmen. Die Dinge werden also in einen neuen Bezugsrahmen verlegt und in eine andere Perspektive gebracht. Dies gelingt uns oft schon mit der Änderung der Bezeichnung oder der begrifflichen Neufassung eines Problems. Häufig haben wir einen engen starren Blickwinkel bei der Problemlösung. Da hilft es zuweilen, das Problem unter einem veränderten Aspekt zu betrachten. Man kann selbst versuchen, einen solchen neuen Bezugsrahmen zu finden, und kommt dabei manchmal zu einer verblüffenden oder auch ganz einfachen neuen Sichtweise.

Jemand aus einem Helferberuf leidet unter seiner übermäßigen Hilfsbereitschaft. Wenn er es umdeuten will, kann er sich sagen: »Ja, das ist ein besonderes Risiko im Helferberuf, aber dem steht auch gegenüber, dass ich sehr intensiv am Leben von Menschen teilnehme.« Der neue Bezugsrahmen leugnet nicht die Gefährdung, würdigt aber auch die guten Erfahrungen des Helfens.

Oft reichen schon einfache sprachliche Umformulierungen und Änderungen, um eine neue bessere Sicht eines Problems zu ermöglichen. Die systemische Therapie spricht von einem psychologischen *Thesaurus*, zu deutsch Schatz. Einige Beispiele einer günstigeren Sichtweise von problematischem Verhalten (Bamberger, 1999, S. 72):

- Statt *ängstlich*: Ich bin vorsichtig und beuge der Gefahr vor.
- Statt *empfindlich*: Ich habe feine Antennen und bin sensibel.
- Statt *aggressiv*: Ich bin dynamisch und habe Kraft.
- Statt *pessimistisch*: Ich bin vorausdenkend, weitsichtig und aus Erfahrung klug geworden.
- Statt *nachgiebig*: Ich bin verständnisvoll und sozial. Oft gibt der Klügere nach.
- Statt *ungeduldig*: Ich bin engagiert und kann mich für eine Sache begeistern.

- Statt *verschlossen*: Ich bin zurückhaltend und rede kein unnützes Zeug.
- Statt *stur*: Ich bin konsequent, gradlinig und berechenbar für andere.
- Statt *depressiv*: Ich nehme die Dinge ernst, bin eher still und mache mir über vieles Gedanken.
- Statt *langsam*: Ich nehme mir Zeit.
- Statt *lebensgierig*: Ich weiß, wie begrenzt meine Lebenszeit ist.

Dabei kommt es nicht darauf an, etwas schönzureden, wohl aber darauf, die konstruktive Seite der problematischen Eigenschaft zu würdigen. Auf diese Art und Weise lockern wir die Fixierung auf das Problem in Richtung eines konstruktiveren Umgangs mit dem Problem. Die ehemalige Schwachstelle ermöglicht uns jetzt eine Entwicklung.

Ein Elternpaar bezeichnet sein Kind als autistisch. Statt bei diesem Etikett und dieser Diagnose zu verharren, wird ihnen vorgeschlagen, in Zukunft mehr auf die Verhaltensauffälligkeiten, aber auch auf die verstehbaren Ausdrucksmöglichkeiten des Kindes zu achten.

Viele Perspektivenwechsel stellen Tröstungen dar, also Einladungen, sich mit der Symptomatik zu versöhnen. In Beratungsgesprächen leitet die Frage: »Wollen Sie das denn wirklich?« oft einen Perspektivenwechsel ein, weil der Betreffende durch diese Frage angeregt plötzlich entdeckt, dass das Erreichen dieses Ziels Nebenwirkungen haben würde, die er eigentlich nicht in Kauf nehmen möchte. Manche Menschen möchten auch gar nichts ändern, sondern nur ein wenig klagen und dabei ernst genommen werden.

Vorzüge und Risiken des positiven Denkens

Die folgenden Darstellungen beruhen in veränderter und erweiterter Form auf Fengler (2007). Wenn jemand mit Schlafstörungen zur Beratung kommt, ist es wenig sinnvoll, sie in etwas Positives umzudefinieren. Wohl aber kann der Hinweis hilfreich sein, dass die Schlafstörung auf eine Situation vermehrter Besorgnis hinweist, die es tatsächlich im Leben der Person geben mag. Damit finden wir einen Türöffner zu der Frage, was denn den Betreffenden in der Nacht umtreibt und besorgt macht.

Das in diesem Zusammenhang von Mitmenschen und manchmal auch von Therapeuten ins Spiel gebrachte *positive Denken* erscheint allerdings hin und wieder wie ein Griff in die Trickkiste. Es dient dem einen oder anderen Therapeuten eher der Leidensabwehr als der seelischen Klärung und Förderung ihrer Patienten.

Auch in der Chancen-Literatur entdecke ich Ähnliches. Alles ist eine Chance: Krebs als Chance, Herzinfarkt und AIDS als Chance, Trennung als Chance. Manchmal fühle ich mich provoziert, diese Titelserie sarkastisch weiter zu führen: Jobverlust als Chance, Überschuldung als Chance, Obdachlosigkeit als Chance, Verkehrsunfall als Chance, Portemonnaie- und Schlüsselbundverlieren als Chance und, damit wir nicht den Beziehungsaspekt und die Betroffenheit aus den Augen verlieren: Der Partner ist tot – das ist deine Chance! Je schlechter es uns geht, desto wohler sollen wir uns offensichtlich fühlen. Während wir von einem Pech und Unglück zum anderen wanken, wimmelt unser Leben nur so von Chancen. Besser kann es gar nicht kommen! Die Masche des positiven Denkens liefert mitunter Stoff für Kalauer:

In dem amerikanischen Film »Während du schliefst« mit Sandra Bullock wird in einer Szene bekannt, dass der schöne Held des Films seit einem Unfall nur noch einen Hoden hat. Alle Anwesenden schweigen betreten, als seine schöne Braut, während er im Koma liegt, davon berichtet. Aber eine an chronischem Optimismus leidende Tante platzt gleich dazwischen: »Ihr müsst das positiv sehen! Jetzt hat er doch viel mehr Platz in der Unterhose!«

Ähnlich ist es, wenn Helferinnen und Helfer alle Verantwortlichkeit für eine schwierige Situation dem Betroffenen allein zuweisen. Ein Beispiel.

In einer Beratung klagt eine Klientin über einen schikanösen Vorgesetzten und sagt zu ihrer Beraterin: »Mein Chef ist ein Arschloch!« Daraufhin sagt die Beraterin: »Wenn du ihn dir als Arschloch vorstellst und auch erwartest, dass er so handelt, machst du ihn zum Arschloch! Dann musst du dich auch nicht wundern, dass er sich so verhält wie ein Arschloch. Denk' ihn dir doch einfach als prima Kumpel!«

Diese Intervention geht natürlich nicht. Jeder Perspektivenwechsel muss suggestionsfrei, manipulationsfrei, glaubhaft und ehrlich für den Betreffenden sein. Aus jemandem, den ich für ein Arschloch halte, wird kein prima Kumpel. Die akzeptable Grenze des Strapazierbaren könnte sein: »Er ist vielleicht überfordert, auch er hat seine Geschichte und hat nicht die Freiheit, anders zu agieren, als er es tut.« Bei allem Verständnis und aller Toleranz für ihn handelt er doch rücksichtslos und nicht wie ein Freund. Im genannten Fall ist die Beraterin zweifach unehrlich. Erstens, dass sie der Klientin diese Sache überhaupt vorschlägt. Denn der Chef ist kein prima Kumpel. Zweitens, dass sie ihr einen Erfolg in Aussicht stellt, für den Fall, dass der Klientin diese Konstruktion gelingt. Aber den Erfolg dieser Maßnahme kann sie gar nicht vorhersehen und nicht als sicher eintretend behaupten.

In Cartoons werden solche Therapeutentricks zu Recht gern karikiert. Der Therapeut sagt zu der Ehefrau, die von ihrem Mann geschlagen wird: »Wissen Sie, im tiefsten Inneren ihres Mannes sind seine Schläge doch nur ein verzweifelten Schrei nach Hilfe!« Eine solche Umdeutung ist nicht völlig abwegig, aber es ist äußerst unpassend, auf diese Art und Weise der Frau die Möglichkeit zu Klage, Anklage oder Flucht zu versperren.

Ein Manager lebt sehr hochtourig: viel Arbeit, Extremsportler, Jäger, viel Alkohol. Er erleidet einen Schlaganfall. Es liegt mir auf der Zunge, ihm eine Sinndeutung anzubieten, zum Beispiel von der Art: »Was bedeutet dieser Schlaganfall für Sie? Was will er Sie lehren?« Dahinter steht aber doch die latente Aufforderung, er müsse oder solle diesen Schlaganfall positiv sehen. Ich habe ihm diese Frage nicht gestellt. Nach Beendigung der erfolgreichen Therapie sagt er mir: »Ich bin froh, dass Sie mir damals nicht die Frage nach dem Sinn meines Schlaganfalls gestellt haben. Das hätte ich damals zynisch und deprimierend empfunden.«

Steve de Shazer (1990) hat auf Versuche, das Leben schön zu reden, einmal in einem Aufsatz geantwortet: »Shit happens!« Es geht also nicht darum, das Unglück zu leugnen oder auszublenden, sondern es anzuschauen, aber dann hauptsächlich über Lösungen nachzudenken. Die Problem- oder Leidensseite kann man nicht aus der Therapie, der Selbsttherapie und der Selbstveränderung herausdrängen. Steve de Shazer unterscheidet in diesem Zusammenhang zwischen Beschränkungen und Problemen. *Beschränkungen* sind alle Sachverhalte, die gegenwärtig als unverrückbare Tatsachen bestehen: Wetter, Steuersatz, Bedingungen am Arbeitsmarkt, schwierige Verhältnisse in der Kindheit. Diese sind meist nicht zu beheben. Mit Beschränkungen muss jeder Mensch leben. Sie müssen auch nicht schöngeredet werden. *Probleme* sind demgegenüber Sachverhalte, auf die die Person Einfluss nehmen kann, und, oft häufiger als sie selbst denkt, auch schon Einfluss genommen hat. Das ganze Leben besteht aus einer Folge von Problemen, die man lösen kann, und einer Folge von Beschränkungen, die man akzeptieren muss.

Im Prinzip ist jede Erfahrung zunächst eine Gelegenheit zur Erfahrung. Das ist sicher noch nicht schöngeredet für jemanden, der wirklich sehr in der Gegenwart lebt. Carl R. Rogers hat es so ausgedrückt:»Die Tatsachen sind freundlich« (2000, S. 40).

Unser Fazit lautet: Positives Denken ist ein gutes Denkmuster, wenn es mit Augenmaß angewendet wird.

Einladung zu Selbstreflexion und Verhaltensänderung: Perspektivenwechsel

1. An welche Perspektivenwechsel erinnern Sie sich aus Ihrer Biografie?

    ....

2. Welchen Perspektivenwechsel hat Ihnen in den letzten Jahren einmal eine Ihnen nahestehende Person nahegelegt oder empfohlen?

    ....

3. Welcher Perspektivenwechsel ist in Ihrem Leben jetzt angemessen und fällig?

    ....

4.6 Setzen Sie neue Akzente!

In diesem Kapitel geht es darum, Möglichkeiten zu finden, wie wir bei der Gestaltung unserer Umgebung Akzente setzen können, die uns bei der Selbstveränderung behilflich sein werden.

Mit Umgebung sind die *äußeren Bedingungen* gemeint. Näher betrachtet besteht das persönliche Umfeld aus dem Land, Ort, Ortsteil, der Wohnung mit Schlafzimmer, Esszimmer, Wohnzimmer samt Einrichtung und Möblierung, aus unserem Arbeitsumfeld, also Arbeitsort und Arbeitsplatz, zum Beispiel Büro, Produktionshalle, Baustelle, Geschäft, Schule oder Universität, und der Freizeitumgebung, zum Beispiel Natur, Fitness-Studio, Tennishalle, Verein, Kirche, Restaurant, Kneipe oder Diskothek. Natürlich gehören die uns umgebenden Personen, Partner, Familie, Freunde und Kollegen, auch zum persönlichen Umfeld. Wie wir sehen, haben wir viele persönliche Umgebungen. Die Gestaltung der eigenen Umgebung ist deshalb eine menschliche Daueraufgabe und bedeutet die immer wiederkehrende Herstellung *seelischer Ökologie.*

Wir wollen jetzt die gesamte Umgebung in unsere Überlegungen einbeziehen. Wir kontrollieren *Reize* der Außenwelt und schaffen uns ein günstiges Umfeld für die Selbstveränderung. Ungünstiges wird derart umgestaltet, dass es günstig wird für die angestrebte Veränderung. Die Kontrolle der Reize bezieht sich auf unser gesamtes Umfeld, auf die Menschen, mit denen wir umgehen, die Orte, an denen wir leben und arbeiten. Die Botschaft lautet: Alle Reize, die nicht auf die gegenwärtige Tätigkeit fokussieren, sondern der gegenwärtigen Tätigkeit entgegenstehen, sollte ich aus jeder Situation eines Handelns nach Möglichkeit entfernen. Dorthin kommen wir durch die Variation von *Reizbedingungen* oder durch Entlastung von Reizbedingungen, die vom gegenwärtigen Geschehen ablenken.

Im Alltag kann das schon durch einfache Maßnahmen passieren, wie die Variation der Lichtquelle, das Anmachen der Heizung oder bequemes Schuhwerk beim Gehen und Laufen. Bei ehemaligen Rauchern bedeutet eine gute Umgebungsgestaltung den Verzicht von Utensilien wie Aschenbecher, Feuerzeug und Zigaretten. – Auch im Kinderzimmer gilt die Frage: Aufgeräumt oder unaufgeräumt? Das kleine Kind lernt vom Modell der Eltern. In der Kindertherapie kommt das Kind in ein aufgeräumtes Zimmer, es findet jedes Spielzeug an seinem Platz. Die Gestaltpsychologie benutzt den Begriff vom *Aufforderungscharakter* der Situation. Wir können die Situation so gestalten, dass sie uns gewissermaßen auffordert, das zu tun, was wir anstreben. Das gilt natürlich auch für Schreibtisch, Therapieraum, Sitzung und Veranstaltung.

Managementtrainer gehen in Sitzungen und Workshops oft mit gutem Beispiel voran: Sitzordnung, Flipchart, Medien, Metaplan-Technik, alles ist an seinem Platz. Zwischendurch wird aufgeräumt, um der Unordnung des Raumes entgegenzuwirken. So ist gutes konzentriertes Arbeiten in Gruppe und Team möglich.

Umgebungsgestaltung heißt also nicht, nur einmal eine kluge Ordnung zu arrangieren, sondern immer wieder für das Weiterbestehen einer ansprechenden Umgebung zu sorgen. Der Gedanke einer optimalen Umgebungsgestaltung stammt aus Überlegungen des Taylorismus aus den 1920er und 1930er Jahren des letzten Jahrhunderts. Es geht dabei um die optimale Gestaltung von Mensch-Maschine-Systemen mit der Frage: Wie kann die Maschine mit Hebeln und Schaltern, der Zulieferung von Material, griffbereiten Werkzeugen wie Schraubenzieher und Schweißgerät so gestaltet werden, dass es der Person, die die Maschine bedient, leicht fällt, die Arbeitsabläufe zu vollziehen und rasch ein gutes Produkt herstellen. Diese Mensch-Maschinen-Systeme sind mittlerweile sehr hoch entwickelt.

Ein anderes Beispiel ist die liebevolle Gestaltung von Räumen. In Waldorfschulen gibt es schöne Räume, mit milden Farben und gerundeten Ecken im Gegensatz zu der üblichen hässlichen Funktionsarchitektur in den Städten. Verräterisch ist auch die sogenannte »Mehrzweckhalle« im Dorf. In ihr kann man alles machen, aber sie ist auch für jeden Zweck in gleicher Weise hässlich.

Einladung zu Selbstreflexion und Verhaltensänderung: Umgebungsgestaltung

1. In welchem Bereich von Wohnung, Arbeitsplatz, Hobbyraum, Sitzecke ist bei Ihnen eine Umgestaltung fällig?

   ....

2. Wann werden Sie sie vornehmen?

   ....

3. Wie viel Zeit planen Sie dafür ein?

   ....

4. Woran werden Sie am Ende merken, dass Ihnen die Umfeldgestaltung gelungen ist?

   ....

Ortswechsel

Auch der Ortswechsel ist eine Form der Umgebungsgestaltung. Der tatsächliche reale Ortswechsel hat oft eine bemerkenswerte gute Wirkung. Dafür gibt es viele Beispiele und Belege.

Eine 20-jährige Studentin schildert, dass sie nach dem Abitur für ein halbes Jahr nach Australien gegangen ist, um ihre Ängstlichkeit zu bekämpfen. Sie lernt die Sprache und arbeitet in einer Arztpraxis. Als sie zurückkehrt, hat sie die meisten ihrer Ängste verloren und ist sehr viel mutiger geworden.

Auch bei Verhaltensweisen, die uns sehr schwer fallen, können wir Bedingungen herstellen und variieren, die das erwünschte Verhalten erleichtern und ermöglichen. Studenten, die sich nicht trauen, ihre Prüfung zu machen, obwohl sie es schaffen würden, rate ich als erste Maßnahme, zum Prüfungsamt zu spazieren und dort den Schaukasten mit den Terminen zu lesen. Wer am Schreibtisch abgelenkt ist, sollte wenige Minuten aufstehen, zum Regal gehen oder in einen anderen Raum, kurz frische Luft schnappen und dann zum Schreibtisch zurückkehren. – Wenn das Arbeiten in einem Raum nicht günstig ist, dann sollte man nicht an diesem Raum haften. Studenten haben diesbezüglich größere Freiheiten als Menschen im Arbeitsleben; sie können ihren Laptop zum Beispiel in den Park mitnehmen, in die Bibliothek oder nach Hause, im Seminar oder bei der Freundin arbeiten, bis sie den geeigneten Ort finden, an dem viele günstige Bedingungen zusammenkommen.

Neben dem Schaffen von guten Umfeldbedingungen und dem Aufsuchen von guten Orten hat der Ortswechsel auch oft damit zu tun, sich einer schädlichen Situation oder einer Versuchung erst gar nicht auszusetzen. Süchtige sollen das Milieu meiden, in dem sie wieder auf ihre alten Kumpane treffen, und stattdessen Orte aufsuchen, an denen sie in ihrer Abstinenzentscheidung bestärkt werden, indem sie zum Beispiel zur Selbsthilfegruppe gehen, mit ihrem Sponsor telefonieren, sich einer Psychotherapie unterziehen oder Sport treiben. Drogenabhängige sollen die Szene meiden, die entsprechenden Clubs und Diskotheken, die Umschlagplätze in der Stadt und den Kontakt mit dem Dealer.

Es ist oft vorteilhaft, Streitsituationen zu verlassen, um die Unterbrechung des Streites und die konstruktive Neubegegnung mit dem Streitpartner zu ermöglichen. Vom neuen Ort geht dann eine neue, hoffentlich konstruktive Dynamik aus. So kann es von Vorteil sein, bei einem Spaziergang im Wald zu streiten. Sonst besteht die Gefahr, dass der Streit überall atmosphärisch haften bleibt, zum Beispiel im Bett. Das Bett sollte geschützt und nur mit den schönen Erlebnissen von Intimität, Schlaf und Erholung verbunden sein.

Zeit: Ein knappes kostbares Gut

Eine besonders wichtige Form der Lebensgestaltung und Lebensumgestaltung ist der Umgang mit der eigenen Zeit. Die Grundstimmung vieler Menschen ist heute geprägt von Begriffen wie Hetze, Zeitdruck und Zeitverdichtung. Viele habe das Gefühl, keine Zeit zu haben oder ihre Zeit nicht sinnvoll einzuteilen. Deswegen ist es wichtig, einen kompetenten Umgang mit der eigenen Zeit zu entwickeln und Zeit für wichtige Tätigkeiten zu gewinnen. Eine Facette des Umgangs mit Zeit ist die *Unpünktlichkeit*. Unpünktlichkeit ist nicht angeboren und nicht ererbt. Pünktlichkeit kann man lernen!

Ein Beispiel: Wenn man einem Menschen, der immer zu spät kommt, 100.000 Euro für einen Termin früh am Morgen um 6.30 Uhr gäbe, wäre er gewiss pünktlich. Pünktlichkeit gelingt auch beim ersten Rendezvous, bei der eigenen Hochzeit und beim Abflug in die Ferien. Menschen, die zu spät kommen, haben oft nur schlecht geplant. Zehn Minuten vor der Verabredung glauben sie, noch zehn Dinge erledigen zu können. Doch was ist, wenn dann etwas dazwischen kommt? Der Zeitplan gerät ins Wanken. Das Zuspätkommen ist vorprogrammiert.

Menschen, die Mühe mit dem Pünktlichsein haben, können folgende goldene Regel des Zeitmanagements beachten: »Alles dauert doppelt so lange, wie man denkt!« Unpünktlichkeit hat oft fatale Folgen. Wenn im Beruf ein Meeting erst anfängt, nachdem alle eingetroffen sind, lernen die Pünktlichen, dass es sich nicht lohnt, pünktlich zu sein; die Unpünktlichen hingegen erkennen, dass es nicht schadet, zu spät zu kommen. Beides ist nachteilig für Arbeit und Zusammenarbeit. Eine einfache Maßnahme, die oft zur Pünktlichkeit verhilft, besteht darin, in den Tagesplan ausreichend Pufferzeiten einzuplanen.

Ein unter chronischer Unpünktlichkeit leidender Versicherungsangestellter hat es sich zur Gewohnheit gemacht, seine Uhr um zehn Minuten vorzustellen. Auf diese Art und Weise kommt er fast zu jedem Termin pünktlich.

Pünktlichkeit hat mit Höflichkeit und Respekt zu tun und mit der Wertschätzung des anderen Menschen. Wer dauernd zu spät kommt, stellt seine Belange über die der Mitmenschen. In einer Redensart heißt es: Pünktlichkeit ist die Höflichkeit der Könige – das heißt, in der Pünktlichkeit drückt noch die statushöchste Person ihre Würdigung der anderen Person aus. Natürlich kann die Pünktlichkeit auch zu einer starren Attitüde und zu einer Qual werden.

Eine sehr zu Genauigkeit und geradezu zu Pedanterie neigende Beamtin leidet darunter, dass sie privat und dienstlich ständig die Zeit kontrolliert, indem sie im Abstand von wenigen Minuten auf ihre Armbanduhr schaut. Sie hilft sich zunächst im Privatbereich. Wenn Besuch zu ihr nach Hause kommt, legt sie ganz bewusst vorher ihre Uhr ab. Wenn sie in ein Restaurant geht, lässt sie ihre Armbanduhr zu Hause. So gelingt es ihr, ihr drängendes Bedürfnis, ständig auf die Uhr zu schauen, zunächst im privaten und später auch im dienstlichen Bereich zu lockern.

Ziel aller Bemühungen sollte der persönliche *Zeitwohlstand* sein, also das Gefühl, Zeit zu haben, und nicht, keine Zeit zu haben. Die günstige Zeitstrukturierung fängt am Morgen an. Wir brauchen eine Tagesstruktur, die uns konzentriertes ablenkungsfreies Arbeiten und auch Zeiten der Entspannung nach der Anspannung ermöglicht. Es fängt damit an, dass ich stressfrei zum Büro und zur Arbeit fahre und auch stressfrei wieder nach Hause zurückkehre. Oft reicht es schon, nur zehn Minuten früher zum Termin loszufahren, als man gewöhnlich für die Fahrtstrecke benötigt, um stressfrei anzukommen.

Im Arbeitsleben ist schon allein durch das Setzen von *Prioritäten* ein umfangreicher *Zeitgewinn* zu erzielen. Die anfallende Arbeit wird dadurch zwar nicht weniger. Aber wir gewinnen Spielräume, weil wir uns an erster Stelle um das Wichtige gekümmert haben. Das Prinzip Ihrer Prioritätensetzung soll sein: Erledigen Sie das Wichtige vor dem Dringenden! Das fällt nicht immer leicht:

- Alles ist irgendwie dringend.
- Es gibt immer eine Vielzahl von Kleinigkeiten, die dringend sind und abgearbeitet werden müssen.

- Man kann sich in diesen Kleinigkeiten verzetteln und verlieren.
- Am Ende wird man aufgefressen von der täglichen operativen Hektik.

Als Psychotherapeut hat man beispielsweise *viele dringende Dinge* zu erledigen: telefonische Sprechzeiten, Termine vereinbaren, Korrespondenz mit Ärzten und Institutionen, kurzfristige Kriseninterventionen, fristgerechte Gutachten schreiben, E-Mails beantworten, Abrechnungen machen und vieles andere mehr. Wenn ich diesen dringenden Dingen immer sofort nachgegeben hätte, wäre dieses Buch nicht entstanden. Das Buch hatte für mich hohe Priorität. Also habe ich mir an jedem Wochentag zwei bis drei Stunden für das Schreiben des Buches freigehalten. Für diese Zeit habe ich alle anderen Tätigkeiten, auch die dringenden, von mir ferngehalten.

Beim Prioritätensetzen hilft eine einfach Dreiteilung der Aufgaben. A-Priorität haben Aufgaben, die sehr wichtig, termingebunden und nicht verschiebbar sind. B-Priorität haben Aufgaben, die wichtig, aber nicht termingebunden sind. Sie sind verschiebbar. C-Priorität haben Aufgaben, die nicht wichtig und nicht termingebunden sind.

Alle Aufgaben, die sich nicht A, B oder C zuordnen lassen, gehören in den Papierkorb. Bei näherem Hinsehen erweisen sich auch manche Dinge als dringlich, die nicht unmittelbar wichtig sind. Aber wir können sie andererseits auch nicht liegen lassen, sondern sollten ihnen täglich oder einmal in der Woche ein kleines Zeitkontingent zur Verfügung stellen. Es ist hilfreich, gleiche Aufgaben in sinnvollen Arbeitsblöcken zu erledigen. Das bündelt Energie und spart Zeit. Besonders wichtig ist es, sich täglich eine stille Stunde zu verschaffen, in der wir ungestört wichtige Dinge tun können. Es kann auch gern mehr als eine Stunde sein, aber bitte nicht weniger. – Aufgaben, die weniger als fünf Minuten dauern, soll man sofort erledigen. Das schafft freien Platz auf der Arbeitsfläche. Das ist das Gegenteil von der berüchtigten, aber auch verbreiteten sogenannten »Aufschieberitis«. Dieser können wir mit dem Vorsatz (und der Praxis!), kein Schriftstück zweimal in die Hand zu nehmen, begegnen. Zur Verwirklichung einer guten Life-Work-Balance trägt eine gute Zeitplanung wesentlich bei.

Bei der Tages-, Wochen- und Monatsplanung empfiehlt es sich, in drei Schritten zu arbeiten.

1. Eine systematische Planung sollte schriftlich erfolgen und nicht Romanlänge erreichen. Wenn wir so planen, ersparen wir uns eine Menge an Kopfzerbrechen und Kraftaufwand während der tatsächlichen Arbeit. Vorteil der schriftlichen Planung ist der Überblick über die Aufgaben, Gedächtnisentlastung und Selbstmotivation, indem man die Aufgaben abhakbar macht. So kann man sich voll auf den Inhalt der Aufgabe konzentrieren.

2. Die Zeitplanung soll die *60-zu-40-Regel* beherzigen. Es ist also vorteilhaft, nur etwa 60 Prozent der Arbeitszeit zu verplanen, während die übrigen 40 Prozent als Zeitpuffer für unerwartete und unvorhersehbare, plötzlich anfallende Aufgaben frei bleiben. Eine hundertprozentige Verplanung des Zeitetats führt unweigerlich zu Stress, Hetze und Termindruck.

3. Langfristige Planung erleichtert es, Prioritäten zu setzen und weniger Zentrales zurückzustellen oder auf es zu verzichten.

Einladung zu Selbstreflexion und Verhaltensänderung: Zeitmanagement

1. In welchem Moment des Tages spüren Sie schmerzhaft, dass ein Teil Ihrer Aufgaben liegen bleibt?

   ....

2. Welche Pufferzeiten können Sie ab heute in den Tagesablauf einbauen?

   ....

3. Fangen Sie schon heute damit an?

   ☐ Ja   ☐ Nein

4. Womit fangen Sie genau an, falls Sie mit Ja geantwortet haben?

   ....

4.7 Gefühlsmanagement: Ist das möglich?

Das Schwierigste im Leben ist es, Herz und Kopf dazu zu bringen, zusammenzuarbeiten. In meinem Fall verkehren sie noch nicht mal auf freundschaftlicher Ebene. (Woody Allen, Verbrechen und andere Kleinigkeiten)

Viele Menschen berichten davon, dass sie Einfluss auf ihre Gefühle haben – eine kühne Behauptung, die natürlich auf Widerspruch stößt:

- Meine Gefühle, die sind einfach so, da kann man nichts machen!
- Vom Kopf her habe ich das alles schon verstanden, aber der Bauch spielt nicht mit!
- Ich kann doch nichts für meine Gefühle!

Dies ist die Position von Charles Bronson in dem Filmklassiker »Ein Mann sieht rot«. Er muss sich einfach rächen. Psychologisch betrachtet ist dies natürlich nicht richtig. Denn wir haben zumindest partiell die Fähigkeit zur Gestaltung und Selbstkontrolle unserer Gefühle.

Eine junge Klinikärztin leidet darunter, dass sie ihre negativen Gefühle wie Ärger und Wut nicht äußern kann. Sie nimmt sich vor, ab und zu einen Versuch zu starten, ihre Gefühle anderen Menschen tatsächlich auch zu zeigen, statt wie bisher in ihrem Leben immer einfach alles kommentarlos herunterzuschlucken. Sie schreibt dazu in ihr Tagebuch: »In einem Streit mit meinem Freund habe ich mehr von meiner Wut preisgegeben, als ich es unter normalen Bedingungen getan hätte. Meine Stresstoleranz hat sich gesenkt. Positiv? Ich denke schon. Der Streit wurde konstruktiv zu Ende geführt und ich habe mich anschließend viel besser gefühlt« (Stroß, 2001).

Gemeinhin werden einige Gefühle als positiv, angenehm und gut, andere als negativ, unangenehm und schlecht angesehen. *Positive Gefühle* sind demnach zum Beispiel Liebe, Freude, das Gefühl der Zugehörigkeit und Nähe, Zufriedenheit, Glück, Heiterkeit, Frohsinn, Wohlbefinden, Lust, Mut und Kühnheit. *Negative Gefühle* sind Angst, Traurigkeit, Einsamkeit, Unlust, Schmerz, Neid, Missgunst, Jähzorn und Aggressivität.

Sowohl positive als auch negative Gefühle sind allen Menschen bekannt. Die als negativ bezeichneten Gefühle sind aber nicht nur negativ. Sie sind zwar oft unangenehm und mit Unlust verbunden, enthalten aber oft wichtige Informationen und haben damit eine

Hinweisfunktion, in welche Richtung es besser gehen soll in meinem Leben. Insofern sind diese Gefühle nicht negativ. Vielmehr wird der Umgang mit ihnen nur dann negativ sein, wenn ich mich allzu sehr von ihnen vereinnahmen lasse und dabei gewissermaßen in ihnen verloren gehe. – Grundsätzlich ist es gut, wenn ich mir klarmache, dass außer mir selbst kein anderer für meine Stimmungen und Gefühle verantwortlich ist, also dafür, dass ich wütend und aggressiv, ich unzufrieden, ängstlich und traurig bin. Denn es ist ja meine Wut, mein Ärger, meine Angst, meine traurige Stimmung und meine Unzufriedenheit. Daran kann nur ich etwas ändern.

Eine junge Buchhändlerin, die sehr darunter leidet, was andere Leute, ihre Familie, Kolleginnen und Kunden von ihr denken und reden, möchte das ändern. Sie nimmt sich vor, die Meinungen ihrer Kollegen und Familienangehörigen nicht mehr so ernst zu nehmen und übt sich sogar darin, manchmal über sie zu lachen. Sie übt dieses neue Verhalten systematisch und wird dadurch sogar offener statt stiller und zurückhaltender, wie sie anfänglich befürchtete. Sie selbst bemerkt ihren Erfolg allerdings zunächst nur indirekt. Im Laufe der Zeit trifft sie aber immer wieder frühere Bekannte, die ihr spontan und verwundert sagen, wie stark sie sich von ihrer alten Empfindlichkeit und Kränkbarkeit gelöst habe.

Etwa jeder zehnte Mensch kann keine Gefühle wie beispielsweise Glück oder Trauer empfinden. In der Psychologie wird dieses Phänomen als *Alexithymie* bezeichnet (aus dem Griechischen: a = nicht; lexis = das Lesen, die Rede; thymos = das Gefühl, die Stimmung). Wörtlich übersetzt bedeutet es also das Nicht-lesen-Können von Gefühlen. Man spricht von der *Gefühlsblindheit*. Dies ist die verminderte Fähigkeit, Gefühle wahrzunehmen, zu benennen und zu unterscheiden. Gegen diese Störung lässt sich etwas unternehmen. Man kann selbst oder auch mit professioneller Hilfe lernen, wieder mehr zu empfinden. Menschen mit Alexithymie reagieren auf Probleme, Belastungen oder Stress oft mit körperlichen Symptomen statt mit Gefühlen. Sie leiden dann beispielsweise unter Schwindel, anstatt wütend zu sein, oder haben Bauchschmerzen, wo andere Menschen das Gefühl der Angst erleben, oder leiden unter Kopfschmerzen anstelle von Ärger. Oft ist die mehr oder minder große Gefühlsblindheit ein über lange Jahre gewachsener Schutzpanzer, mit dem sich ein Mensch unbewusst vor weiterer Verletzung seiner Gefühle schützt.

Die Vermutung einer Gefühlsblindheit ist manchmal hilfreich

für Menschen, die selbst ahnen, dass ihre Beurteilung von Erlebnissen oft blass, flach oder unbestimmt ausfällt. An dieser Stelle möchte ich gern noch einmal ausdrücklich auf unsere erste Methode *Selbstbeobachtung* verweisen (vgl. S. 96f.). Wer gelernt hat, seine Gefühle wahrzunehmen, für den gibt es keine negativen und schlechten Emotionen mehr. Immer haben diese Gefühle einen Wert und Sinn sowie einen Hinweis- und Signalcharakter. Dabei ist es nützlich, eine gelassene Grundeinstellung einzunehmen. Das bedeutet, guten Kontakt zu sich selbst und zur Umgebung zu haben, ohne emotional zu sehr verstrickt und verwickelt zu sein. Auf dem Weg dahin ist Selbsterkenntnis ein wichtiger Schritt: Warum reagiere ich in dieser Situation so?

Wir sollten unsere Gefühle wahrnehmen, achten und würdigen, aber auch lernen, sie zu verändern. Wir können lernen, Gefühle besser wahrzunehmen und zuzulassen; wir können sie akzeptieren und verstärken, lockern und uns auch von ihnen lösen und befreien. Bei der Veränderung von Gefühlen lohnt es sich oft, in die entgegengesetzte Richtung zu schauen: Die Komödie ist ohne die Tragödie nicht denkbar.

Gefühle lassen sich beeinflussen, indem man sich den *Ergänzungsimpuls* oder *Gegenimpuls* vergegenwärtigt, ihn zulässt oder ihn sich willentlich selbst erzeugt. Aber es gibt noch viele weitere Möglichkeiten, die eigenen Gefühle zu beeinflussen. Man kann bestehende Gefühle in eine neue gewünschte Richtung lenken. Ich werde dies an Beispielen aufzeigen.

1. *Ersetzung eines Gefühls durch ein anderes.* An die Stelle des einen Gefühls wird ein anderes angenehmeres gesetzt. Wenn ich eine schlechte Stimmung erlebe, reicht es manchmal schon, sich einen lustigen Film anzusehen. Auch durch Musik können wir unsere Gefühle gezielt beeinflussen. Musik ist ein sehr emotionales und unmittelbares Medium zur Stimmungsbeeinflussung. Indem wir eine bestimmte Melodie oder ein bestimmtes Musikstück hören oder selbst musizieren, können wir in uns eine bestimmte Stimmung erzeugen. Musik bewegt uns Menschen nicht nur innerlich, sondern auch äußerlich.

Die eifersüchtige Ehefrau wird, indem sie an ihre Liebe zu ihrem Mann denkt, von ihrer Eifersucht frei. Sie sagt sich: »Ich bin eine attraktive Frau und erinnere mich an die Zeiten, in denen unsere Liebe groß war. Ich kann mich auf meinen Mann verlassen.« Mit dieser Vertrauensansprache verschwindet ein großer Teil ihrer Sorgen.

Viele belastende Gefühle wie Angst, Scham, Geiz, Gier, Missgunst, Habgier, Neid, Ärger, Aggression, Jähzorn, Hass und Traurigkeit lassen sich lockern. Mit der Zeit kann man sich teilweise von ihnen lösen oder sie auf ein erträgliches Maß reduzieren.

Ein 30-jähriger Dachdecker beschließt, dass ihm ab jetzt nichts mehr peinlich sein soll im Leben. Es ist eine Entscheidung gegen seine übergroßen Schamgefühle. Es gelingt ihm, seine Peinlichkeitsbereitschaft und Scham auf ein gesundes Maß zu reduzieren, indem er sich in entsprechenden Situationen klarmacht:»Deine Scham ist völlig unangebracht und überzogen. Bleib ruhig. Du bist in Ordnung, so wie du bist.« Er ersetzt die Scham durch innere Ruhe und Selbstbejahung.

2. *Einführung zusätzlicher Gesichtpunkte.* Durch das Einführen eines zusätzlichen Gesichtspunktes kann sich ein Gefühl verändern.

Ein Vermessungstechniker berichtet, dass er lange Zeit getrauert und sich große Vorwürfe gemacht habe, seine geliebte Mutter nicht noch einmal kurz vor ihrem Tod besucht zu haben, weil er an diesem Tag einen wichtigen beruflichen Termin wahrgenommen hatte, statt sie zu besuchen. Er findet schließlich einen besseren Umgang mit seinen Gefühlen. Jedes Mal, wenn Trauer und Bedauern sich wieder melden, sagt er sich als Hilfe:»Das letzte Gespräch mit der Mutter hat eine solche Vorfreude bei uns beiden auf die bevorstehende Familienfeier hinterlassen, dass wir uns an diesem Tag froh verabschiedet haben.« Dieser zusätzliche Gesichtspunkt hilft ihm, mit seiner Trauer besser umzugehen.

Manche Menschen fügen über längere Zeit hinweg sogar mehrere verschiedene Gesichtspunkte in die ursprüngliche Beurteilung des Sachverhalts ein.

3. *Vergleich mit dem Leid anderer.* Der Vergleich mit dem Leid anderer Menschen kann das eigene Gefühl verändern.

Eine 28-jährige depressive Managerin berichtet, dass es ihr nach einer Thailand-Reise wesentlich besser gehe. Sie habe dort viele junge hübsche Prostituierte mit ihren zum Teil unappetitlichen Freiern gesehen. Darauf sagt sie sich ganz spontan:»Wie gut geht es dir eigentlich!«

Der Vergleich mit dem Leid anderer kann manchmal zu überraschenden Gefühlsänderungen führen. Aber der Betreffende muss den Vergleich selbst vornehmen. Bietet man ihm den

Vergleich von außen an, um eine Relativierung des Schmerzes zu erreichen, so entsteht leicht der Eindruck mangelnder Empathie. Durch den Vergleich mit anderen, denen es schlechter geht, besteht jetzt die Möglichkeit der Neubewertung. Eine Redensart lautet: Menschen, die allzu sehr darüber klagen, dass sie zu wenig schöne Schuhe haben, wird manchmal etwas klar, wenn sie jemanden sehen, der keine Beine hat.

4. *Der Verzicht auf ein Gefühl.* Oft trägt zu einer Lockerung blockierter Gefühle der Verzicht bei. Bei manchen Gefühlen ist es gut, auf sie verzichten zu können. Durch das Zurücktreten vom eigenen Anspruch kann man Ballast abwerfen. Ein Beispiel sind Leute, die sich darüber ärgern, dass sie im Urlaub ausnahmsweise einmal nicht an ihrem Lieblingstisch sitzen dürfen.

Wenn man von einem eigenen Anspruch zurücktreten kann, bringt dies oft ein Erlebnis von Freiheit mit sich. Oft stellen sich dann Gelassenheit und Zufriedenheit ein. Das Zurücktreten vom eigenen Anspruch bringt oft eine Entlastung mit sich. Auch bei großen Gefühlen kommen wir durch Verzicht weiter: »Ich muss nicht von allen geliebt werden. Ich muss nicht auf allen Gebieten der Beste sein. Ich muss nicht auf allen Hochzeiten tanzen. Ich muss nicht perfekt sein.«

Ein 21-jähriger Sportstudent ist über mehrere Monate in eine hübsche Kommilitonin verliebt und macht ihr immer wieder Avancen, um bei ihr zu landen. Sie flirtet mit ihm und hält ihn gewissermaßen an der langen Leine, bis klar wird, dass sie einen anderen liebt. Der junge Sportstudent ist daraufhin sehr traurig und bleibt weiter in sie verliebt. Er spricht viel mit Freunden über diese Angelegenheit und kommt nach einiger Zeit zu dem Ergebnis, dass sein Verliebtsein sinnlos ist und ihn nur traurig und verzweifelt macht. Da verzichtet er auf sein Gefühl des Verliebtseins und versucht, sie zu vergessen. Ihm hilft dabei, dass er sie ganz bewusst nicht zur Liebe seines Lebens oder zu seiner ganz großen Liebe hochstilisiert.

5. *Lockerung von Gefühlen.* Manche Gefühle lassen sich lockern und verlieren auf diese Weise an dramatischem Gewicht.
   • *Lockerung von Angst.* Angstgefühle kann man lockern, indem man sich klarmacht, dass ein Teil von ihnen übertrieben, ein anderer Teil realistisch, ein Teil notwenig und ein Teil üblich und verbreitet ist. Auf diese Weise relativiert sich jede dieser Angstqualitäten.

- *Lockerung von Traurigkeit.* Stimmungstiefs kann man lockern, indem man sich ihnen aufmerksam und würdigend widmet. Ein anderer Teil ist gesunde Skepsis, die man sich erhalten sollte. Ein dritter Teil ist Schwarzseherei: Letztere kann man manchmal beherzt über Bord werfen und sich dadurch von Ballast befreien.
- *Lockerung von Erinnerungen.* Über Ereignisse, die nicht mehr geändert werden können, kann man sich sagen: Das sind Teile meines Lebens und Lebensspuren meiner Existenz. Manche Menschen schreiben dazu noch einen Abschiedsbrief, zum Beispiel an einen früheren Freund, eine verpasste Chance oder einen Verstorbenen. Man kann auch in Begleitung eines Beraters oder guten Freundes ein fiktives Gespräch mit einer wichtigen Person, die aus dem eigenen Leben verschwunden ist, führen. Das Leben findet gegenwärtig statt.
- *Lockerung von Zukunftsgedanken.* Dinge, die sich auf die Zukunft beziehen, Ängste und vorauseilende Sorgen, lassen sich durch gründliche Planung mildern. Aber ein Rest von Ungewissheit bleibt. Manchmal helfen auch hier kleine Selbstmitteilungen, zum Beispiel: Heute ist heute! oder: Das sind ungelegte Eier!
- *Lockerung der aktuellen Stimmungslage.* Wenn die Stimmung gedrückt ist, hilft oft Handeln in sinnvollen Aufgaben. Wem die Decke auf den Kopf fällt, der kann dreimal am Tag einen kleinen Spaziergang machen. Wer zuwenig Kontakte hat, soll sich daran gewöhnen, sich an Orten aufzuhalten, an denen er Kontakt schließen kann. Wer Angst vor beruflichem Versagen hat, soll sich Zeiten einrichten, in denen er sich weiterqualifiziert.

Ein 53-jähriger Versicherungskaufmann berichtet, dass er seit einigen Wochen frühmorgens immer schon mit einem mulmigen Gefühl aufwacht, seine Arbeit nicht zu schaffen. Er hat zu bestimmten Zeiten in seinem Beruf Belastungsspitzen, die oberhalb seiner Leistungsgrenze liegen. Er berichtet, dass das mulmige Versagensgefühl abebbt, wenn er dann sofort aus dem Bett aufsteht.

Dass das Aufstehen eine wichtige Intervention ist, erlebt man an depressiven Patienten im stationären Setting. Sie tun sich oft sehr schwer damit, überhaupt am Morgen das Bett zu verlassen, die wichtigsten Toilettenverrichtungen zu absolvieren und zum Frühstück in den Speisesaal zu kommen. Aber das Personal dringt mit guten Gründen darauf, diese Patientenleistung immer wieder einzufordern, die tatsächlich zum Besten des Patienten ist.

Bei schlechter Stimmung sollte man sich zunächst nur einen schönen Augenblick, vielleicht nur einige Sekunden lang, verschaffen. Man kann sich eine kleine Freude schaffen, indem man sich eine Blume anschaut, ein Tier oder ein kleines Kind. Denn man sollte nicht darauf warten, bis einem das gute Gefühl zugeflogen kommt, sondern versuchen, sich zunächst nur kleinste Ausnahmen vom Unglücklichsein zu schaffen, kleine Augenblicke von Wohlwollen und Zufriedenheit.

6. *Rückgriff auf eigene Erfahrungen.*

Eine 39-jährige, in Trennung von ihrem Mann lebende, attraktive Lektorin berichtet einem langjährigem Freund, dass sie seit einiger Zeit von Angstphantasien überschwemmt ist, nie mehr in ihrem Leben einen Mann zu finden. Der Freund schweigt zunächst eine Weile, lächelt, schmunzelt und sagt ihr dann: »Meinst du wirklich, dass das so ist?« Daraufhin bricht sie für sich selbst überraschend in Lachen aus. Die einfache Frage des Freundes regt eine Selbstveränderung an. Es waren panische und phobische Phantasien, die durch nichts in der Erfahrung abgedeckt waren. Denn sie ist eine intelligente und attraktive Frau.

7. *Selbstbeobachtung der Gefühle.* Die Selbstbeobachtung als gefühlsregulierende Maßnahme kommt im folgenden Fall zum Einsatz.

Ein 44-jähriger Glaser hegt häufig aggressive Gefühle und Impulse anderen Menschen gegenüber, die sich in verbalen Attacken und aggressiven Ausbrüchen gegenüber seiner Familie, seinen Kollegen und auf der Zuschauertribüne des Fußballfeldes äußern. Oft kommt es zu Handgreiflichkeiten und körperlicher Gewalt, zum Beispiel bei Kirmesfesten. Durch monatelange systematische Selbstbeobachtung seiner aggressiven Gefühle entwickelt er schließlich ein eigenes Frühwarnsystem dafür, wie seine aggressiven Impulse beginnen, sich aufschaukeln und schließlich zu Taten werden. Im Lauf der Zeit treten seine Aggressionen seltener auf und verlieren auch an Heftigkeit.

8. *Korrektur positiver Gefühle.* Carl Gustav Jung (1987, G. W. Bd. 20, S. 202) hat einmal während eines Vortrags sinngemäß gesagt: »Wenn jemand gerade einen großen Erfolg gefeiert hat,

dann soll man ihm eine Ohrfeige geben, damit er wieder auf
den Boden kommt und von seiner aufkommenden Grandio-
sitätsphantasie geheilt wird!« Das bedeutet: Auch positive Gefühle und Selbstbestätigungen bedürfen der Ergänzung und
Relativierung.

9. *Entdeckung von Komik und Absurdität.* In der Selbststeuerung
    von Gefühlen hilft es oft, die komische und absurde Seite ei-
    ner Erfahrung zu entdecken. Milder Spott und Selbstironie
    können dazu beitragen, eigene Gefühle zu relativieren. Im
    Galgenhumor lockert sich der Affekt. Das beobachtet man
    oft bei Prüfungskandidaten, bei denen vor der Prüfung die
    Angst plötzlich in Galgenhumor umschlägt. Das geballte Un-
    glück hat eben oft auch eine komische Seite. Wenn zum Bei-
    spiel an einem Tag alles schiefgegangen ist und man dann am
    Abend denkt:»Das war heute nicht mein Tag, jedenfalls nicht
    wirklich. Vielleicht wäre ich doch besser heute morgen nicht
    aufgestanden!«, kann man sich mit dem Tag wieder versöh-
    nen.

    Ein 39-jähriger verheirateter Sozialarbeiter berichtet von einem Traum,
    in dem ihm eine schöne Bekannte namens Katharina begegnet. Der
    Traum endet damit, dass Katharina ihn erwartungsvoll mit ihren großen
    dunklen Augen ansieht. Diesen Traum berichtet er seinem Psychoanaly-
    tiker. Dieser sagt:»So, so, Herr Peters, das ist ja ein schöner Traum! Ka-
    tharina schaut Sie mit ihren großen dunklen Augen erwartungsvoll an.
    Ja, wie schön für Sie, Herr Peters! Katharina schaut Sie mit ihren großen
    dunklen Augen an! Ja, wie schön für Sie, wirklich schön!« In der Art der
    Wiederholung, die der Psychoanalytiker mit leicht süffisantem Unterton
    vorträgt, liegt zugleich ein Hinweis: Alles liegt in den Händen des Träu-
    menden, ob er Katharina lieben wird oder nicht, sie wiedersehen, treffen
    oder verlassen werde, egal. Sie schaut ihn mit ihren großen dunklen
    Augen erwartungsvoll an! Da bemerkt der Sozialarbeiter, wie er sich im
    Traum zum Pascha über die Gefühle dieser Katharina stilisiert hat.

10. *Lebensweisheiten aus aller Welt.* Viele Lebensweisheiten sind
    nicht nur Wegweiser, sondern wirken gleichzeitig stimmungs-
    regulierend. Auch überlieferte Sprüche in Mundart enthalten
    manchen klugen Gedanken, in diesem Fall stammen sie aus
    dem Großraum Köln (Abbildung 13).

Das Kölsche Grundgesetz	
Artikel 1 Et es wie et es! (Sieh den Tatsachen ins Auge.)	**Artikel 6** Kenne mer nit, bruche mer nicht, fott domet! (Sei kritisch, wenn Neuerungen über- hand nehmen.)
Artikel 2 Et kütt wie et kütt! (Habe keine Angst vor der Zukunft.)	**Artikel 7** Wat wellste mache! (Füge dich deinem Schicksal.)
Artikel 3 Et hätt noch immer jot jejange! (Lerne aus der Vergangenheit und bewahre Zuversicht.)	**Artikel 8:** Maach et jot, äver nit ze off! (Achte auf deine Gesundheit.)
Artikel 4 Watt fott es, es fott! (Jammere den Dingen nicht nach.)	**Artikel 9** Wat soll dä Quatsch! (Stelle immer zuerst die Universal- frage.)
Artikel 5 Et bliev nix, wie et wor! (Sei offen für Neuerungen.)	**Artikel 10** Drinkste ene met? (Komme immer dem Gebot der Gast- freundschaft nach.)

Abbildung 13: Das Kölsche Grundgesetz

Ausgestattet mit viel Lebensweisheit, möchten wir nun daran gehen, uns von drei oft als unangenehm oder belastend erlebten Gefühlen zu lösen. Wir lernen einen besseren Umgang mit Scham, Ärger und Stress.

Die Überwindung von Scham

Das Gefühl der Scham spielt im Alltagsleben eine wichtige Rolle. Scham prägt die Entwicklung des Kindes und hat, wenn sie ein gewisses Maß nicht übersteigt, eine entwicklungsfördernde Funktion. Erst wenn unsere Scham zu stark, zu intensiv und übermächtig ist, wirkt sie schädlich und destruktiv. Scham ist eines unserer mächtigsten Gefühle. Scham wirkt direkt auf die körperlich-vegetative Ebene ein, weil sie im Gehirn den noch aus der Urzeit stammenden automatisch ablaufenden Angst-Schaltkreis aktiviert.

Wer sich schämt, spürt Angst und Panik, von anderen verachtet, verhöhnt und ausgeschlossen zu werden. Der beschämte Mensch wird rot, schwitzt, will im Boden versinken und stirbt vielleicht einen gesellschaftlichen Tod. Wenn die Scham aber reflektiert wird, kann sie zu einer großen konstruktiven Kraft werden. Wer sich tief beschämt und abgewertet fühlt und sich diese Gefühle nicht eingesteht, neigt dazu, andere abzuwerten und zu beschämen – durch Spott, Verhöhnung, Verachtung, Arroganz und Gefühlsstarre. Bei Menschen, die sich übermäßig schämen, finden sich oft Erziehungspraktiken, bei denen sie als Kinder selbst Opfer von Verachtung und Demütigung wurden. Häufig sind diese Menschen tief durchdrungen vom Gefühl der eigenen Minderwertigkeit.

Ein 40-jähriger Schreinermeister, der sich wegen seines früheren Besuches der Sonderschule ein Leben lang schämt, findet für sich in entsprechenden Situationen den neuen festen Satz: »Du hast viel gelernt in deinem Leben!« Dieser Satz mildert seine tiefsitzende Scham, sodass er nun viel besser mit diesem Gefühl zurechtkommt.

Der Umgang mit Ärger

In unserem Leben wird es immer Ärger geben. Ärger ist ein Zeichen dafür, dass jemand unsere Grenzen überschritten hat und unsere Pläne durchkreuzt oder dass wir selbst eine Torheit begangen haben. Es gibt unendlich viele Anlässe, sich zu ärgern:
- über Drängler auf der Autobahn,
- darüber, dass sich an der Supermarktkasse jemand nach vorn mogelt,
- über den Partner (ein schier unerschöpfliches Ärgerpotential),
- über die Firma, über Kollegen, Chefs und Kunden.

Diese Situationen können uns rasend machen. Auf die Dauer ist Ärger aber ein schädlicher gefährlicher Zustand, körperlich und seelisch. Ärger schadet vor allem einer Person: der eigenen! Wichtig ist, die eigenen Ärgerquellen, und da gibt es sicher viele, zu entdecken und zu entlarven.
Dabei helfen folgende Fragen:
- Was ärgert mich denn überhaupt?
- In welchen Situationen passiert das?

- Welches sind die Auslöser und wie reagiere ich dann?
- Welches ist der eigentliche Grund meines Ärgers?
- Warum werde ich so maßlos und nachhaltig wütend?
- Werde ich laut und wütend oder ziehe ich mich grollend zurück?

Ausgangspunkt jeder Selbstveränderung und damit auch der Ärgerbekämpfung ist die Selbstbeobachtung.

Der größte Teil des Ärgers entsteht im zwischenmenschlichen Bereich. Wir sollten uns deshalb selbstkritisch fragen, ob wir selber Anteil an möglichen Ärgersituationen haben:

- Bin ich vielleicht zu kritisch mit anderen, misstrauisch oder feindselig, dass ich jedem, der mir begegnet, unterstelle, mir schaden oder mich ärgern zu wollen?
- Reagiere ich übertrieben bei kleinen Konfliktanlässen?
- Bin ich rechthaberisch und nachtragend?
- Ist diese Sache es wirklich wert, dass ich sie so wichtig nehme und mich darüber aufrege?

Vielleicht hilft Ihnen auch ein Satz von Benjamin Franklin: »Man ärgert sich nie ohne Grund – aber selten aus einem guten.« Die Kunst, den Ärger abzuschütteln, besteht auch darin, berechtigten Ärger so auszudrücken, dass wir unser Ziel ganz oder teilweise erreichen. Um Ärger schon im Vorfeld zu vermeiden, ist es gut, zu lernen, sich zu behaupten und durchzusetzen, ohne aggressiv zu sein. Das bedeutet: ruhig und freundlich im Ton, aber hart in der Sache! Eine innere Haltung von Gelassenheit ist geradezu eine Schutzimpfung gegen Ärger, Wut, Zorn und Aggression. Viele Betroffene berichten: »Wenn ich gut gelaunt und nicht gestresst bin, kann ich viel besser mit Ärgergefühlen umgehen.« Manchmal hilft in solchen Situationen das Loslassen von Erwartungen, Forderungen und schlechten Erinnerungen. Dies ist eine unschätzbare Hilfe beim Überwinden von Ärger. Manchem hilft in solchen Situationen auch die Weisheit des klugen Schneefuchses aus dem Film »Rudolf Rotnase«, der sich in brenzligen Situationen sagt: »Denk daran, es könnte noch schlimmer sein!«

Fazit ist: Eine ruhige und gelassene Grundhaltung kann man lernen. Ärger ist ein weitgehend überflüssiges gefährliches Gefühl, auf das man verzichten sollte. Denn unser Leben ist zu wertvoll, um es mit im Grunde lachhaften Ärgersituationen zu vergeuden. Dazu passt folgender Ausspruch: »In jeder Minute, in der wir uns ärgern, versäumen wir 60 glückliche Sekunden.«

Umgang mit Stress

Wenn wir von Stress sprechen, meinen wir meist seine negativen Aspekte, nämlich das Gefühl von Hektik und Hetze, Druck, Ärger, Sorge und Getriebensein, oft begleitet von körperlichen Erregungszuständen wie Herzrasen, Zittern, Magendruck und Kopfschmerzen.

Bei der Stressbeseitigung, wie bei allen anderen Selbstveränderungen, ist die *Selbstbeobachtung* ein wichtiger Ausgangspunkt unseres Handelns. Man beobachtet die Situationen, die Stress auslösen, erkennt Zusammenhänge und kann dann wirksam Maßnahmen ergreifen. Wenn man auf diese Art und Weise vorgeht, sprechen Psychologen von *Stressimpfung*, einem Verfahren der Verhaltenstherapie. Eine Stressimpfung kann man erreichen, indem man sich schon im Vorfeld vor Stress schützt und immunisiert. Impfung ist ein medizinischer Begriff, der bedeutet, dass sich eine Person einem therapeutischen Prozess unterzieht und sich abgestuft einer bewältigbaren Menge an schädlichen Substanzen aussetzt. Bei der Stressimpfung bereitet sich die Person entsprechend darauf vor, sodass sie sich gegenüber aufkeimendem Stress behaupten kann. Es gilt, Zuversicht derart zu entwickeln, dass wir Hilfsmittel und Ressourcen besitzen, um möglichem Stress erfolgreich zu begegnen. Der amerikanische Stressforscher Lazarus hat ein in der Psychologie sehr bekanntes Stressbewältigungsmodell entwickelt, das drei Stufen berücksichtigt:
1. Ist die Situation ein Stressor für mich?
2. Habe ich Hilfsmittel? Verfüge ich über Ressourcen?
3. Tritt die von mir angestrebte Wirkung ein?

Alle drei Stufen des Modells ermöglichen es, zu handeln: Ich bin unterwegs im Zug zu einem Seminar in Mannheim und soll dort am Bahnhof um 16.00 Uhr abgeholt werden. Der Zug hängt aber im Frankfurter Flughafen fest. Meine erste Frage ist also: Ist das ein Stressor für mich? Oh ja, denke ich, das ist ein Stressor! Meine zweite Frage ist: Habe ich ein Hilfsmittel? Nein, denke ich. Ich kann den Zug auf keine Weise bewegen. Dann habe ich doch noch ein kleines Hilfsmittel. Ich kann mit dem Handy anrufen, dass ich verspätet zum Termin komme. Der Stressor besteht in der selbstantreibenden Kognition, dass ich pünktlich zum Seminar erscheinen müsse, was zugleich einer guten gesellschaftlichen Konvention entspricht. Als mir klar ist, dass ich keine Möglichkeit habe, die Situation zu beeinflussen, tritt plötzlich Ruhe ein. Ich kann wieder lesen und eine Tasse Kaffee bestellen.

Allerdings gilt das Stressmodell von Lazarus nicht in allen Fällen. Der Stress ist dann am größten, wenn man nicht genau weiß, ob eine Bedrohung vorliegt und wenn man nicht genau weiß, ob Hilfsmittel zur Verfügung stehen. Sowohl Tätigkeit als auch Untätigkeit könnten die Situation verschlechtern. Dennoch sind die eben angesprochenen drei Stufen des Stressmodells oft hilfreich. Sie machen uns Stress bewusst und geben uns Hinweise zu seiner Verbesserung oder Behebung.

4.8 Fragen verändern unser Leben

Fragen eignen sich zur Klärung und Behebung ganz unterschiedlicher Probleme: Wer fragt, hat schon den ersten Schritt zur Selbstveränderung getan und öffnet sich neuen Handlungsoptionen. In der lösungsorientierten Arbeit haben sich vier Fragen als besonders wirksam erwiesen: die Wunderfrage, die Skalierungsfrage, die Frage nach der Ausnahme und die Coping-Frage.

Die Wunderfrage

Die Wunderfrage lädt uns ein, uns wieder einmal zu wundern. Das gilt immerhin als die Grundlage aller Philosophie – Dinge nicht als selbstverständlich zu betrachten, sondern sie ungewöhnlich und frag-würdig zu finden. Außerdem signalisiert die Wunderfrage: Wunder im Sinne von überraschenden Wendungen im Leben sind möglich, wenn wir uns ihnen öffnen. Es gibt Wunder auf den Gebieten Partnerschaft, Kontakte, Arbeit und auch in der Veränderung des eigenen Verhaltens, die man sich zunächst nicht vorgestellt und nicht zugetraut hat. Die Wunderfrage lautet (de Shazer, 1998, S. 122): »Stellen Sie sich vor, Sie wachen morgens auf und es sei nachts ein Wunder geschehen: Ihr Problem wäre plötzlich beseitigt und gelöst! Aber Sie wüssten gar nicht, dass das Wunder geschehen ist. Woran würden Sie es dann merken? Woran würden Sie konkret merken, dass ein Wunder passiert ist? Und woran noch? Und woran noch?«

Die Wunderfrage dient dazu, die angestrebte eigene Veränderung durch eine Vielzahl von Parametern zu konkretisieren. Die Wunderfrage kann man übersetzen mit: »Können Sie das etwas konkreter sagen?« Es ist gut, über den Zustand zu phantasieren, der erreicht ist, wenn das Problem gelöst ist.

Die Wunderfrage ermöglicht eine *Zielbildung*. Sie regt unsere Phantasie an; sie weckt und stärkt unsere Sehnsucht nach einer attraktiven Zukunft. Sie liefert wichtige Informationen über unsere Wünsche, Bedürfnisse und Interessen. Besonders wichtig ist, was wir statt des Problems tun wollen. Unsere Ziele sollen realistisch, klar und eindeutig und am besten mit einem Zeitpunkt versehen sein, zu dem sie erreicht sind. Dabei werden die Dinge schrittweise konkretisiert. Die Wunderfrage eignet sich auch, wenn das Ziel zunächst zu groß gefasst ist, zum Beispiel:

- Ich will meine Angst loswerden!
- Meine Stimmungstiefs sollen verschwinden!
- Meine Unordentlichkeit und meine Chaos sind mir lästig!
- Ich möchte einfach nur glücklich sein!
- Ich will selbstsicher werden!

Das Wunder geschieht nicht sofort, aber die Beschäftigung mit ihm lässt uns Hinweise und Hilfestellungen entdecken.

Eine 28-jährige Büroassistentin berichtet, dass sie mit der Wunderfrage bezüglich ihrer Selbstsicherheit gut vorangekommen ist. Sie fühlt sich unsicher, ohne Durchsetzungskraft und ohne Selbstbewusstsein. Als Erstes fragt sie sich, woran sich das Wunder des guten Selbstbewusstseins zeigen würde. Sie zerlegt den Riesen »Selbstbewusstsein« in Zwerge, wie sie sich ausdrückt. Sie fängt mit kleinen Schritten an. Zunächst versucht sie, sich in ihrem Supermarkt an der Wursttheke und an der Kasse lästigen Vordränglern gegenüber zu behaupten. Dann erprobt sie das gleiche Vorgehen in anderen Geschäften. Sie übt, auch wenn sie sich lange in Kleidungsfragen hat beraten lassen, das Geschäft zu verlassen, ohne etwas zu kaufen. Sie schärft ihre Wahrnehmung dafür, was sie eigentlich will. Sie übt, Wünsche zu äußern, auf Zurückweisung ohne Kränkung zu reagieren und den eigenen Wunsch weiter zu bejahen. Sie übt, in Versammlungen und bei Feiern fremde Personen anzusprechen und ein kleines Gespräch mit ihnen zu führen.

Die Wunderfrage lenkt die Aufmerksamkeit auf das Konkrete, auf die kleinen Anzeichen im Alltag. Sie zwingt uns zum genauen Hinsehen. Das Wunderbare an der Wunderfrage besteht darin, dass, indem wir uns überlegen und schildern, woran wir die Besserung merken, wir uns für einen Moment lang und ein wenig in die Richtung entwickeln, die wir als Ziel haben. Dadurch stellen wir fest: Es gibt in unserem Leben immer einen Spielraum für Veränderungen, etwas, mit dem wir wirklich spielerisch umgehen können. Gerade in schwierigen Zeiten ist es wichtig, den Blick nach vorne und in die eigene Zukunft zu richten. Genau das tun wir mit der Wunderfrage.

Beispiele zur Wunderfrage

Das Wunder, das ich mir wünsche: »Ich möchte einfach glücklich sein!«

Woran werde ich merken, dass das Wunder eingetreten ist? An welchen eigenen Verhaltensweisen, Gefühlen und Gedanken?

- Ich genieße mein Leben wieder.
- Ich fahre in den Urlaub.
- Ich würde ....
- Ich könnte ....
- Ich hätte ....
- ....

Woran merke ich das noch?

- Ich mache viele interessante Erfahrungen.
- ....
- ....
- ....

Und woran noch?

- Ich habe eine interessante Arbeit.
- Ich habe Kontakte mit Leuten.
- ....
- ....
- ....

Und woran noch?

- Ich gestalte meine Freizeit und habe ein Hobby.
- ....
- ....
- ....

Und woran noch?

- ....
- ....
- ....

Einladung zu Selbstreflexion und Verhaltensänderung:
Meine eigene Wunderfrage

1. Das Wunder, dessen Eintreten ich mir selbst wünsche:

     ....

2. Stellen Sie sich vor, Sie wachen morgens auf und es sei nachts
    ein Wunder geschehen: Ihr Problem wäre plötzlich beseitigt
    und gelöst! Aber Sie wüssten gar nicht, dass das Wunder ge-
    schehen ist. Woran würden Sie es dann merken? Woran wür-
    den Sie konkret merken, dass ein Wunder passiert ist? Und
    woran noch? Und woran noch?

     ....

     ....

     ....

3. Welches eigene Verhalten und welche konkreten Handlungen
    führen also dazu, dass das Wunder bei mir tatsächlich ein-
    tritt?

     ....

     ....

     ....

Die Skalierungsfrage – Ein Spiel mit Zahlen

Die Beschäftigung mit der Skalierungsfrage (de Shazer, 1998) ist ein verblüffend einfaches Vorgehen bei der Selbstveränderung. Zuerst wird das Problem benannt, an dem der Mensch leidet. Man stellt sich vier Fragen auf einer Skala von 0 bis 10:

1. Wie heißt bei mir der Nullpunkt, die 0?
    Der Nullpunkt ist der absolute Tiefpunkt, das schlimmste und grässlichste Gefühl, die absolute Katastrophe im Hinblick auf diese bestimmte Problemlage.

2. Wie heißt bei mir die 10?
    Die 10 ist der realistisch erreichbare, befriedigende seelische Zustand, den man unter günstigen Umständen im Hinblick auf diese Thematik erreichen kann.

3. An welchem Punkt der Skala befinde ich mich meistens?
    Dies ist mein aktueller gegenwärtiger Stimmungsdurchschnitt, der zwischen 0 und 10 liegt, wobei beispielsweise der Skalenwert 2 schlechte und der Wert 8 gute bis sehr gute Stimmung bedeutet.

4. Was muss ich tun, um in meiner Gemütslage um einen Punkt auf der Skala in Richtung 10 weiterzukommen? Je mehr Antworten der Person auf Frage 4 einfallen, desto höher ist die Wirksamkeit dieser Intervention. Erst bei der Antwort auf Frage 4 kommt also das Handeln ins Spiel. Das Handeln soll die eigentliche Wendung zum Besseren mit sich bringen.

Grafisch betrachtet geht man folgendermaßen vor (Abbildung 14):

Die Zehn (10)		Reihenfolge der Fragen
10 ↑	*Die Zehn (10):* der realistisch erreichbare befriedigende Zustand	2.
3 ---	Was kann ich tun, um von meinem Durchschnitt *einen* Punkt weiterzukommen	4.
2		
1	An welchem Punkt liege ich *meistens*?	3.
0	*Der Nullpunkt (0):* der absolute Tiefpunkt	1.
Der Nullpunkt (0)		

Abbildung 14: Die Skalierungsfrage

Ein Beispiel. Jemand findet sich unattraktiv und ist sehr unglücklich darüber. Er geht folgendermaßen vor. Er malt auf ein Blatt Papier eine Skala von 0 bis 10, stellt sich die vier genannten Fragen und positioniert sich entsprechend auf ihr.

1. Frage: Was erlebe ich, wenn ich bei der 0 bin?
Typische Antworten:
- Die Decke fällt mir auf den Kopf, ich hänge vor der Glotze.
- Ich traue mich nicht, irgendeinen Kontakt zu schließen. Ich habe Angst, auf jemanden zuzugehen.
- Ich fühle mich total minderwertig!
- Ich fühle mich hässlich, dumm und langweilig für andere Menschen.
- Ich bin verlegen und schäme mich.

2. Frage: Als Nächstes beschreibt man die 10, also einen realistisch erreichbaren, guten Zustand:
Der realistisch erreichbare gute Zustand (10):
- Ich bin hoffnungsvoll.
- Ich gefalle mir.
- Ich bin guter Laune.
- Ich bin aufgeregt, ohne im Boden zu versinken.

3. Frage: An welchem Punkt der Skala befinde ich mich meistens? Wie ist mein gegenwärtiger Stimmungsdurchschnitt (zum Beispiel lautet die Antwort 3 auf der Skala)?

4. Frage: Was muss ich tun, um von der 3 auf der Skala zur 4 zu kommen?
Mögliche Antworten:
- Ich sichte in meinem Telefonverzeichnis die Personen, die ich anrufen kann.
- Ich informiere mich über Restaurants, in die man gut zu zweit gehen kann.
- Ich prüfe unter den Freunden, mit wem von ihnen es mir Spaß macht, einmal essen zu gehen.
- Ich rufe jemanden ohne zwingenden Grund an und verwickle ihn in ein kleines Gespräch.

Die Skala überrumpelt auf liebenswürdige Weise die eingefahrene Veränderungsresistenz vieler Menschen.

Die Frage nach der Ausnahme

Viele Menschen denken, ihr Problem sei ständig vorhanden. Genaueres Hinsehen zeigt uns jedoch, dass dies nicht der Fall ist. Kein Problem existiert ständig! Wenn man sich selbst gezielt befragt, wird einem bewusst, dass es auch Zeiten gab und gibt, in denen das Problem viel weniger oder so gut wie gar nicht besteht. Die Frage nach der Ausnahme lautet also: Zu welchen Zeiten war das Problem nicht oder weniger spürbar?

Ein 42-jähriger Alkoholiker und ehemaliger Leistungssportler im Rudern berichtet von einem früheren längeren Zeitraum, in dem er nicht getrunken hat. Während dieser Zeit der Abstinenz fühlte er sich stark und allen seinen Lebensaufgaben gewachsen. Jetzt mit dem Alkohol fühlt er sich schwach und hilflos. »Aber das war doch einmal anders«, sagt er sich. Er kommt zu dem Schluss: »Noch vor einigen Jahren, da war ich doch einmal wer!« Diese Erkenntnis gibt ihm die Kraft, an seine früheren Stärken anzuknüpfen und mit dem Trinken vollständig aufzuhören.

Indem ich die Frage nach der Ausnahme beantworte, entdecke ich in der Ausnahme von dem Problem *Ressourcen*, die mir bisher unbekannt waren. Es geht darum, auch noch so kleine positive Veränderungen aufzuspüren und den Blickwinkel auf die problemfreie Zeit zu richten.

Die Coping-Frage

Coping ist die Bewältigung und Gestaltung belastender Situationen. Typische Coping-Fragen lauten:
- Wie habe ich es geschafft, mit all diesen Dingen fertig zu werden?
- Woher habe ich die Kraft dafür genommen?
- Wie habe ich es geschafft, dass es mir nicht noch schlechter ging?
- Woher schöpfe ich, anders als andere Menschen, immer wieder Hoffnung?

Wer sich diese Fragen stellt und ernsthaft und intensiv nach Antworten sucht, kommt schon ein gutes Stück voran in der Selbstveränderung, wenn er die auf diese Art und Weise gefundenen Erkenntnisse in die Tat umsetzt. Die Antworten auf diese Fragen weisen uns nämlich auf unsere *verborgenen Ressourcen* hin.

Zum Abschluss des Themas »Fragen« noch ein Gedicht von Rainer Maria Rilke, der, ebenso wie wir, das Fragen liebt (1903):

Ich möchte Sie, so gut ich es kann,
bitten Geduld zu haben gegen alles Ungelöste in
Ihrem Herzen und zu versuchen, die Fragen selbst
liebzuhaben wie verschlossene Stuben und wie
Bücher, die in einer fremden Sprache geschrieben sind.
Forschen Sie jetzt nicht nach den Antworten,
die Ihnen nicht gegeben werden können, weil Sie sie
nicht leben könnten. Und es handelt sich darum,
alles zu leben. Leben Sie jetzt die Fragen.
Vielleicht leben Sie dann allmählich, ohne es zu merken,
eines fernen Tages in die Antwort hinein.

Lösungsorientierung

Der Begriff »Lösung« hat eine doppelte Bedeutung: Es geht darum, Lösungen für das Problem zu finden, aber auch darum, sich von dem Problem selbst und der bisherigen Sicht auf das Problem bzw. den bisherigen erfolglosen Problemlösungen zu lösen. Wir alle haben in der Schule gelernt: Bevor wir ein Problem lösen können, müssen wir die Ursachen des Problems analysieren und herausfinden, was bisher falsch gelaufen ist. Es gibt jedoch eine Reihe von Argumenten, die gegen eine solche Ursachenforschung und gegen den »Mythos der Einsicht« (Watzlawick) sprechen. Kreisen die Gedanken allzu lange ausschließlich um das Problem, so entsteht leicht eine Problemtrance. Dem kann man entgehen, wie der folgende Witz zeigt.

Ein Mann geht zum Psychoanalytiker: »Ich glaube, ich bin verrückt. Jede Nacht sehe und höre ich, wie meine Kollegen unter meinem Bett Konferenzen abhalten.«
Der Analytiker: »Legen Sie sich auf die Couch und erzählen Sie mir mehr darüber!«
Der Patient: »Moment. Was kostet das und wie lange dauert so eine Behandlung?«
Der Analytiker: »Eine Stunde kostet 115 Euro. Der erste Behandlungsschritt

dauert 80 Stunden. Eventuell verlängern wir dann um 80 Stunden. Wenn
es nicht reicht, auf insgesamt 240 Stunden.«
Der Patient: »So verrückt bin ich nicht.«
Nach einigen Wochen treffen sich der Analytiker und der Patient zufällig
auf dem Wochenmarkt. Der Analytiker erkundigt sich nach dem Befinden
des Patienten.
»Hervorragend!« sagt der Patient. »Ich bin zu einem lösungsorientierten Therapeuten gegangen und wir haben Möglichkeiten der Selbsthilfe
besprochen. Das dauerte nur eine Stunde. Danach ging ich nach Hause,
nahm meine Säge und sägte die Beine von meinem Bett ab!«

Problem und Lösung sind nur locker aneinander gekoppelt. Unser
Denken und Handeln ist oft in übertriebener Weise auf die Vergangenheit fixiert: Zuerst muss ich das Problem und seine Ursachen kennen, erst dann kann ich Lösungen herbeiführen. Aber es
ist oft müßig, die Problemursache finden zu wollen. Angemessen
ist es, die Vergangenheit zu würdigen, aber in der Gegenwart etwas
zu verändern. Ein älterer Witz aus der Psychoanalyse:

Der erwachsene Patient, der am nächtlichen Einnässen leidet, trifft nach
sieben Jahren Psychoanalyse einen Bekannten wieder, der ihn fragt: »Und,
hat die Therapie Erfolg gehabt? Machst du nicht mehr in die Hose?« Darauf
der Patient: »Doch! Aber jetzt weiß ich wenigstens, warum ich es tue, und
es ist mir nicht mehr peinlich!«

Bei einem Zuviel an Ursachenanalyse und Vergangenheitsbetrach-
tung besteht die Gefahr, sich geradezu in der eigenen Vergangenheit einzunisten und einzuspinnen. Paul Watzlawick (2003)
konnte eindrucksvoll zeigen, dass es sich mit Ursache-Wirkungs-
Zusammenhängen in der seelischen Wirklichkeit gar nicht so eindeutig verhält.

Wir machen also die Erfahrung, dass es möglich ist, Problemursache und Problemlösung zu entkoppeln. – Oft ist die Lösung
selbst das Problem. Dies ist ein erfrischender Hinweis darauf, dass
viele Menschen bezüglich einer Selbstveränderung in den letzten
Jahren nicht nichts getan haben, sondern offenbar alles Mögliche,
nur nicht das, was ihnen geholfen hätte. Es waren erfolglose Lö-
sungsversuche.

Unter einer Straßenlaterne steht ein Betrunkener und sucht den Boden
ab. Da kommt ein Polizist und fragt ihn, was er verloren habe. Der Mann
antwortet: »Meinen Schlüssel.« Jetzt suchen beide eine Zeitlang. Schließlich will der Polizist wissen, ob der Mann sicher ist, den Schlüssel gerade
hier verloren zu haben, und jener antwortet: »Nein, nicht hier, sondern

dort hinten, aber da ist es viel zu dunkel zum Suchen!« (Watzlawik, 1983, S. 27).

Steve de Shazer sagt: »Wenn etwas nicht klappt, versuche etwas anderes!« Menschen neigen dazu, eine Anpassung, die einmal erfolgreich war, übermäßig zu verallgemeinern. Das führt zu einer zweifachen Blindheit: Erstens dafür, dass im Lauf der Zeit die betreffende Anpassung nicht mehr die bestmögliche ist, und zweitens dafür, dass es noch eine ganze Reihe anderer Lösungen gibt. Die bisherige Patentlösung wird nun immer seltener erfolgreich sein, und der Versuch, mehr desselben zu praktizieren, führt nicht mehr zum gewünschten Effekt.

Manche Menschen versuchen einer Lösung aus dem Weg zu gehen, indem sie sagen: »Alles, nur das nicht!« Manchmal sind wir durchaus imstande, in verschiedenen Richtungen nach einer Lösung zu suchen, aber eine Option schließen wir dabei ausdrücklich aus. Dies ist freilich manchmal die, die die einzige gute Lösung werden könnte.

4.9 Ballast abwerfen

Manche Themen verfolgen uns und machen uns, wenn wir an sie denken, immer wieder zu schaffen. Es gibt viele Möglichkeiten, uns in solchen Augenblicken selbst zu schützen und zu entlasten.

Verdrängung unangenehmer Gedanken

Die Verdrängung bestimmter Gedankeninhalte ist sehr nützlich. Denn die Verdrängung schützt das Ich. Sigmund Freud war schon der Auffassung, dass nur unvollständig Verdrängtes krank mache. Es gibt gnädige Verdrängungen, die uns vor täglicher Besorgtheit schützen. Freud hatte den Anspruch, aus neurotischen Symptomen wie beispielsweise Angst, Depression und Zwänge durch Therapie normales Unglück zu machen (1952, GW, Bd. I, S. 312). Symptome wie Angst waren für ihn lediglich Zeichen für ungesund verdrängte frühe Konflikte.

Als Beispiel kann man sich den Unterschied zwischen Depression und Trauer klarmachen: Wenn dem Menschen bewusst wird, dass die jetzige Trauer frühere Trauer wieder zum Leben erweckt hat, dann kann der Mensch die Freiheit finden, sich der Tatsache menschlichen Unglücks, menschlicher Trauernotwendigkeit und auch der Endlichkeit von Beziehungen bewusst zu werden und sie als Teil seines Lebens zu begreifen. Dann ist es nur noch gemeines Unglück und kein neurotisches Symptom mehr. Es ist dann keine Depression mehr. Jemand, der sehr trauerabwehrend ist, kann immer den Gute-Laune-Max geben, letztendlich aber hinter seiner Fassade sehr leiden. Durch Bewusstmachung findet er den Übergang zu der Tatsache, dass zum eigentlichen Leben das Trauern und das Sich-trennen-Müssen dazugehört. Und dann kann er sogar wieder fröhlich sein.

Gedanken-Stopp

Manche Gedanken schaden uns. Sie sollten deshalb von uns verabschiedet werden können. Die Methode des Gedanken-Stopp ist sehr praktisch, weil man sie jederzeit, überall und ohne die geringste Vorbereitung anwenden kann. Wenn uns Trauergedanken, Angstgedanken oder Sorgengedanken nachts verfolgen und wir von wichtigen Aufgaben abgelenkt werden, weil sich solche Gedanken auch bei Tag in den Vordergrund schieben, ist das Stoppen dieser Gedanken sehr hilfreich. Die Methode des Gedanken-Stopp wenden viele Menschen erfolgreich an. Sie funktioniert folgendermaßen: Wenn der ungebetene, unwillkommene Gedanke kommt, sagt man sich selbst, am besten laut: »Stopp! Schluss! Aus! Ende!« Am besten ist ein kurzes Kommando oder eine Formel, die man tatsächlich laut oder leise ausspricht.

Ein 65-jähriger Handwerksmeister muss immer wieder und wie unter einem Zwang an seine Ex-Frau denken, die ihn finanziell zu ruinieren droht. Diese Gedanken lassen ihn fast verzweifeln und machen ihn depressiv. Er kann sich nicht gegen sie wehren, zumal seine ehemalige Frau ihn auch noch am Telefon mit Beschimpfungen traktiert. In der Selbstbehandlung kauft er sich zunächst einen Anrufbeantworter und hört bei ankommenden Telefonaten zunächst hinein, ob seine Frau am Apparat ist. In diesen Fällen stellt er den Ton leiser und geht in ein anderes Zimmer, um ihn nicht zu hören. Dort sagt er fest und gefasst: »Stopp! Stopp!« Er kehrt dann zum Anrufbeantworter zurück und löscht die Ansage, ohne sie anzuhören. Als Nächstes denkt er an die Gesichter seiner Enkelkinder, die er sehr liebt und mit denen er eng verbunden ist. Mit der Zeit gelingt es ihm auf diese Weise immer besser, die belästigenden Gedanken und Gefühle abzuschütteln.

Dieses Beispiel zeigt, dass man mit der einfachen Methode des Gedanken-Stopp seine Gefühle beeinflussen und in eine günstige Richtung lenken kann.

Darüber hinaus ist es gut, nicht nur das Unangenehme zu stoppen, sondern die Lücke, die dadurch entsteht, zu füllen, entweder mit einem anderen angenehmeren Gedanken, mit einem angenehmen Bild, einer ansprechenden Melodie oder der Visualisierung eines geliebten Menschen, so dass es nicht nur bei dem Stopp bleibt. An die Stelle des ursprünglichen Gedankens tritt ein erfreulicher Impuls.

Ein 29-jähriger Manager, der immer wieder große Ängste hat, in Konferenzen und auf Präsentationen zu versagen, weil er sehr unruhig ist und glaubt, keinen vernünftigen Satz hervorbringen zu können, hilft sich folgendermaßen. Vor den Sitzungen nimmt er sich immer das Foto seines zweijährigen Sohnes und sieht es sich in Ruhe an. Mit diesem angenehmen Gefühl der Wärme, Liebe und Sicherheit geht er in die beängstigende Situation. Er wird im Lauf der Zeit immer ruhiger und sicherer in der Sprache.

Aktives Vergessen

Durch gezieltes Zurückweisen oder das Nichtbeachten unangenehmer Erinnerungen kann man sich besser auf die Gegenwart konzentrieren. Die Fähigkeit vergessen zu können ist eine wichtige Fähigkeit unseres Gehirns. Es ist entlastend, bestimmte Dinge absichtlich aussortieren zu können. Das »directed forgetting«, das absichtliche Vergessen, das bewusste Entrümpeln des eigenen Oberstübchens beherrschen bereits Kinder im Alter von sechs bis sieben Jahren. Personen, die allzu sehr an alten Erinnerungen leiden und kleben, bekommen manchmal von Freunden und Bekannten oder auch in Selbsterfahrungs- und Therapiegruppen den Satz zu hören: »Du lebst in der Vergangenheit!« Tatsächlich lassen sich Vergessen, Verzeihen und Loslassen üben.

Eine 48-jährige Krankenschwester bricht in Tränen aus, als ein Bekannter, der sie lange nicht mehr gesehen hatte, sie nach ihrem Lebensgefährten fragt. Unter Schluchzen und Tränen berichtet sie, dass ihr Lebensgefährte sie vor zwölf Jahren wegen einer anderen Frau verlassen habe. Seitdem habe sie nie mehr eine feste Partnerschaft gehabt, weil sie den damaligen Partner einfach nicht habe vergessen können.

Eine Anekdote aus dem Leben des berühmten Philosophen Immanuel Kant beleuchtet die absurde Seite des aktiven Vergessens.

Kant hatte sich sehr über seinen Diener Martin Lampe geärgert, weil der mal wieder, wie so oft, irgend etwas nicht besorgt hatte. Weil ihn dieser Ärger bei der Arbeit störte und ihn ablenkte, malte Kant sich einen großen Zettel und hängte ihn über den Schreibtisch: Nicht an den Esel Lampe denken! Vermutlich bewirkte Kants Aufforderung genau das Gegenteil dessen, was er beabsichtigte. Er muss nun ununterbrochen an den dummen Diener Lampe denken und kommt nicht von ihm los.

Eine intensive Negation ruft bekanntlich oft das genaue Gegenteil von dem hervor, was sie eigentlich zu bekämpfen trachtet, und stabilisiert damit auch noch ungewollt das ungeliebte Geschehen. Auch das *Sichversöhnen* oder das *Umarmen* von Gedanken können zum Vergessen führen.

Ein Professor für Psychologie berichtet, dass ihn schon an der Eingangstür der Universität quälende Angstgedanken und große Selbstzweifel überfielen, ob er den Studenten überhaupt etwas zu sagen hätte, was nicht schon in populärpsychologischen Werken und Zeitschriften gestanden hätte. Er nimmt diese Gedanken über einen längern Zeitraum zur Kenntnis. Nach einigen Monaten sagt er sich: »Ich versöhne mich mit diesem Panikgedanken. Die Rückmeldungen der Studenten sind keineswegs so, dass ich Angst haben müsste, triviale Vorlesungen zu halten!« Beim neuerlichen Auftreten dieser unangenehmen Gedanken sagt er sich dann immer: »Hallo Gedanken, da seid ihr ja wieder! Ich weiß, ihr seid meine treuen Freunde und kommt immer wieder! Tut mir leid, dass ich jetzt nicht mehr Zeit für euch habe und mich euch leider nicht mehr weiter widmen kann. Ich muss jetzt nämlich zur Vorlesung!« Einige Wochen später verschwinden diese Gedanken dann ganz von allein.

Die Umarmung unangenehmer Gedanken und Gefühle bedeutet, sie zunächst zuzulassen und dann im Verlauf ohne Kampf loszulassen. Das hilft oftmals, unangenehme Erlebnisse mit der Zeit zu verlieren.

Ein Flugkapitän, der immer wieder von unangenehmen Gedanken und Erinnerungen an seine freudlose Kindheit und Jugend gequält wird, sagt sich den Satz: »Gedanken kommen und gehen!« Dieser Satz tröstet ihn sehr, denn er weiß aus seiner Erfahrung, dass bisher jeder unangenehme Gedanke früher oder später aus seinem Kopf verschwunden ist.

Das deutsche Sprichwort »Zeit heilt Wunden« stellt gewissermaßen nur eine Teilwahrheit dar. Richtiger müsste es heißen, dass die Zeit viele, aber eben nicht alle Wunden heilt. Das Nicht-vergessen-Können einer Begebenheit ist andererseits immer ein Zeichen, wie wichtig und intensiv bestimmte Dinge im Leben einmal waren. Insofern heißt Vergessen lernen in unserem Sinne, sich der eigenen Vergangenheit bewusst zu sein, ohne im jetzigen Leben wegen früherer Ereignisse allzu sehr beeinträchtigt und geschädigt zu sein. Die Gedanken beherrschen uns dann nicht mehr, sondern durch Gedanken-Stopp beherrschen wir sie.

Wer etwas vergessen will, dem seien deshalb noch einige ermutigende Hinweise gegeben. Es gibt nämlich auch ein unbewusstes und unbemerktes Vergessen, eine gnädige Verdrängung, die uns davor schützt, immer wieder mit den eigenen Unzulänglichkeiten und persönlichen Abgründen konfrontiert zu werden.

Ein 48-jähriger Beamter berichtet von einem jungen, sehr begabten Kollegen von vor zwanzig Jahren, der damals im Kampf um beruflichen Aufstieg eine starke Konkurrenz für ihn bedeutete. Plötzlich kam morgens die Nachricht, dass der junge ungestüme Kollege im Alter von 30 Jahren mit dem Auto tödlich verunglückt sei. Es herrschte große Trauer und Erschütterung in der Familie des jungen Mannes und auch auf der Dienststelle. Erst viele Jahre später kam es unserem Beamten wieder in Erinnerung, dass seinerzeit, als er vom Tod seines Kollegen hörte, zunächst Freude in ihm aufkam, diesen lästigen Konkurrenten loszusein. Erst etwas später meldeten sich dann auch Gefühle der Erschütterung und Trauer.

Zum Thema Vergessen gibt es eine schöne Geschichte aus dem Buddhismus.

Zwei Mönche wollen früh morgens einen Fluss überqueren und begegnen dabei einer schönen jungen Frau, die auch über den Fluss will. Eigentlich verbietet ihnen ihr Glaube engen Körperkontakt zu Frauen. Dennoch trägt einer der beiden Mönche die junge Schöne auf den Schultern über den Fluss, wo sie ihres Weges geht. Die Mönche kommen tief in der Nacht am Tor ihres Klosters an, als der eine Mönch dem anderen sagt: »Das war aber nicht richtig, dass du sie über den Fluss getragen hast!« Daraufhin der andere: »Ich habe sie nur fünf Minuten getragen. Du aber hast sie den ganzen Tag mit dir herumgetragen!«

Manchmal ist es einfach besser, die Dinge einfach hinter sich zu lassen. Auch in Beziehungen, Partnerschaften und im beruflichen Bereich ist es gut, manches vergangene Erlebnis loslassen zu können (Abbildung 15).

Abbildung 15

Der deutsch-amerikanische Psychologe und Paartherapeut George Bach (Bach u. Bernhard, 1972) schlägt Paaren, die sich gegenseitig gekränkt haben, in einer Übung vor, gemeinsam ein »Museum der Kränkungen« einzurichten. Beide Partner schreiben dazu die jeweiligen Kränkungen, die der andere ihnen zugefügt hat, einzeln auf DIN A4-Blätter. Danach hängen sie die Blätter an der Wand des »Museums der Kränkungen« auf. Dort werden sie ausführlich gewürdigt und, wie bei alten Schinken im Museum üblich, entsprechend bestaunt und bewundert. Weil aber Museen ja immer Platz brauchen für neue Kunstwerke, werden die alten Kränkungen in einer kleinen Zeremonie von der Wand genommen und dann gemeinsam verbrannt. Damit lösen sie sich zumindest im wörtlichen Sinne tatsächlich in Luft auf. Danach geht das Paar am besten gemeinsam in ein schönes Restaurant, um es sich, wie auch nach Begräbnissen üblich, bei Essen und Trinken wohl sein zu lassen.

Verzeihen

Der Psychologe Reinhard Tausch (1993) untersuchte die seelische Wirkung des Vergebens. Er fand heraus, dass Menschen, die vergeben können, besser dran sind als Leute, die immer weiter grollen müssen. Das Verzeihen zeigt uns, ob wir mit der eigenen Vergangenheit gut umgehen. Denn Zurücknehmen kann man das, was geschehen ist, ohnehin nicht mehr. Ich klebe nicht mehr an den Verletzungen der Vergangenheit, sondern setze einen Schlusspunkt, der beruhigt, entlastet und den eigenen Seelenfrieden wiederherstellt. Allenfalls kann man sich um eine Wiedergutmachung bemühen, wenn eine andere Person geschädigt worden ist. Verzeihen ist manchmal schwer. Aber man kann Verzeihen lernen. Als verletzter Mensch kann man sich einen Gesprächspartner suchen, mit ihm über die Sache sprechen und so eine neue Sicht der Dinge gewinnen. Grundsätzlich ist zu sagen: Verzeihen entlastet den Verzeihenden.

Eine Bankmanagerin verzeiht ihrem Ehemann, der sie nach über 25 Ehejahren mit einer anderen Frau betrogen hat. Sie ist zwar sehr gekränkt, sagt aber: »Ich empfinde keine Wut und keinen Hass ihm gegenüber und das will ich auch nicht. Denn mit Wut und Hass geht es *mir* ja wieder schlecht!«

Beim Verzeihen können wir viel von den Kindern lernen. Sie verzeihen einander und auch uns Erwachsenen oft schnell.

Einladung zu Selbstreflexion und Verhaltensänderung:
Ballast abwerfen

1. Welche Ängste, Themen, Wünsche und Pläne aus Ihrer Vergangenheit betrachten Sie mittlerweile als Ballast?

    ....

2. Welche davon möchten Sie trotz besserer Einsicht behalten, weil sie einfach zu Ihnen gehören?

    ....

3. Welche können Sie heute gelassen hinter sich lassen? Diese binden dann für die Zukunft nicht mehr Ihre Aufmerksamkeit und Energie.

    ....

4.10 Unvergessliche Selbstmitteilungen

Eine besonders wirksame Methode der Selbstveränderung ist die Selbstmitteilung. Selbstmitteilungen sind innere Sätze, die ausgesprochen werden mit der Absicht, eine sofortige Wirkung zu erzielen. Oft sind Selbstmitteilungen geronnene individuelle Erfahrungen, die in entsprechenden Situationen für die Person abrufbereit zur Verfügung stehen. Aus der Stressforschung ist die Wirksamkeit stressmildernder Sätze schon lange bekannt:

- Hier wird auch nur mit Wasser gekocht!
- Es wird schon alles gut gehen!
- Die Zeit arbeitet für mich!
- Bisher hat es noch immer geklappt!
- Ich lasse mich nicht verrückt machen!
- Es wird alles nicht so heiß gegessen, wie es gekocht wird!
- In der Ruhe liegt die Kraft!

Selbstmitteilungen sind, im Gegensatz zu Gedanken, konkrete Sätze, die sich der Betreffende laut oder leise sagt.

Drei Beispiele:

1. First things first! Dieser Satz zwischen Grandiosität, Trivialität und paradoxer Selbstironie ist sehr hilfreich. Wer zum Beispiel vor einem völlig überladenen Schreibtisch sitzt, kann sich sagen: »First things first! Das Wichtigste zuerst!« Diese Selbstaufforderung zwingt ihn dazu, herauszufinden, was gegenwärtig das Wichtigste ist.

2. Don't push the river! Versuche nicht, den Fluss anzuschieben. Denn er fließt von ganz allein! Fritz Perls, der schon erwähnte berühmte Gestalttherapeut, sagt diesen Satz zu Kollegen, die sich allzu sehr mit ihren Klienten abrackern. Die Botschaft des Satzes lautet: Gehe *mit* der Entwicklung und greife im richtigen Augenblick steuernd ein. Aber versuche nicht, Dinge zu beschleunigen, die sich in ihrem eigenen Tempo bewegen. Dieser Rat kann auch Patienten direkt gegeben werden, die sich allzu sehr anstrengen, mit ihrer Besserung voranzukommen.

3. Säge nicht am Ast des Klienten, bevor du dich vergewissert hast, ob er eine Leiter hat! Dieser schöne Satz des österreichisch-amerikanischen Psychologen Frederic Kanfer (Kanfer, Reinek-

ker u. Schmelzer, 1996) meint: Bei der Veränderungsarbeit soll man darauf achten, ob der Patient sie verkraften kann. Dies gilt auch für die Selbstveränderung: Konfrontiere dich nicht zu stark. Denn jedes Symptom ist nicht nur eine Störung, sondern auch eine Stütze in der gegenwärtigen seelischen Balance.

Die Wirksamkeit formelhafter Sätze und Selbstmitteilungen ist seit langem aus dem Autogenen Training bekannt, das es auch speziell für Kinder gibt (vgl. S. 134).

Unsere elfjährige Tochter merkt sich die kurze Selbstmitteilung aus dem Autogenen Training für Kinder: »Nur ruhig Blut, dann wird alles gut!« Dieser Satz hilft ihr in Alltagssituationen, zur Ruhe zu kommen, und dient ihr auch kurz vor dem Schlafengehen als Einschlafhilfe.

Bei der Angst vor dem Zahnarzt könnte die wirksame Selbstmitteilung lauten: »In einer halben Stunde ist alles vorbei!« Wenn ich mir das sage, kann ich mich zurücklehnen und die Torturen gelassen über mich ergehen lassen. Manchmal hilft es bei Störungen von außen, sich nicht aus der Ruhe bringen zu lassen. Die Amerikaner nennen das: »Business as usual« – Weitermachen wie gehabt!

Manche Selbstmitteilungen sind ursprünglich Sätze anderer Personen, die wir uns aneignen.

Ein 34-jähriger Jurist berichtet, er sei mitten in einer großen persönlichen Krise zu einer Astrologin gegangen, um sich bei ihr Hilfe zu holen. Sie sagt ihm: »Wir Skorpione machen unsere Krisen kurz und heftig durch und dann sind sie vorbei!« Diese Einschätzung und ihre kleine Solidarisierung – denn sie gibt zu erkennen, dass sie auch Skorpionfrau ist – sind für ihn in dieser Situation sehr tröstlich. In der Folgezeit besinnt er sich wiederholt auf diesen Satz: »Ich bin Skorpion! Bei mir verlaufen Krisen schnell und heftig und dann sind sie vorbei!«

Aber es begegnen uns manchmal im Alltag auch falsch konstruierte Selbstmitteilungen, zum Beispiel solche, die eine Verneinung enthalten, also etwa: »Das lass ich mir nicht gefallen! Das sehe ich überhaupt nicht ein!« Über die *Verneinung* bekommt die Selbstmitteilung etwas Patziges und Pampiges, während die positive Selbstmitteilung sein könnte:

- Ich sehe das anders.
- Ich kann mich auf mein Urteil verlassen.
- Ich äußere meine Ziele und Wünsche klar und deutlich!

Aus meiner Arbeit sind mir auch Beispiele extremer, meist schädlicher Selbstmitteilungen bekannt, nämlich grandiose und vernichtende.

Grandiose Selbstmitteilungen sind meines Erachtens nur für den ehemaligen mehrfachen Weltmeister im Schwergewichtsboxen, Mohammed Ali, gültig, den ich als Kind auch für denjenigen hielt, für den er sich selbst hielt, als er jahrelang vor laufenden Fernsehkameras von sich behauptete: »I am the greatest!«

Bei allen anderen Menschen außer Mohammed Ali zeigen grandiose Selbstmitteilungen gefährliche Selbstüberschätzungen und Allmachtsfantasien, die der Realität nicht gerecht werden, zum Beispiel: »Ich bin der größte, stärkste, reichste Mann!«, »Ich bin die Schönste im ganzen Land!« (aus Grimm's Märchen: Schneewittchen), »Ohne mich läuft hier gar nichts!« Es besteht in diesen Fällen die Gefahr, dass die Menschen das Augenmaß für die Situation verlieren.

Das andere schädliche Extrem sind *selbstvernichtende Selbstmitteilungen* (z. B. Ich bin ein totaler Versager! Ich bin nichts wert!). Sowohl grandiose als auch vernichtende Selbstmitteilungen sollten auf den Prüfstand gestellt und zugunsten realistischer Einschätzungen aufgegeben werden. Wichtig zu wissen ist auch: Eine Selbstmitteilung ist nicht unbedingt mit einer Aufforderung zu einem bestimmten Verhalten verbunden, sondern kann eine allgemeine Erkenntnis darstellen, die die Haltung zum Leben günstig beeinflusst.

Ein 48-jähriger Architekt, der seiner Frau und gelegentlich auch seinen Kindern gegenüber immer wieder sehr aggressiv auftritt, will seine Aggressivität loswerden. Er entwickelt im Gespräch folgende Selbstmitteilung, die ihm hilft: »Ich erzeuge meine Aggressionen selbst, es ist *mein* Gefühl. Die Aggressivität ist nicht erzeugt von meiner Frau, meiner Mutter oder gar meinen Kindern. Also, entferne dich aus der Situation, gehe in ein anderes Zimmer im oberen Teil des Hauses und halte ab jetzt den Mund. Beruhige dich und komme langsam runter von der Palme!« Tatsächlich gelingt es ihm schrittweise, seine Aggressivität durch diese innere Selbstansprache zu reduzieren und schließlich in den Griff zu bekommen.

Ich möchte die Methode der Selbstmitteilungen jetzt weiter auffächern.

Selbstsuggestion

In den zwanziger Jahren des vorigen Jahrhunderts war die Nancy-Schule der Psychiatrie um Baudouin und Coué sehr populär. Sie propagierten damals schon so etwas wie positives Denken (vgl. S. 160ff.), die sogenannte Coué-Methode. Sie entwickelten die allgemeine Formel, die damals in aller Munde war und auch noch heute bei einigen älteren Menschen bekannt ist. Es ist die *Autosuggestion*: »Tous les jours, à tous points de vue, je vais de mieux en mieux! Jeden Tag, in jeder Hinsicht, geht es mir besser und besser!« Manchen Menschen machen solch allgemeine Formeln Mut. Andere haben dabei den Eindruck, das Leiden werde dabei einfach ausgeblendet, nicht gewürdigt und nicht bearbeitet. Der amerikanische Psychologe Meichenbaum sagt dazu klipp und klar, dass diese Art von Selbstmitteilungen zum Scheitern verurteilt ist, und weist dies durch eigene Untersuchungen nach (1979). Unspezifische positive Selbstanweisungen haben nämlich keine überdauernde Wirkung. Denn sie sind vage und nicht individuell auf die jeweilige Person zugeschnitten.

Eine ausdrückliche Ausnahme bildet das schon erwähnte *Autogene Training*, das ebenfalls mit Autosuggestionen arbeitet. Denn dabei handelt es sich nicht um eine Bewusstseinstrübung, sondern im Gegenteil um eine *Bewusstseinskonzentration*. Autogenes Training ist ein Entspannungsverfahren, dessen allgemein gehaltene Aussagen bei der individuellen Entspannung helfen. Die Aussage »Ich bin ganz ruhig« trifft zwar im Moment noch nicht zu. Aber dieser Zustand stellt sich ein, indem ich ihn gewissermaßen selbstsuggestiv herbeirede. Zugleich stellt der Satz »Ich bin ganz ruhig!« eine wirkliche seelische und körperliche Ruhigstellung dar. Eine Selbstmitteilung und Selbstaufforderung sollte eine gespürte innere Wahrheit enthalten über etwas, das möglich ist.

Eine *Selbstaffirmation* ist im ursprünglichen Wortsinne eine Selbstfestigung, also eine Äußerung, die zur Festigung führt. Es ist eine Mitteilung an die eigene Person mit dem Ziel, einen Zustand herbeizuführen, den man mindestens im Ansatz schon vor Augen hat. In einem schmerzlichen Zustand von Leiden kann ich mir sagen: »Es bleibt nichts, wie es ist! Auch Leid und Trauer können und werden sich ändern. Ich habe etwas Hoffnung. Ich mache den kleinen Schritt jetzt!« In einem solchen Zustand ist es gut, zu sagen: »Ich konzentriere mich auf das Jetzt.« Dazu gehören Leid und Missempfinden, aber auch Hoffnung und Zuversicht.

Selbstmitteilungen blenden die Misslichkeiten nicht aus, sondern sind als Impulse in eine Richtung, die als Entwicklung tatsächlich möglich ist, am wirkungsvollsten.

Sponge Bob – Schwammkopf, der in Bikini Bottom auf dem Meeresgrund lebende, unnachahmliche Held der gleichnamigen TV-Kinderserie – motiviert sich mit einer festen, von ihm maßgeschneiderten Selbstmitteilung zur Arbeit, indem er sich zuruft: »Ich bin bereit, jederzeit! Ich bin in Form, ganz enorm!« Mit dieser Formel bringt er sich in gute Laune und flößt sich Selbstvertrauen ein, um in Mr. Crab's Restaurant Mitarbeiter des Monats im Krabbenburger-Backen zu werden.

Inneres Sprechen

Es ist eine gesicherte Erkenntnis der Psychologie, dass fast alle Menschen mit sich selbst sprechen und dass dies eine klärende Wirkung auf das weitere Denken, Fühlen und Handeln hat.

In einer psychologischen Untersuchung wurde erforscht, wie das, was Eltern über ihre Kinder sagen, ihr elterliches Verhalten beeinflusst. Beim Weinen des Neugeborenen unterstellen Mütter dem Schreien, den Gesten, dem Gesichtsausdruck und der Körperhaltung ihrer Kinder eine Absicht. Das Kind will der Mutter unter anderem angeblich imponieren, mehr fordern als nötig, ihr schmeicheln, sich zu sehr gehen lassen. Jedes dieser Selbstgespräche der Mütter hat natürlich eine entsprechende verhaltenssteuernde Wirkung der Mütter den Kindern gegenüber (Meichenbaum, 1979).

In der Selbstveränderung geht es auch darum, problematische Gedanken und Selbstmitteilungen, die uns hindern, unsere Ziele zu erreichen, aufzuspüren, zu analysieren und durch bessere, nützlichere zu ersetzen. Im inneren Dialog, im inneren Sprechen mit dem eigenen Du nimmt der Mensch gewissermaßen eine Metaposition gegenüber der eigenen Person ein. Dies hat den Vorteil, dass man sich selbst, die eigene Person, beruhigen und ermutigen, aber auch anspornen, anfeuern und korrigieren kann.

Beim inneren Sprechen entsteht oft etwas wie ein vielstimmiger Chor oder eine innere Mannschaft mit einer Reihe von Teammitgliedern, die unterschiedliche Meinungen, Gefühle und Pläne äußern.

Das innere Gespräch ist wichtig bei der Selbstveränderung. Man kann beobachten, dass offenbar Menschen ganz spontan, gerade dann, wenn sie in der Außenwelt keinen Gesprächspartner haben, vermehrt zu Tagebuch, Selbstgespräch und Gebet greifen, als dränge sich dies als Notwendigkeit und Selbstverständlichkeit auf. Es bietet sich gewissermaßen an: »Ich kläre die Sache mit mir, wenn ich sie nicht mit anderen klären kann.« Gelegentlich wird dieses Vorgehen auch »single talk« genannt. Aber auch das innere Sprechen ist mitunter auffallend stark vergangenheitsgeprägt. Meist beruht zum Beispiel Angst auf frühen Entscheidungen und frühen Definitionen, die das Kind für die Welt gibt. Ein Kind fällt schon sehr früh Entscheidungen über sich selbst und die eigene Existenz. Dabei entwickelt und festigt es wichtige zentrale Sätze, die im Erwachsenenalter weiter verhaltenssteuernd wirken. Manche dieser Sätze sind zwar in der Vergangenheit richtig gewesen, aber heute sind sie für uns als erwachsener Mensch nicht mehr günstig und zielführend. Aber was wir einmal gelernt haben, können wir zum Teil auch wieder verlernen.

Statt sich weiterhin diesen und anderen schädlichen Ideen hinzugeben, ist es besser, neue eigene andere Erfahrungen zu machen. Nur Erfahrungen können uns eines Besseren belehren, nämlich, dass wir nicht ohnmächtig sind, sondern selbst etwas bewirken können. Viele unserer Schwierigkeiten bei der Erreichung unserer Veränderungsziele sind auf eigene unlogische *internalisierte Sätze* zurückzuführen. Wenn es uns gelingt, einen solchen Satz aufzustöbern, ist dies Gold wert. Denn dann ist es möglich, ihm einen anderen *relativierenden Satz* zur Seite zu stellen, der neue Erfahrungen ermöglicht.

Ein 30-jähriger Beamter ist im Beruf und Privatleben oft ängstlich, nervös und unsicher. Aus seiner Kindheit hat er einen zentralen Satz mitgebracht: »Alles ist viel ungewisser und unsicherer, als man denkt!« Statt sich jetzt aber zu widersprechen: »Nein, stimmt doch gar nicht! Vieles ist doch ganz sicher! Sagt er sich jetzt: »Ja, alles ist viel ungewisser als man denkt, aber gut, dass ich das weiß! Dann bin ich auf der Hut und nicht ständig in Alarmstellung.« Dieser spezielle Satz hilft ihm in Situationen, die ihn früher stark verunsichert haben.

Es ist jetzt Aufgabe des Betreffenden, den neuen zweiten relativierenden Satz in den entsprechenden Situationen jeweils mitzubedenken und zu automatisieren. Mit der Zeit verliert dann der erste Satz an Dramatik und Bedrohung.

In unserem obigen Beispiel entwickelt der junge Beamte in den nächsten Wochen und Monaten mehr Sicherheit und Vertrauen. Er kommt im Laufe seiner Selbstveränderung zu neuen besseren Selbstmitteilungen bezüglich seiner Unsicherheit und Angst. Er sagt sich jetzt: »Manches ist doch relativ gewiss: mein Einkommen, meine Arbeit, die Wohnung, der Feierabend, der Sonntag. Es gibt ein paar Eckpunkte in meinem Leben, auf die ich mich im Rahmen existentieller Unsicherheit, der alle Menschen ausgesetzt sind, verlassen kann!«

Eine Palette der gängigsten Fehlüberzeugungen hat der amerikanische Psychologe Albert Ellis (1982) beschrieben:

- Irrglaube Nr. 1: Ich muss praktisch von jedem Menschen in meinem Leben geliebt oder anerkannt werden und wenn nicht, ist das ganz furchtbar für mich.
- Irrglaube Nr. 2: Ich darf keine Fehler machen oder Dinge tun, die nicht hundertprozentig sind. Und wenn das doch geschieht, ist das absolut schlimm für mich.
- Irrglaube Nr. 3: Es ist schrecklich und katastrophal, wenn die Dinge nicht so sind, wie ich sie gern hätte. Menschen und Dinge sollten also immer so sein, wie ich es mir vorstelle.
- Irrglaube Nr. 4: Wir haben wenig oder gar keinen Einfluss auf unseren Kummer und unser Leid und auch nicht auf die Erreichung unserer Ziele und Wünsche. Alles ist Schicksal.
- Irrglaube Nr. 5: Man muss sich ständig über tatsächliche oder vorgestellte Gefahren große Sorgen machen und sich ständig mit der Möglichkeit des Eintretens dieser Dinge befassen. Mit diesen Sorgen bannt man auf magische Weise das Eintreten dieser schrecklichen Dinge.
- Irrglaube Nr. 6: Es ist leichter, Schwierigkeiten auszuweichen, als sich ihnen zu stellen.
- Irrglaube Nr. 7: Man braucht immer andere und besonders einen stärkeren Menschen, auf den man sich stützen kann. Ohne den geht es nicht.
- Irrglaube Nr. 8: Das, was andere Leute tun oder meinen, ist wichtiger als das eigene Handeln. Es ist gut, ständig andere als Maßstab zu nehmen oder sich ständig über andere aufzuregen.
- Irrglaube Nr. 9: Für jedes menschliche Problem, für jedes Ziel gibt es eine absolut richtige perfekte Lösung. Wenn man diese perfekte Lösung nicht findet, ist das eine Katastrophe und man hat versagt.

Bessere Grundüberzeugungen sind, auf einen kurzen Nenner gebracht, folgende:

- Natürlich ist es sehr schön, von anderen geachtet und geliebt
  zu werden. Aber ich kann mich auch ohne diese Dinge selbst
  akzeptieren und mich meines Lebens freuen.
- Es ist sehr befriedigend, wenn man etwas gut macht. Fehler
  sind aber menschlich.
- Die Menschen verhalten sich so, wie es ihnen gefällt, und nicht,
  wie ich es mir vorstelle.

Ein wichtiges Ziel dieses Kapitels ist es, unsere tief verwurzelten
nachteiligen internalisierten Sätze zu erkennen und sie so zu verändern, dass sie uns bei der eigenen Entwicklung nützen. Es geht
darum, schädliche innere Dialoge aufzuspüren und sie durch konstruktive zu ersetzen.

Innere Bilder und Vorstellungen

Unsere eigene Innenwelt entfaltet für unser Wohlbefinden eine
große Wirkung. In der Selbstveränderung wollen wir unangenehme innere Vorstellungen und Bilder mildern und abbauen und
gleichzeitig lernen, wie wir erwünschte angenehme innere Bilder
und Zustände in uns selbst erzeugen können. Dabei ist es hilfreich,
den Sinn der eigenen inneren Bilder herauszufinden.

Selbsttröstung

Der schönste Trost ist der, der von einer anderen Person kommt,
verbunden mit körperlicher Berührung, Pflege und Verwöhnung.
Aber es gibt auch Trost im Gespräch, aus Büchern, im Glauben
und spirituellen Texten. Trost gibt es auch in Selbsthilfegruppen,
in denen die Erfahrung von Solidarität gemacht wird. Es gibt auch
die Selbsttröstung. Es ist eine wichtige therapeutische Erfahrung,
sich selbst trösten zu können. Dazu gehört auch, die eigenen Begrenzungen zu respektieren und sich mit ihnen zu versöhnen. Die
Selbsttröstung ist ein besonders gutes Beispiel für das Prinzip, sich
am eigenen Schopf aus einer schwierigen Situation herauszuzie-
hen. Ist die Selbsttröstung gelungen, so folgt als nächster Schritt
der Impuls zur Ermutigung und Selbstermutigung.

Bei Kindern, die hingefallen sind, sich krank fühlen oder mit einer schlechten Schulnote nach Hause kommen, besteht die erste Hilfestellung darin, sie zu trösten und auf diese Weise eine Milderung des Kummers zu erreichen. Daran merken sie, dass ihre Angehörigen für sie einstehen. Erst dann kommt der Schritt der Ermutigung, der Schritt der Ursachenklärung und der Schritt der Planung.

Selbstkommunikation

Zunächst erscheint das Thema Selbstkommunikation eher befremdlich. Manche halten es gar für eine Contradictio, einen Widerspruch in sich. Denn beim Thema Kommunikation denkt man zuerst immer an den Austausch von Informationen zwischen einem Sender und einem Empfänger, also zwischen zwei unterschiedlichen Personen.

Aber man kann auch sich selbst etwas sagen und mitteilen. Man kann sich beispielsweise etwas erlauben oder verbieten. In der Selbstkommunikation ist man aber Sender und Empfänger in einer Person. Ich sende und empfange meine eigenen inneren Inhalte und Programme: Sprache, Sätze, Erinnerungen, innere Vorstellungen, Bilder und Filme. Ich kann zu einem großen Teil entscheiden, ob und was ich sende und was ich empfange, da ich selbst ja Sender *und* Empfänger meiner Mitteilungen bin.

Grundsätzlich gilt: Die Etablierung und Aufrechterhaltung einer lebendigen Selbstkommunikation ist von Vorteil für die Selbstveränderung. Sie kann affirmativ im Sinne von bestätigend, auffordernd und konstruktiv sein, aber auch bestrafend und destruktiv. Man muss leider sagen, dass manche Menschen innerlich völlig verstummt sind. Innere Sprachlosigkeit und Verstummen sind immer Anzeichen einer seelischen Krise. Wenn jemand sprachlos wird, geht das oft mit einem Gefühl geistiger, manchmal sogar körperlicher Apathie einher. Dies sind die Vorboten von Angst und Depression. Viele seelische Leiden gehen mit innerem Verstummen einher. Wieder anfangen zu sprechen ist der Anfang der Heilung mit dem Ziel, wieder mit sich selbst in Kontakt zu kommen. Worte und Sprechen können uns aus der Verunsicherung und Angst befreien. Inneres Sprechen ist wichtig, um innere Blockaden zu erkennen und zu lösen.

Manche Menschen können sich selbst aufmuntern und sich Mut zusprechen.

Ein 42-jähriger, etwas lethargischer Angestellter hat es gelernt, sich bei ungeliebten Tätigkeiten strikte Anweisungen und klare Befehle zu geben, um zum Handeln zu kommen. Er berichtet: »Ich befehle mir wie ein Feldwebel auf dem Kasernenhof: Du machst das jetzt!« Dann steht er innerlich stramm und erledigt die Sache rasch und in guter Qualität.

Solche Vorgänge kann man auch bei Kindern beobachten: »Schneller, schneller Propeller!«, sagen Kinder und beschleunigen damit ihren Schritt.

Folgende zwölf Tipps lassen Selbstkommunikation gelingen:

1. Nehmen Sie Kontakt mit sich auf.
2. Betrachten Sie Ihre Selbstkommunikation aufmerksam über mehrere Tage hinweg.
3. Sprechen Sie mit sich. Bleiben Sie mit sich im Gespräch.
4. Sprechen Sie mit sich in der Ich-Form und in der Du-Form, bis Sie die Ihnen gemäße Form gefunden haben.
5. Wechseln Sie zwischen Du-Kommunikation und Ich-Kommunikation, wie es Ihnen gefällt.
6. Sprechen Sie mit sich laut oder leise, je nach Thema und Stimmung.
7. Sprechen Sie ehrlich mit sich.
8. Pflegen Sie einen freundlichen, wohlwollenden Ton mit sich.
9. Der Grundtenor der Selbstkommunikation sollte sein: Im Grunde meines Herzens, trotz aller meiner Fehler, Schwächen und Unzulänglichkeiten, bin ich in Ordnung.
10. Versuchen Sie, die unterschiedlichen inneren Stimmen in sich selbst angemessen zu Wort kommen zu lassen.
11. Überprüfen Sie Ihre fest verankerten Vorstellungen, Sätze und Selbstbestätigungen auf deren aktuelle Gültigkeit. Relativieren Sie einige dieser Sätze durch neue, sie ergänzende Sätze.
12. Entwickeln Sie für wiederkehrende Erlebnisse kurze formelhafte Selbstmitteilungen. Sie können beruhigen, mäßigen, trösten, ermutigen, Kraft geben, aktivieren, anspornen, anweisen und befehlen.

Einladung zu Selbstreflexion und Verhaltensänderung: Selbstkommunikation

1. Welche Form der Selbstkommunikation hat sich bei Ihnen bewährt (Sprechdenken, halblautes Sprechen, Gebet, Kontemplation, Selbstansprache vor dem Spiegel …)?

   ....

2. In welchen Situationen greifen Sie zur Selbstkommunikation?

   ....

3. Wie können Sie Ihre Fähigkeit zur Selbstkommunikation optimal nutzen?

   ....

4.11 Der innere Kompass

Zu Neuorientierung und Neuentscheidung kommt es, wenn unsere innere Kompassnadel mit einer gewissen Deutlichkeit in eine bestimmte Richtung zeigt. Das kündigt sich manchmal längere Zeit vorher an und wird uns irgendwann bewusst. Manchmal finden Neuorientierung und Neuentscheidung aber auch unvermittelt statt, sodass wir uns wundern, dass wir heute *so* denken, obwohl wir gestern noch ganz *anders* gedacht haben (vgl. Saulus-Paulus-Phänomen, S. 38ff.). Die neue innere Wegweisung erfolgt also einerseits durch neue Eindrücke und durch deren neue Bewertung, aber auch als lautlos in uns selbst über längere Zeit hinweg erfolgender Vorgang von Klärung, der Suche nach Stimmigkeit und der Entdeckung: Dies ist *ab heute* die richtige Richtung und der richtige Weg.

Menschen reagieren in Beratungen oft überrascht, wenn ich ihnen sage: »Das alte Muster müssen Sie nicht bis zu Ihrem Lebensende beibehalten! Sie können sich heute noch einmal neu entscheiden!«

Ein 60-jähriger Kundendienst-Monteur tut sich schwer, sich von seiner Frau zu trennen, obwohl sie ihn ständig demütigt, maßlos Geld ausgibt und ihn im Freundeskreis, in seiner Nachbarschaft wie auch bei den beiden Töchtern schlecht macht. Er fragt sich intensiv, was es ihm so schwer mache, sich von dieser unerträglichen Partnerin zu trennen. Schließlich kommt er drauf und sagt: »In unserer Familie gab es noch nie eine Trennung oder Scheidung! So etwas gehört sich einfach nicht!« Ihm fällt es wie Schuppen von den Augen. Nach dieser Entdeckung kann er sich von dieser familiär tradierten Überzeugung und damit auch aus seiner Partnerschaft lösen.

Mit dem Begriff der Neuentscheidung ist etwas Aktives gemeint. Jetzt hat man noch einmal die Wahl, ob es so weiter gehen soll wie in der Vergangenheit oder ob wir unserem Leben einen neuen Impuls geben.

So, wie wir uns Dinge erlauben, können wir uns andere Dinge auch verbieten. Einer meiner Suchtpatienten bildete sich in seinem Kopf eine Instanz, die er Gehirnpolizei nannte und die ihm jedes Mal, wenn es ihn nach Alkohol gelüstete, die rote Kelle zeigte. Im sogenannten »life-planning«, einer systematischen psychologischen Methode der Lebensplanung, lautet eine Frage am Ende: Womit sollte ich jetzt gleich anfangen? Diese Frage ist überraschend, bedeutet sie doch: Lebensplanung beginnt heute, sofort und nicht erst im nächsten Jahr. Die noch überraschendere Frage am Ende des »life-planning« heißt: Womit sollte ich jetzt gleich aufhören? Dahinter steckt die Annahme: Es gibt Zeitvergeudungen, falsche Ziele und nutzlose Beschäftigungen. Diese gilt es rasch aufzugeben.

Eine Neuentscheidung kann man stabilisieren, indem man den Satz »Ich mache es, weil …« mit einem eigenen Gedanken zu Ende führt. Wenn man eine Entscheidung fällt, ist es gut, sich selbst begründen zu können, warum man dies tut. Das festigt den Wunsch, weil es ihn auf eine rationale Basis stellt. Für viele Menschen ist es hilfreich, sich auf die Gründe für ihr Verhalten zu besinnen. So sagt ein Geschäftsmann: »Ich will mich nicht mehr so aufregen, weil ich sonst einen Herzinfarkt bekommen kann, unsouverän wirke und mich der allgemeinen Lächerlichkeit preisgebe.« Man sollte allerdings die Begründungen des eigenen Verhaltens nicht zum zentralen Lebensinhalt machen. Es besteht sonst die Gefahr der schon erwähnten *Hyperreflexion*, also der zwanghaften Beschäftigung mit eventuellen Motiven und feinsten seelischen Nuancen, die zugleich das Handeln blockieren.

Ein 29-jähriger Pädagogikstudent kurz vor dem Examen kommt zu mir in die Beratung und sagt: »Ich kann meine Diplomarbeit nicht zu Ende schreiben, weil ich Beziehungsstress habe!« Nach dieser Eröffnung sieht er mich zufrieden an. Er scheint erleichtert, dass er eine gute Ausrede gefunden hat, die Diplomarbeit bis auf Weiteres nicht zu Ende zu schreiben. Ich antworte ihm: »Beziehungsstress ist eine Sache, Diplomarbeit die andere. Sie können von 8.00 bis 17.00 Uhr an der Diplomarbeit arbeiten. Von 17.00 bis 18.00 Uhr kümmern Sie sich um Ihren Beziehungsstress. Am Abend noch ein bisschen ausgehen. Nichts hindert Sie daran, Ihre Diplomarbeit zu Ende zu schreiben!« Das hilft ihm sehr. Seine Ursachenzuschreibung, seine Kausalattribution, wie man in der Psychologie sagt, wird akzeptiert. Aber ihr wird nur ein relativer Raum zugewiesen, nämlich täglich eine Stunde. Tatsächlich schafft der Student es danach, die Diplomarbeit in der geforderten Qualität abzufassen.

Statt einer nötigen Neuorientierung und Neuentscheidung erlebt man jedoch bei vielen Menschen das krasse Gegenteil. Mir begegnet in meinen Therapien oft der Satz von erwachsenen Menschen: »Wenn mein Vater, als er noch lebte, mir nur einmal seine Liebe und Anerkennung gezeigt hätte. Darauf habe ich dreißig Jahre vergeblich gewartet und jetzt ist er tot!« Bei diesen Menschen ist der illusionäre Wunsch immer noch erhalten. Es geht aber jetzt darum, sich von diesem nicht mehr erfüllbaren Wunsch zu verabschieden und die Anerkennung in sich selbst zu finden. Der jahrzehntelang unerfüllte und jetzt noch fortbestehende Wunsch kann dem Betreffenden aber zeigen, welch wichtige Rolle der Vater gespielt hat, und auch, wie viel Angst und Wertschätzung er dem Vater unbewusst entgegengebracht hat. Der Betreffende könnte auf diesem Weg der Selbsterfahrung entdecken, wie bedürftig er nach Anerkennung ist, und dies als ein wichtiges Lebensmotiv anerkennen, das er nicht immer in seine Schranken zu weisen vermag.

Manche Menschen schlagen sich mit alten Verpflichtungsgefühlen herum.

Eine ambulante Pflegekraft ist Zeit ihres Lebens von dem Satz getrieben: »Du schaffst das schon!« Sie ist damit total überlastet. Alles, was an sie herangetragen wird, übernimmt sie. Jetzt, mit vierzig Jahren, steht eine Neuentscheidung an zu sagen: »Ich bin tüchtig, begrenze mein Pensum und widme einen Teil meiner Energie der Familie!«

In besonders krasser Weise begegnet mir die Unfähigkeit, Neuentscheidungen zu fällen, bei den Menschen, die sich schon mit 25 Jahren zu alt fühlen, eine Entscheidung im Hinblick auf Berufswahl, Studium oder Ortsumstellung zu treffen und eine Veränderung tatkräftig anzustreben. Sie erwähnen ernsthafte Bedenken, die aber überwiegend als Rationalisierungen, also als Scheingründe erscheinen. Dies vermittelt mir das Gefühl, dass sie mit dem Leben schon weitgehend abgeschlossen haben und keine neue Entwicklung mehr in Betracht ziehen. Aber alle Erfahrung lehrt, dass das Gegenteil der Fall ist: Veränderung und Selbstveränderung sind in jedem Abschnitt des Lebens möglich und oft auch notwendig, selbst wenn wir uns dies nicht wünschen.

In einem Rollenspiel wird eine Grafikdesignerin so laut angebrüllt, dass sie völlig verängstigt ist und keinen Ton mehr herausbringt. Sie hat schon immer große Angst vor ihren schreienden Eltern gehabt. Im Rollenspiel hat sie ein Aha-Erlebnis im Umgang mit aggressiven und schreienden Menschen im Allgemeinen. Sie lernt, solche Attacken durchzustehen und ihre eigene Meinung aufrechtzuerhalten.

Wir sehen anhand zahlreicher Beispiele: Die Neuentscheidung ermöglicht es uns, Ballast abzuwerfen, Dinge aus neuer Perspektive zu sehen und Handlungsoptionen zu entwickeln. Wir tun dies nicht immer freiwillig, aber das Leben ist Wandel. So bleiben uns neue Orientierungen und Entscheidungen nicht erspart, oft

unabhängig davon, ob wir sie uns wünschen oder nicht. Auch bei
Marotten, Ticks, Gewohnheiten und Verhalten, das man gewissermaßen für unveränderbar hält, sind oft Änderungen möglich.

Eine 22-jährige Gärtnerin will ihre lästige Angewohnheit verlieren, sich
ständig auf die Unterlippe zu beißen und die Unterlippe mit den Zähnen
festzuhalten. Sie stellt fest, dass dieses Verhalten immer mit einem Gefühl der
Ängstlichkeit und Hilflosigkeit verbunden ist. Sie bemerkt ihr wenig attraktives Erscheinungsbild auf Fotos, wenn sie mit diesem Gesichtsausdruck fotografiert wird. Das stört sie zusätzlich. Sie nimmt sich vor, ab sofort nicht mehr
so zu gucken und sich auch nicht mehr so ängstlich und hilflos zu fühlen.
In der Folgezeit gelingt es ihr mehr und mehr, die alten Verhaltensweisen zu
vermeiden. Sie achtet jetzt ganz bewusst auf ihre Mimik. Auf neueren Fotos
sieht sie sehr viel besser aus. Sie fühlt sich auch viel besser, obwohl es leichte
Gefühle von Angst und Hilflosigkeit immer noch gibt.

Einladung zu Selbstreflexion und Verhaltensänderung: Neuorientierung und Neuentscheidung

1. Wann haben Sie zum letzten Mal eine grundlegende Neuorientierung und Neuentscheidung in Ihrem Leben vorgenommen?

   ....

2. Worum handelte es sich dabei?

   ....

3. Welche Neuorientierung und Neuentscheidung steht gegenwärtig oder in naher Zukunft in Ihrem Leben an?

   ....

4. Welchen ersten kleinen oder mittelgroßen Schritt können Sie auf dem Weg dorthin heute schon tun?

   ....

4.12 Auf zu neuen Ufern!

Jeder Mensch erfindet sich früher oder später eine Geschichte, die
er für sein Leben hält.
(Max Frisch, Mein Name sei Gantenbein)

Max Frisch beschreibt eine wichtige psychologische Wahrheit. Wir
gestalten uns unsere Vergangenheit kunstvoll als eine Geschichte.
Manchmal handelt es sich um eine gute Geschichte, gut, weil sie
uns zur Entwicklung einlädt, manchmal leider um eine schlechte,
weil sie uns schlecht macht und Entwicklungen verhindert. Viele
Menschen verharren bei der Selbstklärung über lange Zeit hinweg
bei ihrer Vergangenheit und lassen dabei die Gegenwart und Zukunft außer Acht.

Eine junge Frau schildert, sie könne sich gegenüber Ansprüchen anderer
Menschen nicht durchsetzen und nicht Nein sagen. So wird sie zum Beispiel
gefragt, ob sie zu einem Schultreffen kommen könne. Obwohl sie genau weiß,
dass sie definitiv nicht kann, entschuldigt sie sich mehrfach und sagt, wahrscheinlich könne sie nicht kommen, denn sie habe große Schwierigkeiten, den
Termin wahrzunehmen. Als eine Freundin ihr sagt, dass doch keine Verpflich-
tung bestehe, dorthin zu gehen, sagt sie: »Aber was werden dann die anderen
von mir denken?« Es kommen plötzlich ganz alte Befürchtungen in ihr hoch:
Es meldet sich ein unendlicher Strom von tadelnden Sätzen, der gar nicht aus
der Schule stammt, sondern aus alten Kindheitserfahrungen: Ich muss immer
zuverlässig sein! Ich darf mir keine Rosinen rauspicken! Ich muss mich immer
nach den anderen richten! Diese alten Gebote belasten sie so, dass sie nun
doch versucht, an dem Schultreffen teilzunehmen, obwohl die Fahrt dorthin
200 Kilometer beträgt, um kurz anwesend zu sein. Mehrere hundert Menschen sind anwesend, niemand nimmt sie zur Kenntnis und sie fährt verärgert
die 200 Kilometer wieder zurück.

Die fixierte gedankliche Beschäftigung mit der Vergangenheit
kann sehr viel Zeit und Energie einnehmen. Manchmal gibt es
fixierte Sätze, die uns das Leben schwer machen können:

- Ich kann erst im letzten Moment unter Stress und Druck arbeiten!
- Am Wochenende stehe ich prinzipiell nicht vor 9.00 Uhr auf!
- Am Urlaubsort muss ich als Erstes den Jodel-Wirt am Drachen-
  stein besuchen und dann trinken wir erst mal einen Steinhä-
  ger!
- Von Weiberfastnacht bis Aschermittwoch ist Volltrunkenheit
  angesagt!

Aber damit nehmen sich Menschen die Möglichkeit zu Variation und neuer Erfahrung und schaffen sich Ärger für den Fall, dass die Dinge einmal einen anderen Verlauf nehmen, auf den sie keinen Einfluss haben oder der viel attraktiver ist als der bisherige Automatismus.

Zurück zu dem eingangs genannten Gedanken von Max Frisch, jeder Mensch erfinde sich eine Geschichte, die er für sein Leben hält. Eine besonders schlechte Geschichte ist die von der unbedingten Treue zu sich selbst. Es stellt sich nämlich die Frage: Bleibe ich mir selbst gegenüber treu, wenn ich mich verändere? Demgegenüber gilt: Gerade in der Selbstveränderung bleibt man sich treu. Wir bleiben ja nie stehen, sondern entwickeln uns (hoffentlich!) ständig weiter. Wer sich selbst immer treu ist, ist zu keinem Kompromiss bereit. Er entscheidet sich dafür, wie die Welt sein soll, und nicht, wie sie ist.

In einem meiner Seminare ist mir einmal ein 18-jähriger Schüler begegnet, der gegenüber seinen strengen Eltern eine harte konfrontative Grundhaltung hatte. Er versuchte, ihnen mit allem was er tat, zu schaden, weil er meinte, sie hätten kein Verständnis für ihn. Um den Eltern »einen reinzuwürgen, will ich mein Abitur versemmeln!«, sagt er zu mir. Gott sei Dank kann er sich aus dieser Haltung lösen und zu einer neuen Haltung finden, die richtigen Dinge zu tun, obwohl die Eltern sie empfohlen haben. Der junge Mann löst sich aus seinem trotzigen starren Protest den Eltern gegenüber und damit wird er erst richtig frei und unabhängig.

Die vermeintliche Selbsttreue erreicht ihren Gipfel mit der Feststellung: So bin ich! So war ich immer und so werde ich immer sein! Aber dies ist in Wahrheit gar keine Selbsttreue, sondern Starre. Denn mit dieser Sicht der Dinge wird jeglicher Änderung und Entwicklung einer Person von Anfang an ein Riegel vorgeschoben.

Ein 46-jähriger Informatiker, der sehr unter seiner Eifersucht leidet, schildert: »Vielleicht übertrage ich da auch Dinge aus meiner Kindheit auf meine Ehefrau. Denn früher im Elternhaus war das Thema Eifersucht immer präsent. Mein Vater war sogar ein Leben lang eifersüchtig darauf, dass meine Mutter einmal in ihrem Leben, Jahre vor der Hochzeit, von einem anderen Mann in einem roten Cabriolet abgeholt worden war. Dieses Erlebnis hielt der Vater der Mutter ständig vor, so eifersüchtig und besitzergreifend war er.« Als er die Eifersucht des Vaters so deutlich erkennt, kann er sich jetzt von seiner eigenen viel besser lösen. Er erkennt nun, dass er, auch ohne die Mannesrolle des Vaters so sklavisch zu imitieren wie bisher, eine zufriedenstellende Partnerschaft führen kann.

Die fixierte Beschäftigung mit der Vergangenheit kann immer wieder ein Hindernis dafür sein, tatsächlich zu neuen Ufern aufzubrechen. Manche Menschen verherrlichen ihre Vergangenheit und sehen sie in verklärtem Licht: die harmonische Kindheit, die freie Jugend, das schöne Studentenleben, die ideale Liebesbeziehung, die leider vor zehn Jahren in die Brüche ging. So schwelgen manche in den eigenen verflossenen Chancen. Diese Sichtweise hat jedoch gravierende Nachteile. Das starre Festhalten an der eigenen Vergangenheit macht unfrei bei dem Bemühen, sich mit der Gegenwart zu befassen. Wenn wir uns auf die Gegenwart einlassen, stellen wir fest, dass nur die Gegenwart Neues zu bieten hat.

Ein Sinnbild für das Haften an der Vergangenheit bietet die Bibel in der Genesis, dem ersten Buch Moses. Der Herr will auf Sodom und Gomorrha Feuer und Schwefel vom Himmel herab regnen lassen, weil die Menschen dort ein verwerfliches Leben führen. Er hat aber mit Lot Mitleid und schickt ihm zwei Engel. Der eine Engel spricht zu Lot: »Rette dein Leben. Schaue nicht hinter dich und bleibe nirgends stehen«! Lots Frau aber schaut zurück und erstarrt zur Salzsäule. Die Botschaft lautet: Wer in der Vergangenheit lebt, erstarrt. Die Gegenwart fordert unsere ganze ungeteilte Aufmerksamkeit.

Allerdings ist es für eine erfolgreiche Selbstveränderung vorteilhaft, die eigene Vergangenheit als *Erfahrungsschatz* anzusehen. Viele Menschen schildern sogar, dass sie aus Fehlern und Krisen der Vergangenheit am meisten für ihr Leben gelernt haben.

Eine 54-jährige Chefsekretärin geht den entgegengesetzten Weg. Sie berichtet, dass sie ihre jahrelangen Sorgen und Probleme am liebsten direkt loswerden will. Sie sei es leid, sich ständig nur um ihre Probleme aus der Vergangenheit zu kümmern. Sie sucht nach Lösungen für ihre Schwierigkeiten. Eines Tages besucht sie eine Engelsmeditation. In einer der Übungen wirft sie die Belastungen der letzten Jahre, wie sie sagt, einfach ins Feuer. Damit findet sie den Abschluss für viele in ihrem Leben unerledigte Themen. Danach fühlt sie sich erleichtert und freier.

Andererseits: Es gibt eine Vielzahl von Menschen, deren Leben nur in der Zukunft spielt. Sie sind ständig nur mit ihrer Zukunft beschäftigt: Wenn ich erst Freizeit, Wochenende, Urlaub, Rente, Geld, eine neue Frau, neue Arbeit habe, dann ... lebe ich! Der Wirksamkeit des Morgen wird aber schon im Volksmund von jeher ein gesundes Misstrauen entgegengebracht. In einer Kölner Kneipe fand ich einmal ein großes Schild: »Morgen gibt es Freibier!« Am nächsten Tag hängt das Schild aber wieder da – sehr zur Enttäuschung der Gäste, die für diesen Tag auf ein Freibier gehofft haben.

Im großen Ganzen gilt die Priorität: 1. Gegenwart, 2. Zukunft, 3. Vergangenheit. Die Aufforderung, das Leben jetzt, in der Gegenwart, zu leben, gibt es in vielen Epochen, Kulturen und Philosophien. Der Buddhismus betont die Wichtigkeit, jeden Moment des Lebens achtsam zu sein. Die Botschaft lautet: Betrachte und würdige dein Leben jetzt! Bei den Römern heißt es: »Primum vivere, deinde philosophari!« (Zuerst gilt es zu leben, dann erst sollten wir philosophieren.). Auch der Spruch »Memento mori« (Gedenke, dass du sterben musst.) ist zu beherzigen. Es gilt auch der Spruch des römischen Dichters Horaz: »Carpe diem!« (Genieße den Tag!) Der Dalai Lama sagt: »Wir erfahren nur die Gegenwart, nichts weiter!«

Im *Buddhismus* findet man häufig die Aufforderung an uns Menschen, in folgender Weise mit dem eigenen Leben umzugehen und sich immer wieder klar zu machen: Es gibt keine Vergangenheit und auch kein Gestern. Die Vergangenheit und das Gestern sind vorbei. Trauere ihnen deshalb nicht nach. Es gibt auch keine Zukunft und kein Morgen. Die Zukunft und das Morgen werden erst sein, sind es aber noch nicht. Das Einzige, das ist, ist die Gegenwart und das Jetzt. Lebe deshalb im Hier und Jetzt. Erfülle dein Leben in der Gegenwart. So gelingt es dir, aus einem noch so negativen und missglückten Gestern ein positives und glückliches Heute zu machen. Hüte dich davor, ständig darüber nachzugrübeln, was du alles hättest anders und besser machen können. Wer dies denkt und glaubt, verfällt dem Irrtum und der Illusion, er hätte es damals tatsächlich anders machen können. Aber du konntest es damals nicht anders machen, weil du es in der damaligen Situation nicht besser wusstest. Die Erfahrungen deiner Vergangenheit waren nötig, wichtig und unumgänglich, um daraus für dein heutiges Leben zu lernen. Weine keinen verpassten Chancen nach. Denn alles hatte seinen Sinn. Lerne also aus deiner Vergangenheit. Aber lebe in der Gegenwart und dem Hier und Jetzt.

In der *Bibel* berichtet der Evangelist Matthäus von Jesus, wie er zu einem seiner Jünger, der erst noch seinen Vater begraben will, bevor er Jesus nachfolgt, sagt: »Folge mir nach, und lass' die Toten ihre Toten begraben!« (Matth. 8. Kap., Vers 22). Die Botschaft von

Jesus ist: Löse dich von der Vergangenheit! Jetzt, hier und heute, ist der Zeitpunkt für entschlossenes Handeln. Martin Luther, mit dessen Werk das Ende des Mittelalters und der Beginn der Neuzeit verbunden ist, sagte folgenden berühmten Satz: »Und wenn ich wüsste, dass morgen die Welt untergeht, so würde ich heute noch ein Apfelbäumchen pflanzen!« Aus diesem Satz spricht schier unglaubliche Zuversicht, Hoffnung und Tatkraft.

In neuerer Zeit hat sich die deutsche Punk-Rock-Band »Die Ärzte« mit unserem Thema auseinandergesetzt. Die Ärzte sind der Meinung:

Vorbei ist vorbei

Niemand weiß, was ihn erwartet
Niemand weiß, wie es weitergeht
Und du liest jeden Tag dein Horoskop
Auch wenn gar nichts darin steht

Du hast nur dies eine Leben
Wenns vorbei ist, ists vorbei
Nimms nicht so schwer – denn das Wichtigste ist doch:
Du hattest eine schöne Zeit – eine herrliche Zeit

Klammer dich nicht so an gestern
Heut ist auch ein schöner Tag
Hab keine Angst – es könnte sehr viel schlimmer sein
Schließ die Augen und sei stark

Du hast nur dies eine Leben
Wenns vorbei ist, ists vorbei
Nimms nicht schwer – denn das Wichtigste ist doch:
Du hattest eine schöne Zeit – eine herrliche Zeit

Du hast nur dies eine Leben
Wenns vorbei ist, ists vorbei
Nimms nicht so schwer – denn das Wichtigste ist doch:
Du hattest eine schöne Zeit

Wir haben nur dies eine Leben
Wenns vorbei ist, ists vorbei

(Der Abdruck erfolgt mit freundlicher Genehmigung der PMS Musikverlag GmbH.)

In die *Psychologie* hat der Begriff des Hier und Jetzt Einzug gehalten durch Fritz Perls, Carl R. Rogers und die Gruppendynamik. Davor hatten sich die Psychologen zum Teil mehr um die Vergangenheit ihrer Patientinnen und Patienten gekümmert. Für Perls geht es in jedem Augenblick des Lebens darum, bei sich selbst zu sein, sich zu spüren, zu fühlen und zu erleben. In jedem Augenblick unseres Lebens brauchen wir eine wache Bewusstheit, die »awareness« (vgl. S. 113f.). Wir sollen wach und selbst-bewusst durchs Leben gehen. Dies ist die eigentliche Vorraussetzung für seelische Gesundheit und vor allem für die Freiheit und Unabhängigkeit eines jeden einzelnen Menschen. Dazu müssen wir präsent und wach in der Gegenwart in jedem Augenblick sein.

Interessanterweise tauchen die Begriffspaare »hier und jetzt« sowie »dort und damals« erstmalig in Thomas Manns Roman »Der Zauberberg« auf: Die Patienten befinden sich in Davos in der Schweiz in der Lungentuberkulose-Klinik. Unten im Dorf gibt es eine Wochenschau im Kino. Es ist erstaunlich für die Patienten, wie sie »hier und jetzt« erleben können, was »dort und damals«, ganz woanders, passiert ist – und sie mitten darin (S. 335).

Ein Landwirt kommt in meine Beratung. Er ist sehr verzweifelt und klagt fast eine halbe Stunde lang über seine Situation. Plötzlich erkennt er das und entschuldigt sich bei mir dafür, dass er so klagsam ist. Darauf sage ich: »Aber das ist doch völlig in Ordnung. Sie sind doch in einer ganz misslichen Lage. Und die Stunde gehört doch Ihnen.« Dann klagt er noch ein bisschen weiter, sagt aber dann: »Das war gut, dass Sie mir das erlaubt haben, zu klagen. Jetzt brauch ich es nicht mehr.« Er fühlt sich besser und erleichtert. Paradoxerweise kann er meine Erlaubnis nutzen, um einen Schritt weiter zu kommen. Den Rest der Beratungsstunde findet er erste Lösungsansätze für seine schwierige Situation.

Zu unserem Thema Konzentration auf die Gegenwart passt dieses Rilke-Gedicht aus dem Jahr 1898:

Du musst das Leben nicht verstehen

Du musst das Leben nicht verstehen,
dann wird es werden wie ein Fest.
Und lass dir jeden Tag geschehen
so wie ein Kind im Weitergehen
von jedem Wehen
sich viele Blüten schenken lässt.

Sie aufzusammeln und zu sparen,
das kommt dem Kind nicht in den Sinn.
Es löst sie leise aus den Haaren,
drin sie so gern gefangen waren,
und hält den lieben jungen Jahren
nach neuen seine Hände hin.

Wir sehen: In Religion, Literatur und Poesie, Punk- und Rockmusik wie auch im richtigen Leben hat die Besinnung auf die Gegenwart zu Recht eine große Bedeutung.

Das Einfache tun

Unserer letzten Methode liegt die Vorstellung zugrunde, dass Selbstveränderung mit einfachen, natürlichen und naheliegenden Mitteln vorzunehmen ist. Wenn ich Arbeit suche, ist das Einfache, Natürliche und Naheliegende, Zeitungen und die Internet-Job-börsen zu studieren, Firmen gezielt anzuschreiben und anzurufen und auch an Tätigkeiten zu denken, die meiner derzeitigen Qualifikation ähnlich sind, sowie Teilzeitarbeit und Honorartätigkeit in Betracht zu ziehen.

Manchmal liegen die Dinge einfach und werden erst kompliziert, indem man sie kompliziert denkt. Man macht sich oft Dinge schwerer, als sie wirklich sind, indem man sie als schwierig konstruiert.

Einige Beispiele:

- Jeden Morgen komme ich gestresst und mehr oder minder verschwitzt auf der Arbeit an. Ich bin in den Stau geraten und habe mich über die anderen Autofahrer geärgert, den vielen Verkehr, die unfähigen Politiker, die die Verkehrsprobleme nicht lösen. Natürlich fahre ich Schleichwege, aber die fahren die anderen Verkehrsteilnehmer auch! Gestresst, mit aufgelöster Kleidung, gehetzt und kurzatmig betrete ich das Gebäude. Fazit ist: Indem ich Schleichwege fahre und dadurch immer im letzten Augenblick ankomme, beginne ich an der falschen Ecke mit der Reparatur. Wenn ich dagegen lediglich zehn Minuten früher losfahre, komme ich in Gelassenheit an. Manchmal ist es eben einfach, den Hebel zu finden.
- Wer eigenständiger werden will, kann sich pro Woche an drei

Tagen jeweils eine Stunde nur für sich und für eigene Wünsche reservieren.

- Wer einsam ist, muss dahin gehen, wo Kontakte grundsätzlich möglich sind, in einen Verein, ins Fitnesscenter, in einen Volkshochschulkurs, oder er kann eine Kontaktanzeige aufgeben. Wer als Student einsam ist, für den ist das Einfache und Naheliegende, Lehrveranstaltungen aufzusuchen, in denen man dicht gedrängt in den Bänken sitzt, und nicht in solche, in denen einzelne Studenten verloren über viele Sitzreihen verstreut zuhören. Förderlich ist es auch, die Universitätscafeteria dann aufzusuchen, wenn sie vollbesetzt ist, und nicht dann, wenn fast alle Tische frei sind.

- Gerade im Hinblick auf Ängste ist es wichtig, das Einfache, Natürliche und Naheliegende zu tun. »Da, wo die Angst ist, geht es lang!«, lautet die Devise. Schritt für Schritt nähere ich mich der angstmachenden Situation an, um festzustellen, dass die Situation mit kleinen Schritten doch zu meistern ist.

- Wer ein Nachmittagstief hat, wird sofort eine Besserung erzielen, wenn er mittags weniger isst.

- Das Mittel gegen Übermüdung ist mehr Schlaf.

Solche einfachen Lösungen erzeugen bei ähnlich Betroffenen oft ein Aha-Erlebnis.

Das Naheliegende tun

> Willst du immer weiter schweifen?
> Sieh, das Gute liegt so nah.
> Lerne nur das Glück ergreifen,
> Denn das Glück ist immer da.
> (Johann Wolfgang von Goethe: Erinnerung)

Eine Geschäftsfrau berichtet, wie sie aus einer tiefen Lebenskrise herauskam, indem sie das Naheliegende tat. »Als ich mit 36 von meinem Mann verlassen wurde, fühlte ich mich mit meinen drei Kindern zunächst als Opfer. Eine unerträgliche Situation, von der ich glaubte, dass ich sie nicht würde überstehen können. Vor allem, da es um eine andere deutlich jüngere Frau ging, war mein Ego schwer verletzt. Nach einiger Zeit wollte ich nicht länger in dieser Rolle verharren und wurde aktiv. Ich habe alles selbst in die Hand genommen, was ich sonst gern meinem Mann überlassen habe. Ich habe vieles erprobt, was ich früher nie gewagt hätte. Ich kann jetzt besser meine Ziele durchsetzen, ich kann Häuser verkaufen, Autos verkaufen und kaufen, ich kann meine beruflichen Interessen vehement vertreten und fühle mich mittlerweile viel stärker und autarker als je zuvor. Mein Leben ist jetzt so, wie ich es mir vorgestellt habe.«

Gerade Kinder wählen oft kluge Schritte in der Selbstveränderung und kommen gut damit voran. Wir Erwachsenen können viel von ihnen lernen. Ihre Lösungen sind oft witzig, verblüffend einfach und sehr erfolgreich.

Ein sechsjähriges Mädchen berichtet, dass sie Angst hat, in den dunklen Keller des elterlichen Hauses zu steigen. Sie bekommt einen Hund geschenkt und geht mit ihm jeden Abend mehrmals in den Keller hinunter. Später kann sie auch ohne Hund diesen Weg gehen und Dinge aus dem Keller holen.

Wenn der Professor den Medizinstudenten fragt, welche Krankheit sich denn am ehesten hinter Übelkeit, Druckschmerz am Bauch und Erbrechen verbergen könne, und der Student als Erstes eine schwere, seltene Tropenkrankheit vermutet statt eine einfachen Blinddarmentzündung, hat der Student sich in seinem eigenen Wissen verheddert. Er hat das Naheliegende nämlich nicht erkannt.

Das Naheliegende zu beachten, ist auch in der Selbstveränderung von großer Bedeutung. Wer das Naheliegende verfehlt, bringt leicht den ganzen Plan zum Scheitern.

Ein Student will seine Diplomarbeit über die Lebenslage arbeitsloser Ärzte schreiben. Dazu wäre es zunächst sinnvoll zu prüfen, ob er die Möglichkeit findet, Interviews mit solchen Ärzten zu führen. Stattdessen entwickelt er ein fertiges Konzept für die ganze Untersuchung einschließlich Fragebögen und Verrechnungsmethoden. Aber die wichtigste Voraussetzung, nämlich an das Datenmaterial überhaupt heranzukommen, hat er übersehen.

Der Volksmund beschreibt diese krude Art des Denkens mit der Formulierung »das Pferd vom Schwanz her aufzäumen«. Wenn wir zu unserem Problem oder unserem Ziel häufiger von anderen, vielleicht auch noch voneinander unabhängigen Menschen immer wieder den gleichen Rat bekommen und wir immer wieder darauf antworten: »Alles, nur das nicht!«, sollten wir einmal kurz innehalten und überlegen, ob das, was die anderen uns immer wieder raten, nicht doch das Natürliche, Naheliegende und Einfache ist, das uns helfen könnte.

Das Natürliche tun

Es geht bei der Selbstveränderung fast immer darum, das Natürliche zu tun. Manchmal weiß man in der Selbstveränderung aber nicht, was man in einer bestimmten Angelegenheit tun soll und was dabei das Natürliche ist. Wenn man eine solche Frage hat und sie dem I-Ging, dem alten chinesischen Münzorakel stellt, gibt es dazu manchmal den Kommentar: die natürliche Antwort. Es wird damit die Empfehlung ausgesprochen, alle Gegebenheiten der Situation sorgfältig zu studieren. Dann ergebe sich die Antwort ganz von allein.

Das I-Ging zieht dabei die Natur zu Rate. Denn von der Natur können wir auch in der Selbstveränderung viel lernen. Die Natur fügt sich in die Jahreszeiten ein und folgt ihren Erfordernissen: Sie passt sich an, entwickelt sich und pflanzt sich fort. Die Natur heilt von selbst Verletzungen, die ihr zugefügt werden, und wahrt ein wunderbares Gleichgewicht von Geben und Nehmen. Es ist entscheidend, auch bei anderen Fragen des Lebens die natürliche Antwort auf die Dinge zu finden, eine Antwort, die im Einklang mit den Naturgesetzen steht. Die natürliche Antwort erfordert eine hohe Aufnahmebereitschaft gegenüber der eigenen Umwelt. Wir öffnen uns und machen die eigene Persönlichkeit empfänglich für die ganze Welt. So finden wir den für uns richtigen Weg.

Der Dalai Lama sagte vor kurzem, dass der Leitgedanke des neuen Jahrtausends die Tugend des Mitgefühls sein sollte, und zwar weltweit. Er betrachtet das als Angebot, Vorschlag und Botschaft, weil Mitleid und Mitgefühl viele expansionistische Tendenzen mildern könnten. Das ist das Naheliegende angesichts der bedrohlichen Weltlage.

**Einladung zu Selbstreflexion und Verhaltensänderung:
Das Naheliegende tun**

1. An welche unerledigte Thematik in Ihrem Leben haben Sie
    während der Lektüre der letzten Minuten gedacht?

    ....

2. Was ist in diesem Fall das Natürliche, Einfache und Nahelie-
    gende, das getan werden kann?

    ....

3. Welchen ersten Schritt können Sie heute oder morgen in die-
    sem Zusammenhang tun?

    ....

5   Weitere Hilfen bei der Selbstveränderung

Jetzt geht es darum, wie Ihre Pläne der Selbstveränderung am besten vorwärtskommen. Wir wissen mit Erich Kästner: »Es gibt nichts Gutes – außer man tut es!« Aber diesem Tun stehen manche Barrieren im Weg. In diesem Kapitel erfahren Sie, auf welche Weise Sie diese Hindernisse am besten aus dem Weg räumen können.

5.1   Sondieren Sie Ihr Selbstveränderungspotential!

Manche Menschen machen geradezu Unvorstellbares durch und dennoch gelingt es Ihnen, zu gesunden oder sogar gesund zu bleiben.

Aus der Traumatherapie ist bekannt, dass Menschen mit schlimmsten Erlebnissen durch Krieg, Gewalt, Folter und Gefangenschaft, Erlebnisse, die unsere Vorstellungskraft sprengen, langfristig oft gut zu helfen ist. Viele Klienten, die durch solche Ereignisse schwerstens traumatisiert sind, haben noch eine intakte Kernfamilie oder hatten eine behütete Kindheit, die ein stabiles Fundament bildet. Es gibt Kindersoldaten, die bis zu ihrem achten Lebensjahr eine normale und glückliche Kindheit hatten. An dieses Leben können sie wieder anknüpfen (van Keuk, 2007, S. 1).

Ein solch gewaltiges Selbstveränderungspotential würde man vielleicht in fast allen menschlichen Biografien vorfinden, wenn man nur detailliert genug fragen würde. Zumindest ist die Fähigkeit, sich auf neue Gegebenheiten einzustellen, bei vielen Menschen sehr hoch. Warum wir uns so sehr verändern können, lässt sich unter anderem durch drei psychologische Konzepte erklären:
1.   protektive Faktoren,
2.   Resilienz,
3.   Salutogenese.

Protektive Faktoren

Es gibt tatsächlich bestimmte Lebensbedingungen, die uns Menschen vor den Fährnissen und Unbilden des Lebens schützen können. Sie werden in der Fachwelt protektive Faktoren genannt. Sie wirken gewissermaßen als Schutzimpfung gegenüber seelischer und körperlicher Schädigung oder Krankheit. Mittlerweile sind diese günstigen schützenden Faktoren und Lebensbedingungen sorgfältig untersucht worden. Es handelt sich um:

- Kontinuierliche dauerhafte Zuwendung zum Säugling während der ersten Lebensmonate.
- Eine positive Beziehung der Eltern zum Kind während der frühen Kindheit.
- Vier oder weniger Kinder in der Familie im Altersabstand von mehr als zwei Jahren.
- Neben der Mutter gibt es noch zusätzliche Pflegepersonen.
- Die Mutter ist teilweise außerhalb des Hauses beschäftigt.
- Ältere Geschwister und Großeltern stehen als weitere Bezugspersonen zur Verfügung.
- Es gibt gleichaltrige Kinder und Nachbarn zur Unterstützung.
- Es herrschen klare Regeln und Strukturen im Haushalt und in der Familie.

Wissenschaftliche Arbeiten belegen, dass sogar nur eine *einzige* schützende, zuverlässige und gütige Bezugsperson eine wichtige und weitgehend vor einer seelischen Gefährdung bewahrende Rolle übernehmen kann. Dies kann Mutter, Vater, Geschwister, Tante, Oma oder Opa sein. So wird das Kind nachhaltig gegen die Widrigkeiten des Lebens geschützt. Wenn das Kind mehrere der oben genannten protektiven Faktoren erlebt, ergibt sich daraus die Qualität der Resilienz.

Resilienz

Der Begriff Resilienz stammt aus der englischsprachigen Materialforschung und bezeichnet dort die Widerstandskraft und Haltbarkeit eines Werkstoffes gegenüber Belastung, Schlag, Druck und anderen schädigenden und zerstörenden Kräften. Im deutschen Sprachraum taucht der Begriff in der Kosmetik auf: Unsere Haut hat eine hohe Resilienz, also Elastizität, Frische und Glätte, wenn wir sie mit kosmetischen Produkten pflegen – jedenfalls angeblich.

In der Psychologie wird unter Resilienz seelische Widerstandskraft und Elastizität verstanden, die eine schnelle Rückkehr zur ursprünglichen psychischen Stabilität und Gesundheit nach einer Belastungssituation ermöglicht. Junge Bäume und besonders die Weide können uns die Resilienz veranschaulichen. Die Zweige dieser Bäume spielen im Wind, sie geben nach, kommen aber immer wieder in ihren ursprünglichen Zustand zurück. Die Zweige und der ganze Baum biegen und beugen sich – aber sie brechen nicht.

Es gibt viele Beispiele von Menschen, die durch ihre seelische Elastizität und Widerstandkraft extrem widrige und schädliche Situationen überleben und überstehen konnten. Manche Menschen, die eine ganze Reihe von schweren Schicksalsschlägen zu erleiden hatten, kommen immer wieder auf die Beine.

Salutogenese

Der israelische Medizinsoziologe Antonovsky (1997) kommt bei der Analyse zahlreicher Forschungsarbeiten und aufgrund der Ergebnisse seiner eigenen Studien auf drei zentrale Faktoren, die unsere Gesundheit bedingen. Wir bleiben gesund, wenn die Ereignisse unseres Lebens gekennzeichnet sind durch:
1. Verstehbarkeit des Geschehens,
2. Beeinflussbarkeit des Geschehens,
3. Sinn des Geschehens.

Wenn Menschen diese drei Faktoren an sich selbst erleben, haben sie eine wesentlich höhere Chance, gesund zu bleiben, auch in extrem widrigen und schädlichen Situationen. Wenn ein Mensch seine persönliche Situation versteht, Möglichkeiten der Beeinflussbarkeit sieht und alledem auch noch einen Sinn verleihen kann, bleibt er gesünder als jemand, der das nicht kann. Die grundsätzliche Fähigkeit zur Selbstveränderung und die konkrete Durchführung einer Selbstveränderung sind gesund, machen gesund und halten gesund. Alle drei *Salutogenese-Faktoren* von Antonovsky werden in der Selbstveränderung berührt. Wenn ich mich selbst verändere, verstehe ich meine Situation, habe Ideen, wie ich die Sache angehe und sehe auch Sinn in diesem Vorgehen.

Ein Beispiel: Wie kann jemand, der zwanzig Jahre lang unschuldig im Gefängnis gesessen hat, sich bewahren, ohne Hass in die Gesellschaft zurückkehren, sogar seinem Kerkermeister verzeihen und sagen:»Ich habe jetzt noch Lebenszeit vor mir!« Es ist wie ein Wunder, dass manche Menschen in solchen Situationen nicht in maßlose Angst oder Depression verfallen oder auf Rache sinnen. Besonders schwer ist es ja, weil man zu Beginn der zwanzig Jahre noch gar nicht weiß, dass man nach zwanzig Jahren freigelassen wird. Lohnt es sich da überhaupt, für ein Leben danach etwas Güte aufzubewahren? Oder ist das der falsche Ansatz? Muss man immer sagen:»Ja, es lohnt sich! Auch wenn ich nie mehr hier rauskomme, führe ich mein Leben auch hier in Liebe und Güte. Schon die Idee, mir Güte für eine ungewisse Zukunft zu bewahren, kann sehr leicht eine Illusion sein. Ich will jetzt leben und gütig sein, nicht aber für übermorgen planen!«

Grenzerfahrungen

Auch Grenzerfahrungen machen uns oft mit unseren Selbstveränderungspotentialen bekannt. Menschen, die Grenzerfahrungen machen, berichten danach oft über erstaunliche Verwandlungen in ihrem Leben. Bei Grenzerfahrungen denken wir zunächst an sportliche Herausforderungen wie Bergsteigen, Trekking oder Marathonlauf. Darüber hinaus sind es Situationen, in denen das eigene Leben bedroht ist oder bedroht erscheint. Auch Nahtod-Erlebnisse sind intensivste Grenzerfahrungen. Grenzerfahrungen erlebt man in der meditativen Versenkung und während intensiver Selbsterfahrungen in der Gruppe. Viele Betroffene schildern, dass diese Erfahrungen ihr Leben verändert haben. Manche Grenzerfahrungen erscheinen uns im Nachhinein wie ein Sieg über uns selbst. Es gibt Grenzerfahrungen, die man aktiv aufsucht; andere begegnen uns unerwartet und ungeplant.

Heinrich Harrer entkommt 1940 auf seiner Flucht im Himalaya in fast aussichtslosen Situationen immer wieder ganz knapp größten Gefahren, wie er eindrucksvoll in seinem Buch »Sieben Jahre in Tibet« beschreibt.

5.2 Aktivieren Sie Ihre Ressourcen!

Ressourcen sind alle Stärken, Kräfte, Kenntnisse und Erfahrungen eines Menschen. Dazu zählen unsere Kompetenzen, Fertigkeiten, Überzeugungen, persönliche und kulturelle Besonderheiten, die uns helfen, die Aufgaben unseres Lebens zu bewältigen. Jeder Mensch verfügt über ihm eigene Ressourcen im Hinblick auf die Selbstveränderung. Das Konzept der Ressourcenorientierung gibt uns die Empfehlung, uns nicht nur mit Problemen, Leid, Unzulänglichkeiten und Versagen zu befassen, sondern ausdrücklich auch mit unseren *Kompetenzen*. Wir alle haben Kompetenzen, die erkennbar schon vor der Selbstveränderung in uns angelegt sind und gleichsam beiläufig und leicht als Helfer der Selbstveränderung abgerufen und in Anspruch genommen werden können. Jeder Mensch hat in seinem Leben zumindest einige Male erfolgreich eine Selbstveränderung vorgenommen. Diese Erkenntnis ist selbst eine wichtige Ressource, führt sie uns doch vor Augen, dass wir zur Selbstveränderung im Stande sind.

Ein elfjähriger Schüler, der nicht schwimmen kann, beschließt eines Tages, es selbst zu lernen. Er nimmt sich als ersten Schritt vor, im knietiefen Wasser nur zwei Meter weit zu schwimmen, ohne Hände oder Füße aufzusetzen. Wild schnaufend und um sein Leben rudernd gelingt ihm dies. Dann steckt er sein Ziel weiter. Er schwimmt die gleiche Strecke an einer Stelle, wo er nicht mehr stehen kann. Mit einem kraftvollen Abstoßen und wenigen Paddelschlägen erreicht er jedes Mal das rettende Ufer. Als nächstes nimmt er sich vier Meter, dann sechs Meter vor. Schließlich, nach zwei Wochen in den Sommerferien, durchschwimmt er tollkühn das ganze Becken in einer Breite von fünfzehn Metern. Krönung seines Erfolgs ist das Durchschwimmen des Beckens in der Länge von fünfundzwanzig Metern. Jetzt kann er schwimmen und ist stolz, seine Angst selbst überwunden zu haben.

Jemand, der große Angst vor der Abschlussprüfung an der Uni hat, kann sich klarmachen, dass er schon viele Klassenarbeiten, das Abitur, den Führerschein und das Vordiplom geschafft hat. Wenn er sich klarmacht, was ihm früher in ähnlichen Situationen geholfen hat und was ihm dabei an eigenen Fähigkeiten und Verhalten zur Verfügung stand, dann schrumpft vielleicht auch die Angst vor der jetzt bevorstehenden Prüfung auf ein Normalmaß.

Sogar den Gegenimpuls zur Veränderung, den *Widerstand*, hat Sigmund Freud als einen der wichtigsten Helfer in der Therapie betrachtet. Es gilt, mit dem Widerstand konstruktiv umzugehen.

Als ich mir das Rauchen abgewöhnen wollte, aber Angst hatte, es nicht dauerhaft zu schaffen, weil ich schon zweimal aufgehört und nach jemals drei Jahren wieder angefangen hatte, sagt mein Coach zu mir: »Wer es schon zweimal
geschafft hat, schafft es auch ein drittes Mal, und dann für immer!« Dieser
Satz trifft mich mitten ins Herz und hilft mir auf dem Weg zum endgültigen
Erfolg.

Wichtig für die Selbstveränderung kann es sein, sich *Unterstützung*
zu organisieren und sich Personen zu suchen, die dem Veränderungsprojekt positiv gegenüberstehen. Das Netzwerk soll helfen,
den Blick auf die Fortschritte zu lenken und gemeinsam Ideen
zu entwickeln, wie es noch besser werden könnte. Das können
Freunde und Bekannte, aber auch Selbsthilfegruppen sein. Ehe-
mals Süchtige sind große Selbstveränderer, von denen man viel
lernen kann. Als Inbegriff der Selbsthilfe betonen sie immer wieder die Wichtigkeit und Ressourcenkraft unserer Mitmenschen.
Deshalb hängt in den Räumen von Selbsthilfegruppen auf Plaka-
ten häufig der Satz: »Nur du schaffst es! Aber du schaffst es nicht
allein!« Umgekehrt gilt die Sache natürlich genauso: »Du schaffst
es nicht allein! Aber nur du schaffst es!«

Es ist immer gut, jemandem von der eigenen Selbstveränderung zu berichten. *Gespräche* mit einer wohlgesonnenen vertrauten Person über das Selbstveränderungsprojekt können eine ganz
große Ressource sein. Denn die andere Person kann die Dinge aus
einer anderen Perspektive betrachten. In der Reflexion kommen
der Person oft überraschende neue Ideen über den weiteren Fortgang ihrer Planung. Für viele ist auch der Glaube an Gott und das
Gebet eine wichtige Ressource. Menschen beten, dass Gott ihnen
Einsicht und Kraft gebe, das Richtige zu tun. Das Gebet ist ein Gespräch, ein Gespräch mit Gott. Vielen Menschen gibt die schöne
Bibelstelle aus dem ersten Korintherbrief Kraft: »Jetzt bleiben
Glaube, Hoffnung, Liebe, diese drei: Aber die Liebe ist die größte
unter ihnen.« Der Glaube an sich selbst ist ebenfalls eine wichtige
Ressource. In der christlichen Religion heißt es ja zu Recht: Der
Glaube versetzt Berge!

Auch die Erinnerung und das Andocken an frühere schöne Erlebnisse, kann eine Kraftquelle für heute sein.

Ein 40-jähriger Rechtsanwalt in einer tiefen persönlichen Krise, berichtet von
einem schönen Kindheitserlebnis, als er als Kind mit seiner Mutter in der war-
men Küche stand, es draußen schneite und er mit der Mutter und anderen

Kindern duftende Weihnachtsplätzchen backte. Von dieser früheren Wärme kann er in seinem gegenwärtig freudlosen Leben noch profitieren.

Einem Vorstandsmitglied einer Versicherungsgesellschaft, einem ausgesprochenen Genussmenschen, fällt eines Tages selbst auf, dass er zu viel Alkohol, reichlich gutes Essen und 30 Zigaretten täglich konsumiert. Er entscheidet sich daraufhin, mit dem geliebten Rauchen aufzuhören. Er selbst findet es gesundheitlich zu gefährlich, exzessiv und hemmungslos, diesen drei Bedürfnissen nachzugehen. Er wählt die Methode des langsamen Aufhörens mit den Zigaretten, erst 29, dann 28, dann 27 und so weiter bis zur Abstinenz. Er ist mittlerweile vollständig nikotinfrei. Ihm hilft dabei seine ausgesprochene Zahlenorientierung als Finanzvorstand. Er sagt sich: »Drei Laster sind zuviel! Ich reduziere auf zwei Laster. Dann reduziere ich von 30 schrittweise auf Null.«

Einladung zu Selbstreflexion und Verhaltensänderung: Ressourcenaktivierung

Jeder Mensch bringt zur Selbstveränderung ganz spezifische eigene Stärken, Fähigkeiten und Kompetenzen mit. Fragen Sie sich also, welche eigenen Bordmittel Ihnen zur Verfügung stehen:

1. Was kann ich gut?

   ....

2. Welche Kraftquellen habe ich?

   ....

3. Wer kann mir bei meiner Veränderung helfen?

   ....

4. Was hat schon einmal geklappt?

   ....

5. Wann war es schon einmal gut oder besser als jetzt? Was war da anders?

   ....

6. Mit welcher wohlgesonnenen Person kann ich über die Angelegenheit sprechen?

   ....

7. Was gibt mir Zuversicht und Kraft?

   ....

8. An welcher Stelle setze ich einige dieser Ressourcen ab heute ein?

   ....

Bringen Sie Ordnung in Ihr Leben! Auch der Wille und die Fähigkeit, Dinge zu ordnen, kann im Seelischen eine große Kraft und Ressource sein.

Eine 32-jährige Bankkauffrau verliebt sich immer wieder in Männer, die eigentlich nicht frei für eine Beziehung sind. Schließlich sagt sie sich: »Ich will jetzt Ordnung in mein Leben bringen. Ich räume mein Leben auf!« Einige Wochen später berichtet sie, dass sie in ihrem Leben tatsächlich Ordnung geschaffen habe. Sie hat ihren untreuen Geliebten verlassen und sich eine neue Wohnung gesucht. Sie ist jetzt wählerischer im Umgang mit Männern und sucht gezielt nach einem Mann, der zu ihr steht und mit dem sie eine Familie aufbauen kann.

Viele Menschen berichten, dass es ihnen schwer falle, selbst in kleineren Dingen Ordnung zu schaffen. Der berühmte Schuhkarton mit den Unterlagen für die Steuererklärung, das Aufräumen des Kellers und der Wohnung sind wiederkehrende Motive der Ordnungsfrage. Im Nachhinein berichten fast alle Aufräumer und Ordnungsschaffenden: »Ich bin froh, dass ich es gemacht habe!« Das Lebensgefühl für den nunmehr aufgeräumten Bereich wendet sich auf der Stelle ins Positive.

Ordnung und Ordnen, insbesondere seelisches Ordnen, muss nicht den unangenehmen Geruch von peniblem Zwang haben. Viele Menschen entwickeln nach und nach sogar Spaß daran, Ordnung in eigene Angelegenheiten zu bringen. Carl R. Rogers, der berühmte amerikanische Psychotherapeut, hat einmal gesagt, dass es zu seinen größten Genüssen gehöre, Ordnung in die Dinge zu bringen (2000). Wenn es um Arbeit geht, muss man sagen: Unordnung lädt nicht zur Arbeit ein. Sie kennen vielleicht auch einen Menschen, bei dem man nur noch schrittweise den Raum betreten kann, weil überall auf dem Boden verstreut hohe Stapel von Büchern, Papieren, Zeitschriften und Kisten liegen; dasselbe Bild in den Schränken und Regalen. Der Schreibtisch dieses Menschen sieht meist ähnlich aus. Oft sind die Papier- und Aktentürme dort noch höher und einsturzgefährdeter als die auf dem Boden. Es ist mitunter ein gefährliches Unterfangen, sich dem Zimmerbewohner durch diesen Papierdschungel zu nähern. In Film und Literatur werden solche Personen oft als genial stilisiert. Im Alltag leiden viele von ihnen unter ihrer Unfähigkeit, Ordnung zu schaffen.

5.3 Nehmen Sie's mit Humor!

Die Lage ist hoffnungslos, aber nicht ernst.
(österreichische Militärweisheit)

Gott schenkt dir das Gesicht.
Lächeln musst du selber!
(irisches Sprichwort)

Viele Situationen in unserem Leben lassen sich nur mit Humor ertragen. Auf jeden Fall werden sie mit Humor viel leichter. In vielen Situationen kann man sich entscheiden, ob man humorvoll reagiert oder beispielsweise ärgerlich, wütend oder aggressiv. Man kann selbst Einfluss darauf nehmen, ob man das gleiche Ding für eine Katastrophe oder für etwas Absurdes hält. Die günstige Wirkung von Humor ist im Alltag und in der Psychologie seit langem bekannt. In der Gestalttherapie und dem Psychodrama wird mit einer hohen Dosis Humor und Provokation erfolgreich gearbeitet.

Der Amerikaner Frank Farrelly entwickelte die *Provokative Therapie.* Er arbeitete mit Patienten in der Psychiatrie, die schwere seelische Störungen hatten. Bei vielen dieser oft als hoffnungslose Fälle bezeichneten Patienten gelang es Farrelly, sie aus den geschlossenen Abteilungen herauszuprovozieren, sodass sie lernten, in eigenen Wohnungen zu leben (Farrelly u. Brandsma, 1986).

Die Provokation zu Humor und Gelächter richtet der provokative Therapeut ausschließlich gegen das Schädliche und Widersinnige im Verhalten des Patienten und niemals gegen die Person selbst. Guten provokativen Therapeuten gelingt es, durch lustige humorvolle Verzerrung der Situation des Patienten und dessen Art des Denkens und Fühlens, diesen zum Lachen über sich selbst zu bringen. Wer lacht, kämpft nicht mehr und flüchtet auch nicht mehr. Wer lacht, fühlt sich entlastet und bekommt Abstand zu Problemen. Lachen mischt die Karten neu: Gelächter wirkt befreiend und lösend! Im gemeinsamen Lachen keimt Hoffnung und Zuversicht auf. Denn Lachen weist immer auf einen guten Ausgang der Sache hin. Lachen darf schließlich nur, wer der festen Überzeugung ist, dass schließlich doch noch alles gut endet. Und die Hoffnung, dass es ein gutes Ende gibt, erzeugt Zuversicht und ermutigt zu weiteren Schritten.

Humor ist heilsam. Er wirkt als starke Gegenkraft gegen Probleme, Leid und Stillstand. Jeder Mensch kann lernen, seinen Humor zu entwickeln. Humor und Provokation wecken unsere Aufmerksamkeit. Sie verschaffen uns gewissermaßen *Diskrepanzerlebnisse*. Wir sehen die Dinge mit Humor anders, unterschiedlich, mit einer Diskrepanz zwischen unserem ersten Impuls, die Dinge mit Betroffenheit, Ärger und schlechtem Gefühl zu erleben. Im günstigen Fall sind Humor und positive Provokation gute Hebel für die Selbsttherapie. Mit Humor lässt sich vieles aus einer anderen Perspektive betrachten. Dieser Perspektivenwechsel ist oft sehr hilfreich. Denn es ist wichtig, sich selbst nicht als das Maß aller Dinge zu betrachten, sondern über die eigenen Unzulänglichkeiten lachen zu können.

All das bedeutet natürlich nicht, nichts mehr ernst zu nehmen. Menschen mit Humor, auch Clowns, sind im Übrigen oft sehr ernste Menschen. Eine humorvolle, heiter gelassene Grundstimmung und Herangehensweise bei der Selbstveränderung ist sehr von Vorteil. Humor verschafft uns die Möglichkeit, über uns zu stehen, wohlwollend und in guter Stimmung zu sein. Wenn wir über uns selbst lachen können, ist dies immer eine Bereicherung, bedeutet es doch, dass wir uns nicht so ernst nehmen und uns das Leben und damit auch das eigene Selbstveränderungsprojekt leicht machen. Humor bedeutet ja im Kern, sich selbst nicht zum Maß aller Dinge zu machen – eine Einladung zur Bescheidenheit. Eine gewisse Bescheidenheit wiederum ist das Gegenteil zu sauertöpferischer Angestrengtheit. Besonders bei der Selbstbeobachtung ist Humor wichtig, denn dadurch gelingt es, unsere Selbstwahrnehmung und die ersten Veränderungsschritte mit einem Lachen und in fröhlicher und fehlerakzeptierender Stimmung vorzunehmen.

Humor lockert die gesamte Situation auf. Humor und Lachen korrespondieren mit dem Gedanken der kognitiven Umstrukturierung, ja, das Lachen *ist* eine kognitive Umstrukturierung. Bei Wilhelm Busch heißt es: »Humor ist, wenn man trotzdem lacht!« Natürlich gibt es zugestandenermaßen viele Gründe, nicht zu lachen, sondern zornig oder entmutigt zu sein. Im Humor kommt aber immer die andere Seite ins Spiel, nämlich die gelassene heitere und fröhliche Stimmung. Humor und eine gute heitere Stimmung ziehen sich durch die gesamte Selbstveränderungsmethodik. Alle diese Vorgangsweisen stellen freundliche Selbstüberlistungen dar (siehe Kap. 4.4).

Es ist gut, sich bei der Selbstveränderung immer zu fragen, ob man im wahrsten Sinne des Wortes einen Spiel-Raum hat. Spiel hat mit Spaß und Freiheit zu tun; es ist das Gegenteil von Zwang. Gerade bei Zwängen, also wenn man sich immer wieder zu demselben unerwünschten Verhalten, Gefühlen oder Gedanken gezwungen fühlt, ist eine humorvolle spielerische Herangehensweise oft sinnvoll und hilfreich. Der vermeintliche Zwang wird oft allein dadurch gelockert. Morgens vor dem Spiegel die Welt lächelnd zu begrüßen, hilft bei der Beeinflussung von Emotionen. Man kann sich an jedem Morgen entscheiden, mit welcher Emotion man in den Tag geht. Ob man die Emotion, mit der man sich selbst beim Aufwachen antrifft, akzeptiert und fortschreibt oder dass man eine andere, bessere Emotion wählt, hängt von der Entscheidung der Person selbst ab.

5.4   Motivieren Sie sich selbst!

Viele Menschen klagen darüber, dass sie zwar gern eine Veränderung hätten, sich aber nicht dazu aufraffen können. Selbstmotivation ist die Fähigkeit, auch in schwierigen Lagen auf ein Ziel zuzusteuern. Dazu bedarf es einer Portion Mut, Ausdauer und Selbstdisziplin. Motivation bedeutet Schubkraft und Antrieb, ein Ziel zu erreichen. Wie ein Flugzeug brauchen auch wir eine gewisse Schubkraft, um die eigene Trägheit zu überwinden. Dazu benötigen wir auch für das attraktive Ziel eine Prise Willen, Beharrlichkeit, Ausdauer und Disziplin.

In der Psychologie unterscheiden wir zwei große Motivationslagen: die Positivmotivation und die Negativmotivation. *Positivmotivation* meint ein Ziel, das einen starken Anreiz aufweist. Dieses Ziel ist klar, eindeutig und attraktiv. Bei der *Negativmotivation* geht es um Defizite einer Person, um Druck und Leidensdruck. Ein gewisser Leidensdruck ist oft erforderlich, bevor jemand mit der Selbstveränderung beginnt. Viele Negativmotivationen lassen sich schon durch einfaches Umbenennen in eine positive Motivation umgestalten. Aus Leidensdruck wird dann ein attraktives Ziel. Beide Motivationslagen sind sehr wirksam in der Selbstveränderung. Wir geben der Positivmotivation jedoch den Vorrang.

Wie man sich selbst motivieren kann, zeigen folgende 16 Anregungen:

1. Selbstveränderung ist machbar!
2. Formulieren Sie ein attraktives konkretes Ziel!
3. Denken Sie oft an Ihr Ziel!
4. Arbeiten Sie täglich an Ihrem Ziel, jedenfalls mit einem kleinen Schritt!
5. Handeln hilft und heilt!
6. Der Appetit kommt beim Essen!
7. Bleiben Sie mit Ausdauer bei der Sache!
8. Betrachten Sie Fehler und Rückschläge als Erfahrungen!
9. Seien Sie flexibel. Passen Sie Ihren Plan neuen Gegebenheiten an!
10. Halten Sie sich täglich vor Augen, was Sie bereits erreicht haben.
11. Freuen Sie sich über Ihre Erfolge!
12. Tun Sie täglich etwas Genussvolles!
13. Besinnen Sie sich darauf, warum Sie sich seinerzeit für dieses Ziel entschlossen haben!
14. Sprechen Sie sich Mut zu!
15. Entwickeln Sie Zuversicht hinsichtlich des Erfolgs!
16. Suchen Sie sich einen Gesprächspartner, der Sie bei Ihrem Vorhaben unterstützt!

5.5 Öffnen Sie sich für Glückserfahrungen!

> Glück entsteht oft durch Aufmerksamkeit in kleinen Dingen, Unglück oft durch die Vernachlässigung kleiner Dinge. (Wilhelm Busch)

> Das wahre und sichtbare Glück des Lebens liegt nicht außerhalb, sondern in uns. (Johann Peter Hebel)

Wenn wir das Wesen des Glücks erfassen wollen, so sind wir in guter Gesellschaft. Seit Jahrtausenden versuchen Menschen das Glück zu beschreiben und herbei zuführen. Alle Menschen streben nach Glück. »The pursuit of happiness«, das Verfolgen des eigenen Glücks, ist als Grundrecht in der amerikanischen Verfassung verankert. Viele Menschen kommen zu mir in die Beratung und sagen sofort Sätze wie diese: »Ich bin total unglücklich! Nichts macht mir Freude in meinem Leben! Ich möchte so gern das Leben wieder genießen!« Diesen Menschen ist die Fähigkeit zu Freude, Lebenslust und Genießen im Laufe der Zeit abhanden gekommen. In meiner therapeutischen Arbeit lege ich deshalb viel Wert darauf, schon sehr frühzeitig positive Ziele und positive Perspektiven mit dem Klienten gemeinsam zu entwickeln.

Aber jeder Mensch ist verschieden und hat deshalb eine eigene Glücksvorstellung. Auf der Welt gibt es also etwa sechs Milliarden Wege zum Glück: Was für den einen der Himmel ist, mag für den anderen die Hölle sein. Was für den einen Genuss und Freude ist, kann für den anderen Jammer und Qual sein. Was für den einen schön ist, ist für den anderen hässlich.»Was dem eenen sin Uhl, ist dem anderen sin Nachtigall!«, sagt der Volksmund.

Glück – »das ist ein weites Feld«, wie Baron von Briest, der Vater von Effi Briest, im gleichnamigen Roman von Theodor Fontane sagt. Glück und auch Gesundheit sind nämlich schillernde Begriffe mit unendlich vielen Facetten. Es gibt das stille, kleine, leise, aber auch das große, unendliche Glück.

In einer Talkshow wurden Personen mit sehr unterschiedlichen Berufen interviewt: Straßenkehrer, Toilettenfrau, Absolvent einer Eliteuniversität, Top-Artistin und ein Gesprächspartner, der als Beruf Sohn angab. Sie alle erzählten ihre Geschichten von Glück und Erfolg. Da wurde in allen Äußerungen ein großes Spektrum von Glückssehnsüchten und Glückserfahrungen sichtbar, und ebenso eine Vielfalt von Aspekten des Unglücklichseins, und zwar ebenfalls in allen Berufen.

Glück ist nicht an einen Ort gebunden. Glück gibt es in jedem Lebensalter. Glück besteht unter anderem darin, sich von Unwichtigkeiten zu befreien. Das Thema Glück kann man also unterschiedlich angehen. Es heißt, Glück sei die Befriedigung wichtiger Grundbedürfnisse. Da antworten die Skeptiker: Wenn uns die wichtigsten Wünsche erfüllt werden, ist dies die größte Katastrophe, weil hinter unseren Wünschen immer neue Wünsche lauern. Die niedrigere Dosis von Glück ist die *Zufriedenheit*. Zufriedenheit schafft Dauerglück. Auf die Dauer sind es die kleinen Dinge, die uns glücklich machen. Die schönsten Dinge im Leben sind kostenlos. Die Entwicklung eines Gefühlszustandes der Zufriedenheit und des Glücks lässt sich weder erzwingen noch kaufen, sondern verlangt ein anderes hohes Gut, nämlich Zeit. Zeit für angenehme Erfahrungen legt eine ruhige und entspannte Haltung nahe.

Von Diogenes, dem berühmten griechischen Philosophen, wird folgende Anekdote berichtet: Diogenes lebt in einer Tonne unter freiem Himmel sehr anspruchslos. Eines Tages kommt Alexander der Große, der Herrscher von Griechenland und Mazedonien zu ihm. Diogenes liegt in seiner Tonne. Alexander sagt zu ihm: »Ich bin der Herrscher von Griechenland, Mazedonien und Persien. Ich bewundere dich. Du hast einen Wunsch frei. Und sei er auch sehr groß.« Diogenes antwortet: »Ich habe nur *einen* Wunsch. Geh' mir aus der Sonne!«

Glück entsteht nur bedingt aus äußeren Einflüssen wie Reichtum, Ruhm, Schönheit, Intelligenz und Erfolg. Selbst gute Gesundheit ist für viele Menschen keine Quelle des Glücks, sondern wird als Selbstverständlichkeit betrachtet. Wahres Glück liegt nach weitgehend geteilter Auffassung jenseits von materiellem Wohlstand und beruflichem Erfolg. Dennoch ist unsere Arbeit und die Zufriedenheit mit ihr ein wichtiger Faktor für unser Lebensglück. Das ist natürlich völlig in Ordnung.

Der Dalai Lama holt zum Thema Glück weiter aus. Er sagt: Ein grundlegender zwischenmenschlicher Wert ist die Güte. Wir sollten ein guter freundlicher Mensch sein, der mit anderen Menschen in Wärme, Zuneigung, Ehrlichkeit und Aufrichtigkeit verbunden ist und Mitgefühl zeigt. Wenn wir diese grundlegenden menschlichen Werte leben, dienen diese unserem Wohlergehen und haben positive Auswirkungen auf unsere Beziehungen, die Arbeit und unsere körperliche und seelische Gesundheit. Letztendlich dienen sie auch der Gesellschaft. Das Hauptziel aller menschlichen Aktivitäten sollte es aber sein, dem Wohl anderer Menschen zu nützen. Dies macht wirklich glücklich.

Wissenschaftlich betrachtet ist Glück die optimale Passung zwischen Wünschen und Möglichkeiten. Glück entsteht aber nicht durch vollständige Übereinstimmung, sondern durch Annäherung zwischen erhofften und erreichten Zielen des Lebens. Auch das Erreichen von Teilzielen kann glücklich machen. Wir sehen: Glück ist ein flüchtiger Stoff, eine leicht verderbliche Ware.

Die buddhistische Antwort auf dieses Phänomen heißt: Glück besteht in der Bedürfnislosigkeit. Im Nahbereich könnte das eine Verringerung der eigenen Abhängigkeit von äußeren und inneren Erfolgen und Befriedigungen bedeuten. Dies erzeugt größere innere Gelassenheit und Zufriedenheit. Die buddhistische Theorie – Glück durch Bedürfnislosigkeit – finde ich sehr reizvoll und

erlebe sie manchmal in Kleinigkeiten. Im Alltag begegnet einem
manchmal ein kleiner Anklang von Bedürfnislosigkeit.

Neulich war ich in einem Restaurant und hatte als Hauptgericht eine Portion
gedünstetes Gemüse bestellt. Das Gericht kam, aber das Gemüse war halbgar
und hart und gar nicht so, wie man sich leckeres gedünstetes Gemüse vorstellt,
sondern al dente in einer Weise, dass ich dachte:»Das wurde einfach nur nicht
ordentlich gekocht!« Mein erster Impuls war, das Gericht zurückgehen zu lassen. Dann dachte ich:»Eigentlich ist das nicht wirklich wichtig.« Ich habe es
dann langsam und ohne Gewalt durchgekaut, gegessen und gedacht:»Jetzt bin
ich auch satt. Wozu dann noch die Zorneswallung?«

Bedürfnislosigkeit heißt natürlich nicht, dass das Herz nicht mehr
mit Leidenschaft schlägt. Deshalb haben die Buddhisten ins Zen-
trum ihrer Philosophie die Liebe gestellt: die Liebe zu aller Kreatur. Bei aller eigenen Bedürfnislosigkeit soll die Liebe das zentrale
Motiv des Lebens bleiben. Glück ist das Verschwinden von Leiden.
Der Hauptfeind des Glücks ist die *Anspruchshaltung*. Dazu gibt es
viele Beispiele. Manche Menschen sehnen sich beispielsweise nach
einem Traumpartner, einer Liebe auf den ersten Blick, die sie verrückt vor Liebe macht und sie an den Rand des Wahnsinns treibt.
Sie wünschen sich sexuelle Ekstase, natürlich über eine lange gemeinsame Lebensspanne hinweg, tiefe Sehnsucht und Treue des
Partners, gleichzeitig aber jede Form der Freiheit. Das geht selten
unter einen Hut.

Glücklich zu sein bedeutet nicht, keine Probleme zu haben.
Denn wer versucht, alle Schwierigkeiten von sich fern zu halten,
wird oft schon von kleinen Problemen überwältigt. Leid ist ein
unvermeidbarer Bestandteil des menschlichen Lebens. Leid bringt
uns in unserer Existenz weiter. Wir wachsen an der Überwindung
von Leid.

Viele Menschen denken in dem scharfen Gegensatz: Entweder
bin ich glücklich oder ich leide. Leid und Glück lassen sich aber
nicht immer scharf voneinander trennen. Beim Glück ist es wichtig, daran zu denken, dass Glück die Nichtanwesenheit von Leid
bedeutet, sich aber in Leid verwandeln kann. Beim Leid ist es wichtig, es andererseits als Nichtanwesenheit von Glück und umkehrbar
in Glück zu betrachten. Wenn man sich dessen bewusst ist, werden
Leid und Glück nicht mehr ganz so stark unser Inneres beeinflussen und uns aus dem Gleichgewicht bringen können. Dann werden
wir die Fähigkeit entwickeln, unseren persönlichen Wandel zu

gestalten. Wir sind uns unserer Aufgaben bewusst und werden inspiriert zu handeln. Hier schließt sich der Kreis und wir sind wieder bei der Selbstveränderung angelangt. Immer wieder einmal etwas Neues ausprobieren – dies ist auch ein Schlüssel zum Glück.

Jetzt möchte ich Ihnen sechs weitere Punkte zum Thema Glücklichsein vorstellen:

- Glücksdefinitionen,
- Genuss,
- Kick und Thrill,
- der Musenkuss,
- Flow-Erlebnisse,
- Maximum und Optimum.

Was wir auf jeden Fall sagen können, ist: Selbstveränderung macht oft glücklich! Denn die glücklichsten Momente des Lebens sind vermutlich diejenigen, in denen wir etwas Gutes erreichen, was wir angestrebt haben.

Glücksdefinitionen

Wir haben an der Universität Köln in einer psychologischen Untersuchung Menschen gebeten, Glück in einem einzigen Satz zu definieren. Hier eine Auswahl der Stellungnahmen:

- …, dass ich gesund bin und ein Dach über dem Kopf habe.
- Glück und Zufriedenheit kann man sich selber schaffen.
- Man verliebt sich und macht das Beste daraus.
- Man muss lernen, sich selbst zu lieben.
- Der kürzeste und einfachste Weg ist ein Lächeln.
- Glück bedeutet, mit sich selbst im Reinen zu sein.
- Glück ist, wenn mir meine Kinder jubelnd in die Arme stürzen und meine Frau lächelnd danebensteht.
- There is no way to happiness. Happiness is the way (Buddha).
- Zum Glück gehört ein gutes Lebensgefühl.
- Indem man lernt, seinen Zorn zu zügeln.
- Wenn man von seinen Eltern mit Urvertrauen ausgestattet worden ist.
- Ich kann lernen, das Schöne und Positive zu sehen.
- Glück ist, wenn ich meine Fähigkeiten und Grenzen kenne, mir ihrer bewusst bin und sie akzeptiere.

- Glücklich sein ist für mich ein Prozess, der nie abgeschlossen ist.
- Indem ich auf meine Gefühle achte.
- Glück ist, wenn ich am Strand jogge.
- Manchmal kommt das Glück ganz unverhofft.
- Glück ist, sich Ziele zu setzen und Dinge zu tun.
- Glück ist ein Beruf, der einen erfüllt.
- Auch Unglück trägt zum Glück bei.
- Nicht allzu viel von sich selbst zu erwarten.
- Indem man aktuelle Unannehmlichkeiten akzeptiert.
- Glück ist, wenn ich meine persönlichen Bedürfnisse erkenne und intensive Begegnungen mit anderen Menschen habe.
- Wenn ich in der Toskana zwei Zypressen mit Bougainvillea sehe, kann ich wahre Freudentänze aufführen.
- Glück ist, wenn ich ein Tor schieße. Dreimal habe ich das schon geschafft (mein Sohn Laurenz, 8 Jahre).

Fazit: Jeder Mensch hat seine ganz persönliche Definition vom Glück. Glück ist keine Glückssache, sondern eine Einladung zum Handeln.

Genuss

Manche Menschen tun sich schwer damit, auch nur irgendetwas zu genießen. Demgegenüber kann empfohlen werden, Genuss nach Möglichkeit zu einem festen täglichen Bestandteil des eigenen Lebens zu machen.

Genuss ist keine zufällige Beigabe, sondern braucht Zeit und ungeteilte Aufmerksamkeit. Genussvolle Momente sollten gezielt geplant und bewusst erlebt werden. Wir sollten dann zum Beispiel genüsslich essen und trinken, ohne gleichzeitig zu lesen oder fernzusehen. In Sucht- und Psychosomatik-Kliniken und in der Psychotherapie ist *Genusstraining* eine eigenständige Intervention: Genuss als Verhalten, das gelernt, geübt und praktiziert werden kann, Genuss gegen die Depression und Genuss ohne Alkohol und Drogen. Genuss ist gesünder und ungefährlicher als ein Kick oder Thrill, nachhaltig und jeden Tag möglich.

Wem die Fähigkeit zum Genuss abhanden gekommen ist, der kann sich alte und neue Genussbereiche erschließen. Genießen

spricht alle Sinne an: Sehen, Hören, Riechen, Tasten und Schmecken. Genuss verlangt positive Bewertungen und Erfahrungen
unserer Wahrnehmungen und Sinnesempfindungen. Genusser-
lebnisse heben die Stimmung. Genuss ist gewissermaßen eine
Schutzimpfung gegen Gleichgültigkeit, Depression und Angst.
Beim Genießen gilt: Weniger ist oft mehr! Denn angenehme Gefühle und Erfahrungen des Glücks wecken in uns Menschen den
Wunsch, diesen Zustand möglichst lange zu halten. Das Übermaß
führt aber zur Übersättigung. Genüsse erleben wir auch körperlich: Damit ist in erster Linie nicht nur die Sexualität gemeint und
auch nicht die körperliche Fitness, die von manchen bis zum Ex-
zess betrieben wird. Die Fähigkeit zum Genießen besteht auch im
Erleben von Aktivität und der Freude an der Bewegung. Tanzen,
das aktive Erleben von Musik und andere körperlich aktivierende
Freizeit- und Urlaubsaktivitäten zählen ebenfalls dazu. Auf diese
Art und Weise genießen wir ein gutes Körpergefühl. Genießen
kann uns glücklich machen.

Kick und Thrill

Viele Menschen in unserer Gesellschaft haben ein starkes Bedürfnis nach intensivsten Erfahrungen: Bungee-Springen, River-Raf-
ting, Survival-Camps, U-Bahn-Surfen und andere Extremsport-
arten liegen im Trend. Aus ihnen spricht ungestillter Reizhunger.
Grundsätzlich ist gegen diese Bedürfnisse nichts einzuwenden.
Aber die gleichen Bedürfnisse führen auch zum Konsum legaler
und illegaler Drogen. Auch sie stellen einen Kick dar.

Mir sind mehrere Jetpiloten der Bundeswehr bekannt, die wegen schwerster
Depressionen stationär behandelt werden müssen, weil sie nicht mehr fliegen
dürfen und gegroundet werden, das heißt, Dienst am Boden machen müssen.
Diese Piloten sagen über sich selbst, sie fühlten sich wie Junkies, die süchtig
nach dem nächsten Kick des Flugeinsatzes sind. Sie brauchen das Gefühl des
Überschallfliegens.

Die Jagd nach dem Kick kann süchtig machen. Es tritt ein unstill-
bares Verlangen ein, das nicht mehr kontrolliert werden kann. Das
Leben ohne Stoff, ohne Droge, ohne Kick will nicht mehr gelingen.
Daran sollte gearbeitet werden.

Der Musenkuss

Manchmal haben wir das Glück, von der Muse geküsst zu werden. Die neun Musen sind Töchter des Göttervaters Zeus. Sie hüten als die schönen Göttinnen der Künste und der Wissenschaften die harmonische Ordnung der Welt. Die Musen sind und heißen:

- Erato, die Muse des Liebesliedes und des Tanzes,
- Euterpe, die Muse der Lyrik und der Musik,
- Kalliope, die Muse der epischen Literatur und der Elegie,
- Klio, die Muse der Geschichte,
- Melpomene, die Muse der Tragödie,
- Polyhymnia, die Muse der Pantomime, des ernsten Liedes und des Tanzes,
- Terpsichore, die Muse des Tanzes und der Lyrik,
- Thalia, die Muse der Komödie,
- Urania, die Muse der Astronomie.

Nach landläufiger Meinung wird man zufällig von der Muse geküsst. Aber die Wahrscheinlichkeit, von der Muse geküsst zu werden, ist viel höher, wenn man sich in die Nähe der Musen begibt. Von der Muse geküsst zu werden, dazu bedarf es der Herstellung von Nähe, das heißt, der intensiven Beschäftigung mit dem Gegenstand, für den man die Inspiration durch die Muse ersehnt.

Der Volksmund behauptet: »Glück hat nur der Tüchtige«, das heißt derjenige, der dem Glück die Gelegenheit gibt, ihn zu beschenken. Ähnliches drückt folgende Anekdote aus.

Ein Mann betet zu Gott, er möge ihm einen Hauptgewinn in der Lotterie schenken. Gott antwortet: »Das ist schon in Ordnung, dass du dir das wünschst. Aber gib mir eine Chance, dir einen Hauptgewinn zu schenken, indem du dir zunächst einmal selbst ein Los kaufst!«

Flow-Erlebnisse

Der ungarisch-amerikanische Wissenschaftler Mihaly Csikszentmihalyi beschreibt am Beispiel von Tänzern, Schachspielern, Bergsteigern, Komponisten, Basketballspielern und Chirurgen Menschen, die aus sich selbst motiviert sind und deren Tätigkeit Spiel und Arbeit verbindet. Diese Menschen können im Tun aufgehen und verspüren dabei sogenannte Flow-Erlebnisse. Im Flow-

Erlebnis loten Menschen ihre Grenzen aus und versuchen, diese auszuweiten. Dabei kommt es häufig zu einer Art *Selbstvergessenheit*, die mit angenehmen und intensiven Gefühlen persönlicher Kompetenz verbunden ist (Csikszentmihalyi, 1985).

Flow-Erlebnisse sind Erfahrungen *vollständigen Hingegebenseins*, in denen die Unterscheidung zwischen Selbst und Umwelt und zwischen Vergangenheit, Gegenwart und Zukunft aufgehoben ist. Erlebnisse der völligen Hingabe oder des Verschmelzens haben Menschen in der Begegnung mit der Natur und Musik, bei künstlerischer Betätigung, beim Schachspiel, in Liebe und Religion, auch bei tiefer Entspannung sowie in Gebet und Meditation (Fengler, 2008, S. 207). Flow-Erlebnisse sind glückliche Augenblicke im Leben. Die Erinnerung daran kann eine wichtige Grundlage für aktuelles Glücksempfinden sein. Manchmal kann ein Flow-Erlebnis sogar ein Gipfelerlebnis sein, und ein einziges Gipfelerlebnis kann dem ganzen Leben Sinn geben. Bergwanderer, die einen Sonnenuntergang in den Alpen gesehen haben und von der Pracht und Erhabenheit der Natur ergriffen waren, berichten davon, dass ihnen ihr Leben nach einem solchen Erlebnis nie wieder sinnlos erschien und niemals mehr werde sinnlos erscheinen können (Aronson et al., 2006, S. 176).

Jeder Mensch kann Flow-Erlebnisse haben, auch wenn er diesen Begriff nicht kennt. Flow-Erlebnisse treten bei bestimmten Aktivitäten mit höherer Wahrscheinlichkeit auf als bei anderen. Wir können sie nicht herbeizwingen, aber in der Art unserer Konzentration auf eine Aufgabe die Chance vergrößern, dass sie auftreten. Ein besonderes Merkmal von Flow-Erlebnissen ist die ausschließliche *Konzentration* der Aufmerksamkeit auf die betreffende Sache, unter Ausschluss fast aller Umweltreize.

Der russische Schachgroßmeister Nikolai Krogius berichtet, dass während eines Turniers ein Wasserkrug mit lautem Scheppern zu Boden fiel. Fast alle Anwesenden sahen erschreckt auf, bis auf den englischen Meister Burn, der auf sein Schachbrett blickt und nach dem Spiel berichtet, dass er von dem Krach nichts gehört habe.

In Alltag, Beruf, Freizeit und während des Prozesses der Selbstveränderung können wir immer wieder Andeutungen und Anflüge von Flow-Erfahrungen machen, zum Beispiel wenn wir uns in eine Tätigkeit so hineinbegeben, dass wir alles um uns herum vergessen und später überrascht feststellen, wie schnell die Zeit verflogen ist. Dann fühlt man sich oft angenehm ermüdet und ermattet, ganz im Gegensatz zum Erschöpftsein nach einer frustrierenden Tätigkeit (Fengler, 2008, S. 207). Persönliche Fähigkeiten und die Anforderungen der jeweiligen Situation befinden sich dann in einer für uns optimalen Passung. Wir fühlen uns im Flow-Erlebnis in völligen Einklang mit uns selbst und spüren eine tiefe innere Befriedigung. Aus Flow-Erlebnissen gewinnt man eine Stärkung für die weitere Selbstveränderung.

Maximum und Optimum

Bei vielem, was wir tun, liegt das Optimum deutlich sichtbar unter dem Maximum. Das heißt: Weniger ist oft mehr! Ein paar Beispiele:

- Man kann beim Arbeiten viel mehr erreichen, wenn man nach einigen Stunden pausiert oder jede Stunde eine kurze Pause macht. Nach acht, neun Stunden höchstens zehn bis zwölf Stunden Arbeit täglich hört man am besten auf.
- Ähnlich ist es in Partnerschaft und Freundeskreis. Wer sich immer sehr um Partner und Freunde bemüht, wird bald als lästig erlebt.
- Wer immer versucht, sehr freundlich zu sein, wird bald als anbiedernd empfunden oder ausgebeutet.
- Wer beim Rauchen oder beim Alkohol angestrengt verzichtet, zieht alle bösen Suchtgeister wieder auf sich.
- Wer die Diät übertreibt, wird vielleicht krank oder erlebt später Fressattacken.

Das Optimum ist die Gegenthese zu Maximum und Perfektion. Das Maximum ist schädlich, weil wir der Sache zuviel Energie zuwenden und dabei über das Ziel hinausschießen.

Glück im Überblick

1. Glück ist etwas ganz Persönliches, Individuelles.
2. Genuss und Glück sind enge Verwandte.
3. Vorsicht vor der Begehrlichkeit nach dem Glückskick.
4. Öffnen Sie sich für das Flow-Erlebnis.
5. Zufriedenheit schafft Dauerglück.

6. Das Glück ist überall zu finden.
7. Glück ist ein flüchtiger Stoff und eine leicht verderbliche Ware.
8. Verzichten Sie auf eine angestrengte Glückssuche.
9. Glück findet sich in Heiterkeit, Humor und Gelassenheit.
10. Glück findet sich täglich in den kleinen Dingen des Alltags.

Zum Glück ... gibt es viele Möglichkeiten!

5.6 Fangen Sie bei sich an!

Die Veränderung unserer Mitmenschen ist eine vergebliche Sisyphosarbeit. Diese Erfahrung macht fast jeder, der es einmal versucht. Oder kann man andere Menschen doch ändern? Eine weitgehende Antwort auf unsere Frage gibt folgender Cartoon (Abbildung 16).

Abbildung 16

Während wir enorme Möglichkeiten und Kräfte haben, uns selbst zu verändern, haben wir nur wenig oder gar keine Macht über andere Menschen. Wenn wir uns über das Tun der anderen ereifern, ist das oft ein Vorwand, nicht vor der eigenen Tür zu kehren und die eigenen Dinge anzugehen.

Mir ist noch sehr präsent, wie die Ehefrau eines Alkoholikers zu mir in die Beratung kommt. Sie will ihren Mann vom Alkohol wegbringen. Dann ginge es ihr gut. Tatsächlich geht der Mann in eine mehrmonatige Therapie und kommt stabil und trocken aus der Behandlung. Da der Mann von nun an völlig nüchtern die Dinge betrachtet und auch viel mehr Zeit hat, die er sonst dem Trinken gewidmet hatte, geschieht Folgendes. Er teilt der Frau mit, dass er die Wohnungseinrichtung nicht schön findet und man auch neu streichen solle. Außerdem zeigt er Interesse an einem gesunden Essensplan, macht sehr viel mehr Sport und ist damit auch erkennbar attraktiver als vorher. Er hört auch noch mit dem Rauchen auf. Es ist eine für den Mann sehr befriedigende Selbstveränderung. Erstaunlicherweise sind diese Dinge der Ehefrau aber nicht recht. Schließlich sagt sie: »So hatte ich mir das aber gar nicht vorgestellt, wie du dich jetzt verändert hast! Manchmal wäre es mir lieber, wenn du wieder trinken würdest! Da warst du jedenfalls oft sehr viel lieber zu mir! Außerdem hast du dich nicht in den Haushalt eingemischt!«

Wenn ich andere Menschen ändern will, ist das immer ein Hinweis auf eigene Selbstveränderungsmöglichkeiten, manchmal sogar -notwendigkeiten. Denn wenn ich mich ständig über das Verhalten eines Mitmenschen aufrege, weil er irgendetwas tut, was mich stört, sollte ich überlegen, was ich tun kann, damit es mich nicht mehr stört. Wenn ich mir ständig zuviel Sorgen um den Partner, die Eltern oder die Kinder mache, sollte ich aufpassen, dass meine Gedanken um das Wohl der anderen Personen nicht überhand nehmen und mich und mein Leben dominieren bis zu dem Punkt, dass ich mich vernachlässige oder sogar vergesse. Stattdessen ist es wichtig, neben dem Sichkümmern um andere immer auch eigene Ziele zu verfolgen.

Die Ehefrau eines Alkoholikers berichtet, dass der Therapeut ihres Mannes ihr drastisch die Augen geöffnet habe mit dem Satz: »Ihr Mann hat die Freiheit zu trinken und Sie haben die Freiheit, darunter zu leiden oder sich dagegen zu wehren – mit Ihrer Verhaltensänderung!«

Mit Macht andere Menschen ändern wollen – das ist auch die Ursache dafür, dass viele Veränderungsprojekte in Firmen und Organisationen schlecht verlaufen oder scheitern. Die Sache mit dem Wandel funktioniert nur dann ohne unverträglichen Zwang, wenn die Mitarbeiter selbst von der Veränderung überzeugt sind und sie wollen. Dazu ist es nötig, dass der Change-Manager Veränderungen glaubwürdig und teamorientiert vorlebt und seinerseits die Kompetenz und den Willen zur Veränderung mitbringt. Führungskräfte in Wirtschaft und Verwaltung verlangen von ihren Mitarbeitern Veränderungswillen und Veränderungsfähigkeit. Hier sollten die Führungskräfte mit gutem Beispiel vorangehen, indem sie selbst Veränderungen initiieren, mittragen und gestalten. Früher nannte man das *Vorbildfunktion*: Was man von einem Mitarbeiter verlangt, sollte man zuallererst von sich selbst verlangen. Führungskräfte sollten dabei nicht zu dem berühmtberüchtigten Fähnchen im Winde werden. Dazu folgende kleine Geschichte:

Ein altes Nilkrokodil wird von einem jungen Krokodil gefragt, wer denn am leckersten schmecke, wenn jemand vom Schiff falle: eine junge Frau, ein junger Mann oder eine Führungskraft der deutschen Wirtschaft. Daraufhin sagt das alte Krokodil ohne zu zögern:»Das ist doch ganz klar! Am besten schmeckt die Führungskraft, ganz zartes Fleisch und überhaupt kein Rückgrat!«

Die Botschaft lautet: Veränderung ja, aber bitte mit Charakter und Rückgrat.

Ich möchte ausdrücklich auf die Erfahrung von Menschen verweisen, die eine außerordentlich hohe Kompetenz in der Beeinflussung veränderungsunwilliger Menschen haben: Angehörige von Süchtigen, die in Gruppen ihre Erfahrungen austauschen. Deren Vorschläge für den Umgang mit veränderungswilligen Menschen sind über viele Jahre aus der Erfahrung im Zusammenleben mit Abhängigen entstanden (Deutsche Hauptstelle für die Suchtgefahren, 2008).

Neun Tipps für Angehörige veränderungsunwilliger Personen:

1. Hören Sie auf, Ihren Angehörigen verändern zu wollen!
2. Lösen Sie sich von gegenseitigen Beschuldigungen und Debatten.
3. Lösen Sie sich davon, von dem Verhalten und der Abhängigkeit des Partners zu profitieren.
4. Lassen Sie Ihre Angehörigen wieder die Anforderungen des Alltags spüren.
5. Nehmen Sie Ihr Leben wieder in die Hand!
6. Nehmen Sie dem andern Menschen nicht länger Dinge ab, die er eigentlich selbst erledigen kann.

7. Verdecken Sie nicht länger die Probleme des anderen, sondern akzeptieren Sie, dass der Partner oder Mitmensch ein Problem oder eine Sucht hat und eventuell fachkundig behandelt werden muss.
8. Bleiben Sie konsequent und führen Sie angekündigten Maßnahmen durch.
9. Suchen Sie sich Hilfe und Unterstützung von außen.

Die neun Tipps gelten ausdrücklich nicht nur für den Umgang mit Süchtigen, sondern auch für alle diejenigen Menschen, die einen anderen Menschen ändern wollen und sich dabei lange Zeit selbst vergessen haben. Manchem hilft in einem solchen Zwiespalt der folgende Ausspruch: »Gott gebe mir die Gelassenheit, Dinge hinzunehmen, die nicht zu ändern sind, den Mut und die Kraft, Dinge zu ändern, die ich ändern kann, und die Weisheit, das eine vom anderen zu unterscheiden« (nach Augustinus).

Fazit: Natürlich kann man versuchen, positiven Einfluss auf andere Menschen zu nehmen. Man sollte sich aber immer im Klaren sein, dass diesem Tun Grenzen gesetzt sind. Denn der andere Mensch ist immer frei in seiner Entscheidung. Die Änderung funktioniert nur, wenn der andere es selbst wirklich will. Und das ist auch gut so. Alfred Adler (2004, S. 199) sagt zu dieser Angelegenheit: »Man kann die Pferde zur Tränke führen. Saufen müssen sie selber!«

Selbstveränderung betrifft nicht nur den sich Verändernden, sondern strahlt auf andere Menschen ab, sie kann eine Kettenreaktion auslösen. Die Selbstveränderung fließt in zwischenmenschliche Begegnungen ein. Sie schwappt zu anderen Menschen über und zieht Wirkungen nach sich: beim Partner, in der Familie, bei Freunden, auf der Arbeit und im öffentlichen Leben. Es dauert jedoch meist eine gewisse Zeit, bis andere die eigene Veränderung überhaupt wahrnehmen und in irgendeiner Form dazu Stellung nehmen.

Der Mann einer 35-jährigen Frau, die sich gerade von ihm getrennt hat, berichtet von ihr: »Wie sie sich auf einmal gibt! Diese Kälte mir gegenüber! Sie hat sich äußerlich sehr verändert, ist viel schlanker geworden und zieht sich an wie eine 20-Jährige. Ich bin wütend auf sie und gönne ihr eine richtige Bauchlandung.« Die Frau selbst sieht die Ablösung von ihrem Mann und ihre gesamte eigene Entwicklung sehr positiv.

In diesen Situationen ist es gut, sich wieder auf sich selbst zu besinnen und zu sagen: Ich verändere mich. Und wie die anderen darauf reagieren, ist deren Sache! Mit der Reaktion der anderen sollten wir uns befassen, ohne uns unter Druck setzen zu lassen und ohne vom eigenen Vorhaben abzulenken.

In erfolgreichen Psychotherapien begegnet es mir oft, dass die Angehörigen des Klienten sehr angetan sind von seiner Wandlung. Ein typisches Beispiel.

Eine Klientin will mittels einer Therapie selbstbewusster, aktiver und besserer Stimmung werden. Im Lauf der Zeit erreicht sie dieses Ziel. Sie spricht jetzt deutlicher aus, was sie will, setzt sich besser durch im Beruf, in der Partnerschaft und in der Familie. Sie schafft mehr Klarheit, hat bessere Laune und ist insgesamt zufriedener. Das ist eine positive Entwicklung, von der alle profitieren.

Ähnliche Entwicklungen gibt es natürlich nicht nur für Frauen, sondern selbstverständlich auch für Männer. Wenn ein Mann temperamentvoller, mutiger und weniger ängstlich werden will, im Beruf weiterkommen, mehr Sport machen, weniger Alkohol trinken oder nicht mehr rauchen will, ist dies sicher auch für den Partner und die ganze Familie positiv. Er selbst ist durch diese Entwicklung zufriedener und besser gelaunt, stärker und zuversichtlicher, was sich wiederum auf sein Umfeld günstig auswirkt.

Es gibt aber auch Menschen, die die Veränderung geradezu lieben. Bei diesen Menschen sollte man sich klarmachen, dass auch sie Stabilität und feste Anker in ihrem turbulenten Leben brauchen. Mit ihnen kann man umgehen, indem wir uns nicht in ihren permanentem Aktionismus verwickeln lassen, sondern die eigene Persönlichkeit betrachten und den eigenen Weg gehen.

Einladung zu Selbstreflexion und Verhaltensänderung:
Einem anderen Menschen bei der Selbstveränderung helfen

Von welchem Menschen denken Sie, dass für ihn eine Selbstveränderung dienlich sein könnte, ohne dass Sie ihn zu etwas drängen,
sondern ihn nur auf diese Möglichkeit hinweisen, wenn er Ihnen
schon selber Signale gegeben hat, er möchte etwas tun?

....

....

Was werden Sie ihm sagen?

....

....

6 Rückblick, Überblick, Ausblick

In diesem abschließenden Kapitel werde ich eine kritische Auseinandersetzung mit der Selbstveränderung vornehmen. Dabei sollen Grenzen und Chancen dieses Konzepts noch einmal deutlich hervortreten.

Nachdem Sie mittels unserer zwölf Methoden hoffentlich gute Fortschritte erreicht haben, möchte ich Ihnen nun weitere Gedanken und Anregungen an die Hand geben. Sie runden unsere Methoden gewissermaßen ab und sind als weitere Selbstveränderungsimpulse gut brauchbar.

6.1 Alles ist möglich – Ist alles möglich?

Die beiden extremsten Auffassungen zum Thema Selbstveränderung lauten:

- Alles ist möglich! Ich kann, was ich will!
- Nichts ist möglich! Ich kann nichts ändern!

Für beide Positionen gibt es gute Argumente. Allerdings gilt:

- Wer grenzenlos optimistisch ist bezüglich seines eigenen Veränderungspotentials und meint, dass bei ihm alles geht, tut gut daran, kleine Schritte und die Sicherung und Bewahrung des bisher Erreichten zu würdigen.
- Gegenüber jemandem, der sich als völlig veränderungsresistent und erstarrt erlebt, ist das Korrektiv die Zuversicht: Selbstveränderung ist möglich!

Ich werde nun zeigen, wie eine Entwicklung beginnen kann, wenn ein Mensch mit seiner gegenwärtigen Lage nicht zufrieden ist. Für menschliches Erleben und Verhalten ist es sehr hilfreich, gegensätzliche, sich scheinbar ausschließende Verhaltensweisen mittels des Werte- und Entwicklungsquadrates (Helwig, 1967) zu betrachten. Das Werte- und Entwicklungsquadrat gibt uns kluge

Hinweise für konkrete Situationen und darüber hinaus für unsere ganze Lebensführung.

In der herkömmlichen Tugendlehre werden Tugenden immer nur als etwas ganz besonders Schönes und Gutes betrachtet. Das Wertequadrat sagt jedoch: Nein. Das stimmt nicht! Denn jede Tugend kann zu einer Untugend werden, wenn sie sich im Übermaß entwickelt. Aber es besteht Hoffnung, wenn wir die entsprechende *Schwestertugend* oder Ergänzungstugend finden. Die Grundaussage lautet: Jeder Wert, jede Tugend, jedes Leitprinzip und auch jedes Persönlichkeitsmerkmal hat nur dann eine gute, konstruktive Wirkung, wenn sie sich in einer gewissen Spannung zu ihrem positiven Gegenwert, der Schwestertugend, befinden. Die beiden Werte müssen in einer Balance sein. Ohne diese Balance gerät jeder Wert in Gefahr, zu einer fatalen Übertreibung zu werden (Schulz von Thun, 2000, S. 38). Für die Selbstveränderung gilt:

- Auf vielen Gebieten kann man sich ändern und versuchen, kleine Schritte in Richtung des Änderungsziels zu machen. Die Grundhaltung lautet: Wenn ich etwas realistisch wirklich will, dann kann ich es auch erreichen!
- Eine solche Grundhaltung ist günstig für die eigene Selbstveränderung. Denn sie bewahrt uns sowohl vor Größenphantasien als auch vor Untätigkeit und Erstarrung.

All dies können wir aus dem *Wertequadrat der Selbstveränderung* (Abbildung 17) lernen. Es beschreibt unsere Grundposition zur Selbstveränderung. Im Wertequadrat entstehen vier Arten von Beziehungen (Schulz von Thun, 2000, S. 39f.):

1. Die obere Linie zwischen den beiden positiven Werten kennzeichnet ein positives Spannungs- und Ergänzungsverhältnis.
2. Die Diagonalen bezeichnen Gegensätze zwischen einem Wert und einem Unwert.
3. Die senkrechten Linien markieren oben die Tugenden und unten die Fehlformen.
4. Die untere Verbindung zwischen beiden Unwerten stellt gleichsam den Weg dar, den wir beschreiten, wenn wir dem einen Unwert entfliehen wollen, aber nicht die Kraft haben, uns in die geforderte Spannung der oberen Pluswerte hinaufzuarbeiten. Dies ist eine Überkompensation. Überkompensation bedeutet, eine persönliche Schwäche oder Mangel so

stark zu überwinden, dass es des Guten zu viel ist und man dabei über das Ziel hinausschießt.

Mit dem Wertequadrat können wir unsere Werte in einer dynamischen Balance halten und sie jeweils in Handlungen überführen. Darüber hinaus können wir damit unsere Entwicklungsrichtung finden und festlegen. Durch die jeweilige Schwestertugend wird alles in einer Balance gehalten. Die mögliche Fehlform erfährt durch die Schwestertugend die erforderliche Relativierung und Korrektur. Im Hinweis auf die möglichen Fehlformen wird der Verabsolutierung Einhalt geboten. Man sieht: Tugenden können einen Entwicklungsprozess durchmachen!

Zurück zu unserem Kernthema Selbstveränderung. Es ist mir ein Anliegen, die beiden Extrempositionen Alles ist möglich! – Nichts ist möglich! in Verbindung zu bringen. Beide Einseitigkeiten vertragen sich tatsächlich nicht miteinander, wie das Werte- und Entwicklungsquadrat der Selbstveränderung zeigt:

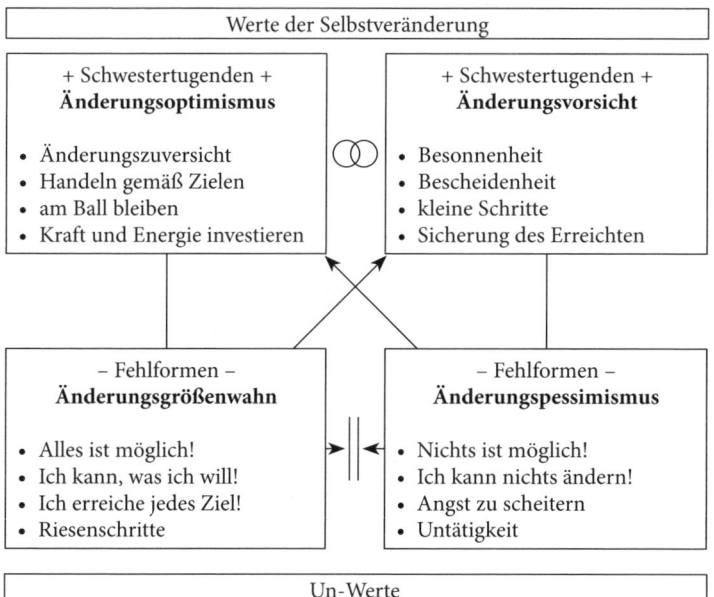

Abbildung 17: Werte- und Entwicklungsquadrat der Selbstveränderung

Schulz von Thun weist noch auf Folgendes hin: Das Wertequadrat schärft den Blick dafür, dass sich in einem beklagten Fehler nicht nur etwas Schlechtes, Böses oder Krankhaftes zeigen muss, das es auszulöschen gilt. Immer lässt sich darin ein positiver Kern entdecken, den man schätzen kann und der nur deshalb problematisch ist, weil er überdosiert wurde. Mit dem Wertequadrat ist die Überzeugung verbunden, dass jeder Mensch mit einer bestimmten Eigenschaft immer auch über einen schlummernden Gegenpol verfügt, den er in sich wecken und zur Entwicklung bringen kann. Das angepeilte Ideal ist keine statische, sondern eine dynamische Balance. Je nach Situation und ihren jeweiligen Erfordernissen kann das Pendel sogar heftig hin- und herschlagen. Entscheidend ist, dass beide Haltungen als Möglichkeiten zur Verfügung stehen. Dies wäre ideal im Sinne menschlicher Freiheit. Normal ist allerdings, dass man eher der einen Möglichkeit zuneigt und sich mit der anderen schwer tut (Schulz von Thun, 2000, S. 44). Grundsätzlich ist zu sagen: Die Änderungsfähigkeit des Menschen ist groß, wenn ein starkes Motiv oder ein starker Wert dahinter steht.

Eine 35-jährige Logopädin entdeckt, dass sie sehr gern Psychotherapeutin werden möchte. Das geht aber nicht, da sie nur das Fachabitur gemacht hat. Jetzt macht sie zuerst ein Fachhochschulstudium und erwirbt damit die allgemeine Hochschulreife, um danach Psychologie zu studieren. Sie verlässt eine sichere Stelle, beantragt Bafög und wird Studentin.

Bei allen Phänomenen gilt es, die eigenen Kräfte und Motive sowie die Netzwerke und Rahmenbedingungen zu prüfen: Stehen sie günstig für das Projekt? Carl Gustav Jung betont immer wieder: Nicht der vollkommene, sondern der vollständige Mensch ist das Ziel unserer eigenen Entwicklung. Zum vollständigen Menschen gehören Progression und Regression, das Vorankommen und das Innehalten. Das Erfolghaben und das Misserfolg-in-Betracht-Ziehen. Der folgende Cartoon nimmt die Überbetonung des Willens bei der Selbstveränderung aufs Korn (Abbildung 18).

PLANNERER

Du musst es
nur wollen !

Abbildung 18

6.2 Grenzen der Selbstveränderung

Ich erinnere mich an die bewegende Rede von Dr. Martin Luther King vor dem Lincoln Memorial in Washington im Jahr 1963, in der er den berühmten Satz sagte: »I have a dream!« Da ahnten plötzlich viele Menschen, wie wichtig es ist, Träume im Sinne von weit vorausgreifenden Vorstellungen zu entwickeln, die man dann Schritt für Schritt und in gut organisierter Solidarität in die Tat umsetzen kann.

Neulich sagte eine junge Patientin zu mir: »Ich würde gern Tierärztin werden, aber …« Da antwortete ich ihr: »Aber warum sollten Sie denn nicht Tierärztin werden? Trauen Sie es sich nicht zu, das Studium zu schaffen und sich nebenbei Geld zu verdienen als Bürohilfe, Nachhilfelehrerin oder Babysitterin? Natürlich können Sie Tierärztin werden! Sie müssen nur einiges dafür tun. Aber Sie haben Interesse, sind intelligent und bringen wirklich gute Voraussetzungen mit, um Tierärztin zu werden.«

Leider haben viele Menschen eine negative Grundeinstellung und halten die Verwirklichung ihrer Träume für völlig unmöglich. Manche Menschen stellen ihr eigenes Unglück sicher, indem sie das Unmögliche fordern. In ironischer Brechung wird die Übertreibung in einem Bürospruch verdeutlicht: »Unmögliches wird sofort erledigt! Wunder dauern etwas länger!« Ähnlich lautete eine Studentenparole aus den 1970er Jahren: »Wir wollen alles – jetzt!« Demgegenüber gilt: Allem menschlichen Wollen sind Grenzen gesetzt. Allerdings fordern manche Menschen Unmögliches: »Es sollte sich mein ganzes Leben ändern! Ich möchte immer nur glücklich sein! Ich ändere einen anderen Menschen. Dann wird alles gut! Ich möchte wieder ganz der Alte sein!«

Tatsächlich kann ich viele Dinge der Außenwelt nicht verändern. Diese Erkenntnis lehrt uns, mit Misserfolgen bei der Selbstveränderung in heiterer Gelassenheit umzugehen. Vielleicht haben wir uns zu viel vorgenommen und kommen in Zukunft besser voran, wenn wir uns bescheidenere Ziele setzen. Neben der Zuversicht bei der Selbstveränderung sollte also eine gewisse selbstkritische Distanz erhalten bleiben. Manche Verhaltensweisen sind nur schwer veränderbar. Die Motivation zur Veränderung bedarf der Klärung. Manche Veränderung ist mühsam.

Jeder Mensch braucht eine Vorstellung von der eigenen Entwicklung. Das Menschenbild der Selbstveränderung betont Selbstbeobachtung, Selbstreflexion und Neugier und die Vermutung der Eigenwirksamkeit. Dazu kommt auch noch die Annahme von Lernfähigkeit, Bescheidenheit und Humor. Unser Menschenbild wird illustriert durch das folgende Märchen von James Thurber (1993):

Ein Mond für Leonore

In einem Königreich am Meeresufer lebte einmal eine kleine Königstochter, die hieß Leonore. Sie war fast schon elf Jahre alt, und eines Tages hatte sie zu viele Erdbeertörtchen gegessen und Bauchweh bekommen und musste im Bett liegen bleiben.

Der Hofarzt kam zu ihr, ließ sich die Zunge zeigen, steckte ihr das Fieberthermometer unter die Achsel und fühlte ihren Puls. Dann machte er ein sorgenvolles Gesicht und ließ ihren Vater, den König rufen.

»Die Königstochter ist krank«, verkündete er. »Hast du einen Wunsch?«, fragte der König besorgt. »Du sollst alles haben, was dein Herz begehrt.« »Ich wünsche mir den Mond«, antwortete die Königstochter, »wenn ich den Mond bekomme, werde ich wieder gesund.«

Da der König lauter kluge Männer um sich hatte, die auch ihm alles beschafften, was sein Herz begehrte, versprach er seiner Tochter den Mond.

Dann ging er in den Thronsaal und läutete nach dem Lordkanzler. Der war ein großer dicker Mann, der eine Brille mit großen dicken Gläsern trug, wodurch er doppelt so gescheit aussah, als er wirklich war.

»Ich möchte, dass du mir den Mond besorgst«, sagte der König, »die

Königstochter wünscht sich den Mond, und wenn sie ihn bekommt, wird sie wieder gesund. Heute nacht, spätestens aber morgen früh, hat er hier zu sein!«

Der Lordkanzler wischte sich mit einem Taschentuch den Schweiß von der Stirn und schnaubte laut durch die Nase. »Ich habe in meinen Leben schon eine ganze Menge Dinge möglich gemacht, aber den Mond besorgen, das kommt überhaupt nicht in Frage. Er ist 35.000 Meilen entfernt, und er ist größer als das Zimmer der Königstochter. Außerdem besteht er aus geschmolzenem Kupfer. Den Mond kann ich nicht besorgen.«

Da wurde der König zornig. Er scheuchte den Lordkanzler davon und bat den Zauberer zu sich in den Thronsaal. Der Zauberer war ein kleiner dürrer Mann mit einem hageren Gesicht. Er hatte einen roten Tütenhut mit silbernen Sternen auf dem Kopf und trug einen langen blauen Mantel mit goldenen Eulen. Sein Gesicht wurde bleich wie ein Leintuch, als der König ihm befahl, den Mond für Leonore vom Himmel herunterzuholen.

»Ich habe in meinem Leben schon viele atemberaubende Kunststücke fertiggebracht«, sagte der Zauberer, »aber den Mond kann niemand haben. Er ist 150.000 Meilen entfernt, aus grünem Käse und doppelt so groß wie das Schloss.«

Der König schnaubte abermals vor Zorn und ließ den Obermathematiker kommen. Er war kurzsichtig, hatte eine Glatze, ein Käppchen auf dem Hinterkopf und einen Bleistift hinter dem Ohr. Er trug einen langen schwarzen Mantel, der mit lauter weißen Zahlen bestickt war.

»Du sollst«, befahl der König, »auf der Stelle den Mond herbeischaffen, damit meine Tochter endlich wieder gesund werden kann.«

»Ich fühle mich sehr geehrt, aber der Mond ist 300.000 Meilen von hier entfernt«, sagte der Obermathematiker, »er ist rund und flach wie eine Münze, besteht aber im Gegensatz zu Münzen aus Asbest und ist halb so groß wie dieses Königreich. Außerdem ist er am Himmel festgeklebt, und deshalb kann man ihn auch nicht herunterholen.«

Der König raste vor Zorn und warf den Obermathematiker hinaus. Dann rief er nach dem Hofnarren, um sich von ihm aufmuntern zu lassen. Der Hofnarr eilte in seinem buntscheckigen Gewand herbei, dass die Glöckchen nur so klingelten, die an seiner Kapuze angenäht waren, und ließ sich zu Füßen des Throns nieder.

»Was kann ich für Euch tun?«, fragte er den König.

»Mir kann niemand helfen«, sagte der König niedergeschlagen, »meine kleine Tochter wünscht sich den Mond, und wenn sie ihn nicht bekommt, dann wird sie nicht wieder gesund. Aber niemand kann mir den Mond vom Himmel holen. Wenn ich jemanden darum bitte, so wird der Mond immer größer und entfernt sich immer weiter von hier. Niemand kann mir helfen. Spiel mir etwas auf deiner Laute, aber etwas recht Trauriges.«

»Wie groß soll der Mond denn sein und wie weit entfernt?« fragte der Hofnarr.

»Der Lordkanzler sagte, er sei 35.000 Meilen weit weg und größer als das Zimmer der Königstochter«, antwortete der König, »der Zauberer hingegen meint, er sei 150.000 Meilen entfernt und doppelt so groß wie das Schloss. Und der Obermathematiker behauptet, er sei 300.000 Meilen entfernt und halb so groß wie das Königreich.«

»Das sind alles sehr kluge Männer, also muss es stimmen, was sie sagen«, entgegnete der Hofnarr, »und wenn sie recht haben, dann ist der Mond gerade so groß und so weit entfernt, wie es sich jeder einzelne vorstellt. Weiß man denn aber, für wie groß die Königstochter den Mond hält? Denn das allein wäre doch wichtig.«

»Daran hab ich noch gar nicht gedacht«, sagte der König.

»Ich werde zu ihr gehen und sie danach fragen«, sagte der Hofnarr und schlich sich auf Zehenspitzen in das Zimmer des kleinen Mädchens.

Leonore war aber noch wach und freute sich über den Besuch des Hofnarren. Sie sah sehr blass aus, und ihre Stimme klang schwach und matt.

»Hast du mir den Mond mitgebracht?«, fragte sie. »Noch nicht«, antwortete der Hofnarr, »ich bin gerade damit beschäftigt, ihn für dich zu besorgen. Was meinst du wohl, wie groß er ist?«

»Er ist kleiner als mein Daumennagel, denn wenn ich den gegen den Himmel halte, verdeckt er den Mond.«

»Und wie weit ist er von hier entfernt?«, wollte der Hofnarr nun noch wissen.

»Er ist nicht ganz so hoch wie der Baum vor meinem Fenster, denn in manchen Nächten bleibt er in den Zweigen hängen«, antwortete Leonore.

»Dann ist es ganz einfach, den Mond zu fangen«, sagte der Hofnarr. »Ich klettere auf den Baum, wenn der Mond in den Zweigen steckt, und hole ihn für dich herunter. Und woraus ist der Mond gemacht?«

»Aus Gold natürlich, du Dummkopf«, antwortete Leonore.

Da lief der Hofnarr sofort zum Goldschmied. Er bat ihn, ein kleines rundes Goldplättchen anzufertigen, um eine Winzigkeit kleiner als der Daumennagel der Königstochter. Und daraus sollte er einen Anhänger machen, den Leonore an einer Kette um den Hals tragen konnte.

Als der Goldschmied mit der Arbeit fertig war, fragte er: »Und was soll das Ganze bedeuten?«

»Du hast den Mond gemacht«, entgegnete der Hofnarr.

»Aber der Mond ist 500.000 Meilen entfernt und besteht aus Bronze, und er ist kugelrund wie eine Murmel«, rief der Goldschmied.

»Das meinst du«, sagte der Hofnarr und ging mit seinem kleinen goldenen Mond davon.

Er bracht ihn der Königstochter, und sie war überglücklich darüber. Am nächsten Tag war sie wieder gesund und konnte im Hofgarten spielen.

Die Sorgen des Königs waren damit aber noch nicht vorüber. Er wusste, dass der Mond in der Nacht wieder am Himmel stehen würde, und er wollte nicht, dass seine Tochter ihn dort entdeckte, denn dann würde sie dahinterkommen, dass es nicht der richtige Mond wäre, den sie am Kettchen trug.

Der König fragte all seine Ratgeber, was er machen sollte, aber keinem fiel etwas Gescheites ein. »Mir kann keiner mehr helfen!« klagte der König. »Und jetzt geht der Mond auch noch auf!«

Der Hofnarr schlug eine heitere Melodie an. »Eure gelehrten Männer sind allwissend«, sagte er, »und wenn sie den Mond nicht verstecken können, dann kann man ihn auch nicht verstecken.«

Der König seufzte tief. Da unterbrach der Hofnarr sein Spiel und rief: »Wer konnte sagen, wie man den Mond holt, als Eure klugen Männer erklärten, er sei zu groß und viel zu weit entfernt? Das war die Königstochter. Also ist die Königstochter klüger als die gelehrtesten Männer und weiß mehr vom Mond als sie alle zusammen. Also werde ich sie fragen!«

Bevor der König ihn aufhalten konnte, war der Hofnarr aus dem Thronsaal gesprungen und lief zum Zimmer der Königstochter hinauf.

Leonore lag hellwach im Bett und schaute zum Fenster hinaus zum Mond, der am Himmel stand und leuchtete, und in ihrer Hand glänzte ihr eigener kleiner Mond.

Der Narr schien Tränen in den Augen zu haben. »Königstochter, sag mir nur, wie kann der Mond noch am Himmel stehen, wenn er doch jetzt an deiner Kette hängt?«, fragte er verwirrt.

Leonore blickte ihn lächelnd an. »Das ist doch ganz einfach, du Dummkopf. Wenn ich einen Zahn verliere, wächst doch ein neuer nach, oder nicht?«

»Natürlich!«, sagte der Hofnarr und lachte. »Und wenn ein Einhorn sein Horn im Walde verliert, wächst ihm auf der Stirn ein neues.«

»Siehst du«, sagte die Königstochter, »und wenn der Gärtner im Hofgarten die Blumen schneidet, wachsen andere nach.«

»Dass ich darauf nicht von allein gekommen bin!«, rief der Hofnarr. »Schließlich ist es mit dem Tageslicht dasselbe.«

»Ja, und genauso ist es mit dem Mond«, erklärte Leonore, »und ich glaube, dass es mit allem so ist.« Ihre Stimme wurde immer leiser, und der Hofnarr merkte, dass sie eingeschlafen war. Behutsam deckte er sie zu.

Ähnlich wie das erfolgreiche, verblüffend witzige Vorgehen des Hofnarren im Märchen ist unser Bild vom Menschen, nämlich dass der Einzelne Experte seiner selbst ist und Lösungen findet, zwar manchmal unorthodox, aber oft sehr effizient. Grundsätzlich steckt jeder Mensch voller Ideen und Lösungsmöglichkeiten und weiß selbst, was für ihn gut ist.

6.3   Ist Selbstveränderung gefährlich?

Ist es gefährlich, Selbstveränderungen zu praktizieren? Nein, mit Gefahren ist im Regelfall nicht zu rechnen. Der Einzelne setzt seine Ziele und Wege selbst fest. Dabei kann ihm eventuell ein Missgriff unterlaufen. Aber gefährlich ist das nicht. Von einer Schädigung hat keiner unserer Untersuchungsteilnehmer berichtet. Ganz im Gegenteil profitierten die meisten der Teilnehmer vom eigenen Veränderungsprojekt und gaben detailliert an, wie sich Verbesserungen in ihrer Lebensqualität einstellten.

Die von mir beschriebenen Maßnahmen der Selbstveränderung sind überschaubar und transparent. Niemand ist einem Experimentator hilflos ausgeliefert, wie es in Filmen über psychologische Gruppenprozesse manchmal dargestellt wird. Als berühmtes Beispiel ist hier der Film »Das Experiment« zu nennen. Obwohl wir in unseren Untersuchungen keine Kontraindikationen der Selbstveränderung gefunden haben, möchte ich dennoch kurz auf diese Frage eingehen.

In der konkreten Arbeit mit Studentinnen und Studenten ist uns keine Kontraindikation begegnet und auch kein Fall einer Beteiligung an dem Selbstveränderungsprojekt, bei dem wir nachträglich bedauert hätten, dass derjenige daran teilgenommen hat. Vorsorglich weise ich aber auf folgende, möglicherweise im Einzelfall vorliegende Kontraindikationen hin:

- wiederkehrende Selbsttötungsgedanken, die beunruhigen und den Eindruck vermitteln, sie könnten sich verselbstständigen;
- wiederkehrende Entfremdungserlebnisse; Gefühle, von außen gesteuert zu sein; Wahnerlebnisse und Halluzinationen;
- starke Impulse zur Selbst- und Fremdschädigung;
- schwere oder anhaltende traurige Verstimmungen;
- fortgeschrittener Substanzmissbrauch und Sucht;
- wiederkehrende schwere Angstattacken;
- Lebenssituationen, in denen ein bestimmtes Tun oder Unterlassen schwere Nachteile mit sich bringen würde, bergen das Risiko, dass es in der Selbstveränderung zu Fehlentscheidungen kommt;
- seelische Vorgänge, bei denen eine körperliche Verursachung vermutet wird.

In diesen Fällen ist eine Kontaktaufnahme mit einem Arzt oder Psychotherapeuten dringend zu empfehlen. Aber auch der psychisch kranke Mensch kann oft seine eigenen Selbstveränderungsimpulse beachten und sie selektiv, nicht schädigend und mit Augenmaß in die Tat umsetzen.

6.4 Umgang mit Widerständen

> Ich kann freilich nicht sagen, ob es besser wird, wenn es anders
> wird, aber soviel kann ich sagen, es muss anders werden, wenn es
> gut werden soll. (Georg Christoph Lichtenberg)

> Wenn wir etwas ändern, wird es vielleicht besser. Wenn wir nichts
> ändern, wird es gewiss schlechter. (Quelle unbekannt)

> Wer etwas ändern will, muss etwas ändern.

Wir wollen nicht verschweigen, dass es während der Selbstveränderung durchaus Durststrecken, Rückschläge und Fehlschläge,
eben Widerstände, geben kann. Auf einen besonders schwierigen
und hartnäckigen Widerstand möchte ich als Erstes eingehen. Es
ist die Angst vor der Veränderung. Auch an dieser Stelle möchte
ich mit einer gewissen Unermüdlichkeit wieder auf unsere Philosophie der Selbstveränderung hinweisen. Wir werden es uns auch
mit möglichen Widerständen leicht machen, indem wir sie mit
natürlichen, einfachen Mitteln angehen: Schritt für Schritt, spielerisch, wie wir das immer in der Selbstveränderung tun. Nach dem
Thema Angst vor Veränderung gehe ich auf alle weiteren Aspekte
des Themas Widerstände ein.

Angst vor Veränderung

Angst vor Veränderung kann vorhanden sein, tritt aber nicht
zwangsläufig auf. Es gibt Veränderungen, die sich leicht und mühelos einstellen.

Ein 38-jähriger Betonbauer schildert Folgendes: Als er in den Himalaya reist,
hatte er einige Wochen vorher mit dem Rauchen aufgehört, um besser Luft
zum Bergsteigen zu haben. Als er dann aus Nepal zurückkommt, verschwindet
auch sein Alkoholkonsum aus seinem Leben, ohne dass es einer besonderen
Entscheidung bedarf: Kein Verzicht, keine Anstrengung.

Oft geschieht das Richtige zum richtigen Zeitpunkt.

Eine Kollegin berichtet über ihr Ausscheiden aus der Psychotherapie-Ausbil-
dungsgruppe. Der Gedanke kam ihr, nachdem sie schon zwei Jahre an dieser
Gruppe teilgenommen hatte, eines Abends auf dem Weg zu einem Meeting.
Noch am gleichen Abend sagt sie der Gruppe, dass sie sie jetzt verlassen
werde, frei von Angst und Anstrengung.

Ein Teil der Arbeit in der Psychotherapie besteht darin, Dinge so zu konstellieren, dass es fast selbstverständlich zu einer Veränderung kommt. In anderen Fällen genügt es, dass der Helfer beobachtet, wann sich eine günstige Konstellation einstellt, und den Ratsuchenden dann darauf hinweist. Pädagogen und Psychotherapeuten laden dazu ein, den Angstanteil an der Veränderung und den Lernprozessen zu verringern und den attraktiven Anteil an der Veränderung zu erhöhen.

Die Angst vor dem Neuen überwindet man, indem man sich in kleinen Schritten dem Neuen nähert. Schon allein die Einstellungsänderung »Neugier statt Angst!« stärkt und ist ein wichtiger Schritt auf dem Weg zur Selbstveränderung. Oft glauben wir, dem angestrebten Ziel nicht gewachsen zu sein, und handeln nach dem Motto: »Lieber ein bekanntes Unglück als eine unbekannte Freude!« Das Verharren in der unglücklichen Lebenssituation wird oft aus Angst vor Veränderung gespeist. Auch hier ist es richtig, den ersten Schritt auf unbekanntes Terrain zu tun. Handeln klärt und heilt – zwar nicht immer, aber oft. Wir können unsere Ängste als Informationsquellen nutzen und sie dosiert zulassen. Angst hat neben dem lähmenden einen stark anspornenden und aktivierenden Anteil. So berichtet mir zum Beispiel ein 35-jähriger Feuerwehrmann, wie die Angst bei seinen gefährlichen Einsätzen seine Sinne schärft und Aktivität und Energie freisetzt. Es ist erstaunlich und ermutigend, wie die meisten Menschen viele Ängste im Laufe ihres Lebens überwinden: Prüfungsängste, Flugangst, Höhenangst, Sprechangst und die Angst vor anderen Menschen. Im Grunde ist die Selbstveränderung immer ein Risiko. Man kann damit scheitern. Aber das ganze Leben ist ein Risiko und endet mit dem Tod.

Ein bekannter Nachrichtensprecher sagt zu mir, als es um Sprechangst geht: »Jeder Satz und jedes Wort ist ein Risiko. Du musst dich trauen. Mach es. Tu es. Sprich!« Die Stotterer-Selbsthilfe hat diesbezüglich das Motto entwickelt: Besser mutig gestottert als elegant geschwiegen!

Hilfestellungen bei Veränderungsangst

Zwölf Regeln zum Umgang mit Ängsten, zu denen auch die Angst vor Veränderung gehört, können im Zweifelsfall weiterhelfen:

1. Angst ist natürlich.

2. Angst neigt zur Selbsteskalation.
3. Verweilen Sie bei der Beobachtung der Angst. Sie nimmt dann in der Regel nach einiger Zeit ab.
4. Machen Sie sich Mut.
5. Denken Sie an das Prinzip der kleinen Schritte.
6. Gute Bilder vertreiben die Angst.
7. Spielen und experimentieren Sie mit Ihrer Angst.
8. Freuen Sie sich über Ihre Fortschritte.
9. Nehmen Sie sich Zeit zum Verweilen in Angstsituationen.
10. Üben Sie Zwerchfellatmung und Muskelentspannung.
11. Verlangsamen Sie den Schritt. Lehnen Sie sich zurück. Sprechen Sie langsam.
12. Zaubern Sie ein kleines Lächeln auf Ihr Gesicht.

Wenn Sie einige dieser Dinge tun, können Sie beobachten, wie die Angst ganz von allein wieder abnimmt. Denken Sie daran: Jede Angst hat einen energetisierenden und aktivierenden Anteil. Nutzen Sie diese Energie, so wie der Künstler das Lampenfieber in Spielfreude verwandelt. Die Angst ist eine Kraft!

Umschiffung von Widerständen

Sigmund Freud hat den Widerstand als einen der wichtigsten Helfer in der Therapie betrachtet. Der Widerstand weist uns den Weg, den wir zu gehen haben. Er ist ein fruchtbarer Teil unserer Veränderung. Denn er gibt uns jederzeit Informationen darüber, an welcher Stelle das Ich sich bedroht fühlt und sich gegen zu große Veränderungen wehrt. Der Widerstand ist also unser Kooperationspartner und Freund in der Selbstveränderung. Er gibt uns die Richtung der Veränderung vor. Wenn die Situation völlig verfahren ist, sollte man von ihr zurücktreten und etwas Ungewöhnliches tun, was die bisherige, offensichtlich unbrauchbare Fokussierung ablöst. Mit anderen Worten: Durchbrich' den Kreis der bisherigen Sichtweise, gehe über die bisherigen Grenzen hinaus und tue etwas Neues und Ungewöhnliches!

Steve de Shazer sagt: »Wenn etwas nicht funktioniert, versuche etwas anderes!« Eine alte Weisheit der Dakota-Indianer lautet ganz ähnlich: »Wenn du merkst, dass du ein totes Pferd reitest, steige ab und suche dir ein neues!« Die erste Maxime im Umgang mit Widerständen besteht darin, auf den Begriff Widerstand zu verzichten. Der zweite Schritt ist, den Moment des Widerstandes zu akzeptieren, ohne sich anzustrengen.

Wenn mir ein Klient sagt: »Darüber habe ich mir schon alle Gedanken gemacht! Da kommen wir nicht weiter!«, sage ich paradox: »Ja, gut. Wenn wir da nicht weiterkommen, suchen wir uns ein anderes Thema!« Der Therapeut geht dem Patienten nicht auf den Leim, sich an einer Stelle anzustrengen, wo der Patient signalisiert, er werde den Therapeuten scheitern lassen. Der Patient kündigt dies ja geradezu an. Dann sage ich aber doch versöhnlich: »Heute fällt Ihnen dazu nichts ein. Vielleicht kommen Sie ja bis zur nächsten Sitzung in dieser Angelegenheit weiter.«

Wenn Patienten gar nicht weiterkommen, sage ich ihnen manchmal: »Starten Sie doch bis zur nächsten Sitzung ein kleines inneres Suchprogramm zur Lösung des Problems. Aber stellen Sie das Suchprogramm nur auf Stand by. Vielleicht finden Sie einen kleinen Hinweis zur Lösung. Probieren Sie es und berichten Sie mir davon.«

Die größten Widerstände in der Selbstveränderung sind Untätigkeit und Hoffnungslosigkeit. Ein Hemmnis für die Selbstveränderung ist die Versuchung, die Dinge auf die lange Bank zu schieben, in der irrigen Selbsttröstung: »Es wird schon werden!«

Ein Wissenschaftler berichtet: Als er einmal beim Schreiben eines Buches große Widerstände in sich spürt, weiterzumachen, schreibt er auf eine grüne Karteikarte, also in der Farbe der Hoffnung: »Ich schreibe diesen Text zu Ende!« Dieses Schild hängt er an der dem Schreibtisch gegenüberliegenden Wand auf. Immer wenn er wieder einmal zögert, gibt ihm diese Karte einen neuen guten Impuls. Das Schild ist ihm eine große Hilfe, weil es ihn nicht verurteilt, aber doch eine Selbstaffirmation darstellt, an der er nicht mehr vorbeikommt. Das Schild ist eine tägliche Einladung zur Weiterarbeit.

Die Festlegung einer Zeitstruktur für die geplante Aufgabe und die entsprechende Eintragung in den Terminkalender ist eine wichtig Hilfe. Der erwähnte Wissenschaftler hilft sich damit, seine Schreibpläne festen Tagen zuzuordnen und diese dann gegen alle Begehrlichkeiten von Gesprächspartnern, Konferenzen, Kommissionen, Prüfungen und externen Terminen gegenüber zu verteidigen. Das Ankoppeln von Plänen an Termine und die Fähigkeit, konkurrierende Ansprüche zurückzuweisen, sind für ihn eine große Hilfe.

Manche Blockaden, Hürden und Widerstände kann man in einer Mischung von witzigem, provokativem und paradoxem Vorgehen lockern und lösen. Erstaunlicherweise ist provokatives paradoxes Vorgehen oft besonders sinnvoll und wirksam bei Menschen, die glauben, überhaupt nicht weiterzukommen. Ein Beispiel:

Eine 35-jährige Landwirtin kommt zu mir in die Beratung und schildert, dass sie eine Woche mit ihrem Mann, ihren drei Kindern, mit Schwiegermutter und noch mit einem Opa nach Mallorca fliegen will. Das werde sie total überfordern. Sie werde für alles zuständig sein. Ihr graut jetzt schon davor.

Ich: »Ja, da haben Sie recht, das kann nicht gut gehen. Das sind zu viele Belastungen. Bleiben Sie besser hier.«

Sie: »Aber das geht nicht! Die Flugtickets sind schon gekauft!«

Ich: »Ja, wenn Sie die Flugtickets schon gekauft haben, dann fahren Sie! Ist doch gut!«

Sie: »Aber wie?«

Ich: »Was ist die schwierigste Sache, die Ihnen alles versalzt?«

Sie: »Die Schwiegermutter!«

Ich: »Gut, und warum?«

Sie: »Die Schwiegermutter macht mir ständig Vorschläge. Sie schüttet mich zu mit ihren Vorschlägen.«

Ich: »Das ist ja wirklich eine Zumutung! Was halten Sie davon, wenn Sie im Hinblick auf die Schwiegermutter innerlich einen Vertrag mit sich schließen: Einige der Ratschläge der Schwiegermutter werden gut sein, einige schlecht. Schließen Sie also einen Vertrag mit sich, dass Sie während der Reise nur jeden zweiten Ratschlag der Schwiegermutter beherzigen und die anderen ablehnen werden!«

Die junge Landwirtin findet es interessant, dass die Sache irgendwie doch angehbar sein könnte. Den Moment ihres Zögerns nutze ich und sage: »Jetzt machen wir das einmal praktisch. Ich bin Ihre Schwiegermutter. Sie sind Sie. Wie heißen Sie mit Vornamen?«

Sie: »Helga.«

Ich: »Ich werde Ihnen jetzt lauter Vorschläge machen und Sie werden jeden zweiten annehmen und jeden zweiten ablehnen.

Ich: »Helga, hast du schon Sonnenöl eingepackt?«

Helga: »Nein, habe ich noch nicht, aber vielen Dank. Das mache ich noch.«

Ich: »Helga, hast du schon daran gedacht, ein schönes Picknick am Strand vorzubereiten?«

Helga: »Wir werden alle an die Döner-Bude gehen und uns selber verpflegen.«

Ich: »Helga, hast du denn auch schon das Strandticket für die Kurpromenade bei dir?«

Helga. »Ja, danke schön. Ich habe schon daran gedacht.«

Ich: »Helga, hast du auch die Luftmatratze für den Enkel?«

Helga: »Nein, die Luftmatratze soll der Enkel selber tragen.«

So geht es weiter: mit zwanzig Vorschlägen in zwanzig Minuten, und immer abwechselnd einen Vorschlag angenommen und einen abgelehnt. Danach ist sie ganz außer Atem. Sie sagt: »Jetzt habe ich so viel Kraft, jetzt kann mir die Schwiegermutter den Buckel runterrutschen. Wir fahren nach Mallorca!« Sie spricht plötzlich mit energischer Stimme und ihr Blick wirkt kühn.

Anfänglich kommt diese Klientin mit der in der Transaktions-
analyse von Eric Berne (1984) lebendig beschriebenen Spiel-
Transaktion zu mir:»Ist es nicht schrecklich ...!« Später lockert
sich ihre Skepsis und es wird daraus ein selektives Eingehen auf
die Forderungen der Schwiegermutter, jedoch im Rahmen ihrer
eigenen Bereitschaft und Neigung. Am Ende hört die Lähmung
auf und sie kann die Reise bejahen, in einer Form, die ihr selbst
zusagen wird.

Eine paradoxe Technik zum Überwinden von Widerständen ist
die *Symptomverschreibung*. Sie stammt aus der systemischen Therapie. Bei dieser Technik erhält der Klient vom Therapeuten eine
Anweisung, die seinen Erwartungen zuwider läuft. Ein Beispiel
aus meiner eigenen Praxis:

Mit Männern, die aus psychischen Gründen an Erektionsschwäche leiden,
vereinbare ich, dass sie aus therapeutischen Gründen bis zu der endgültigen
und vollständigen Behebung ihres Problems keinen Sex mit ihrer Partnerin
haben dürfen. Dieses Sex-Verbot gelte ab sofort und unbefristet. In der Regel
ist es allerdings so, dass sich auf die Dauer kein Klient an die strenge Abma-
chung hält. Vielmehr tritt irgendwann spontan eine erotische Situation ein
und die Partner schlafen wieder miteinander. Psychologisch erklärt sich die
Sache so, dass dem Paar durch das vom Therapeuten ausgesprochene Verbot
der Leistungsdruck genommen wird. Außerdem eröffnet der gemeinsame
Widerstand der Partner gegenüber dem Sex-Verbot (»Ist doch ein ziemlich
blödes Verbot!«) die Möglichkeit einer solidarischen Annäherung.

Das paradoxe Vorgehen enthält immer ein *Überraschungsmoment*,
das gegen die Erwartung einer helfenden Beziehung anbürstet.
Der Betreffende wird also nicht zu einer Veränderung gedrängt,
sondern man gibt ihm die Erlaubnis, manchmal sogar die Anre-
gung und Aufforderung zur Beibehaltung seiner Symptome. Dies
erleichtert ihn oft sofort. Daraufhin stellt sich meist sogar ein Gefühl der Zuversicht und Befreiung ein, das dann tatsächlich eine
Veränderung in Erleben und Verhalten ermöglicht. Durch die
paradoxe Intervention erfährt der Betreffende eine Wahlmöglich-
keit, die er bisher nicht zu haben glaubte: Er kann zwischen dem
Beibehalten und dem Verändern seiner Symptomatik wählen. Er
kann mit seiner Störung gewissermaßen ein wenig spielen.

In der professionellen Therapie muss man aber auf einen Kritik-
punkt gefasst sein. Paradoxem Vorgehen haftet häufig der Geruch
der Manipulation des Patienten an. Denn die Wirkung dieser Stra-
tegien besteht darin, dass der Betreffende die innere Logik dieser

Vorgehensweise möglicherweise nicht durchschaut. Die Offenlegung mancher Therapietechnik würde ihrer Wirkung den Boden entziehen. Wenn man dem Patienten die Wirkung einer solchen Symptomverschreibung genauestens mitteilt, könnte die Technik ihre therapeutische Würze und Schärfe verlieren.

Zurück zum Thema Widerstand. Aus der Selbstbeobachtung wissen wir: Das allzu starke Bekämpfen von Gefühlen wie Wut oder Hass führt oft zum genauen Gegenteil dessen, was wir anstreben. Wut und Hass können *selbst* schaden und *binden* uns an *die* Menschen, von denen wir loskommen wollen. In vielen Fällen von Widerstand ist es deshalb sinnvoll, loszulassen und Energie von dem Gegenstand unserer heftigen Gefühle abzuziehen. Mancher Widerstand ist also zu lockern, indem man innerlich von der Sache zurücktritt und sie sich gewissermaßen aus der Distanz von verschiedenen Seiten anschaut.

Auch das Bündnis mit einer anderen Person, die dem Projekt wohlwollend gegenüber steht und es begleitet, hilft über manche Klippe hinweg. Unter Psychologen wird immer wieder berichtet, dass Widerstände der anderen Menschen leichter anzugehen sind als die eigenen. Bei den eigenen neigt man eher zum Vergessen und Vermeiden und fühlt sich an andere, angeblich unverzichtbare Dinge gebunden, sodass man nicht zu der wichtigen Sache kommt. Eine tröstliche Angelegenheit für alle Nichtpsychologen. Die meisten Widerstände sind zu lockern, indem man sie bewusst wahrnimmt und sich fragt: Welches ist jetzt der nächste kleine Schritt zur Erreichung meines Zieles?

Einem Vorgesetzten mit Sprechangst vor größerem Publikum fällt es nach jahrelang praktizierten Vermeidungsmanövern leicht, allen riskanten Situationen auszuweichen, in denen er vor Menschen sprechen muss. Er hat stets passende Ausreden parat. Er bleibt Begegnungen fern, in denen man ihn bitten könnte, zu sprechen. Zur Not wird er krank. Er hat soviel Übung darin, sich vor dem Sprechen zu drücken, dass er diese Angst kaum noch empfindet. Er stellt sich ja nicht der Situation. Schließlich meint er, es lohne sich ja gar nicht, daran zu arbeiten, seine Angst zu überwinden. Er kommt ja auch so klar. Jedenfalls scheinbar. Aber er kommt doch zu mir, um darüber zu sprechen. Ein Rest von Änderungswillen scheint also erkennbar zu sein.

Schon Kinder sehen manchmal durchaus Vorteile in ihrem Problemverhalten. Das führt zu Unbeweglichkeit.

Zwei Beispiele: »Ich habe solche Angst!« – Ängstliche Kinder, die sich leicht überfordert fühlen, wissen oft ganz genau den Profit zu benennen, den ihre Ängstlichkeit abwirft. Sie werden mit bestimmen Aufgaben nicht konfrontiert. Sie kommen mit manchen Ansprüchen besser durch und werden vor Überforderung geschützt. Diese Kinder schonen sich. Damit verfestigen sie oft die Angstreaktion als Überlebensstrategie, die sie mehr und mehr gezielt einsetzen.

»Ich stottere!« – Stotternde Kinder mogeln sich manchmal durch die Schule. Die Lehrer bringen oft nicht die notwendige Geduld auf, die gestotterte Antwort abzuwarten, und nehmen ein anderes Kind dran. Manche Kinder durchschauen dies sehr genau und setzen das Stottern gezielt ein.

6.5   Rückschläge und Fehlschläge

Grundsätzlich gilt: Fehler und Rückschläge sind völlig normal. Sie sind die Regel und nicht die Ausnahme im Veränderungsprozess.

Der berühmte Erfinder Edison berichtet, als er gerade seine erste funktionierende Glühbirne erfunden und hergestellt hatte, dass er zuvor 250 Versuchsglühbirnen entwickelt habe, von denen nicht eine einzige funktioniert habe: »Aus jedem Fehler habe ich etwas gelernt, was ich beim nächsten Versuch berücksichtigen und verbessern könnte.«

»Umwege erhöhen die Ortskenntnisse«, sagt man scherzhaft. Oder auch: »Ein Misserfolg ist die erfolgreiche Entdeckung einer Sache, die nicht funktioniert.« Oft stellen sich viele vordergründige Fehler und Rückschläge als Ausgangspunkte wichtiger Entwicklungen heraus, die im Nachhinein förderlich und nützlich für uns waren. Wer Erfolg hat, gewinnt an Mut, Energie und Selbstbestätigung. Wer einen Misserfolg oder Rückschlag erlebt, gewinnt an Lebenserfahrung und erfährt einen Anreiz für bessere Ideen. Man kann die Zeit des Stillstandes dazu nutzen, die erreichten Ziele und das bis dahin erworbene Verhalten zu festigen und zu stabilisieren sowie um Kraft zu sammeln für neue weitere Schritte. Carl Gustav Jung (1958, G. W. Bd. 16, S. 40) berichtet über seine Erfahrungen zu diesem Thema: »In meiner dreißigjährigen psychotherapeutischen Praxis habe ich mir eine beträchtliche Sammlung von Misserfolgen zugelegt, die mir eindrücklicher waren als meine Erfolge. Erfolge in der Psychotherapie kann jedermann haben, angefangen mit dem primitiven Medizinmann und dem Gesundbeter. Aus Erfolgen lernt der Psychotherapeut wenig oder nichts, denn sie bestätigen ihn hauptsächlich in seinen Irrtümern. Misserfolge dagegen sind überaus kostbare Erfahrungen, denn in ihnen tut sich nicht nur der Weg zu einer besseren Wahrheit auf, sondern sie zwingen uns auch zur Veränderung unserer Auffassung und Methode.«

Bei Rückschlägen und Fehlschlägen können wir viel von Menschen lernen, die große persönliche Veränderungsprojekte erfolgreich bewerkstelligen: In der Suchtbehandlung wurden bis in die 1990er Jahre hinein der Rückfall als vollständiges Scheitern der Therapie angesehen. Heute hat man in der Suchtbehandlung eine völlig andere Auffassung vom Umgang mit Rückfällen. Wir sprechen heute nicht mehr von Rückfällen, sondern von *Vorfällen*, die der Betreffende erlebt und die der gemeinsamen Reflexion bedürfen. Zusammenfassend empfehle ich folgende Haltung, wenn Fehlschläge und Rückschläge eingetreten sind:

- Fehlschläge und Rückschläge sind normal.
- Rückfälle sind Vorfälle.
- Veränderungsprozesse brauchen Zeit.
- Manchmal wird etwas zunächst schlechter, bevor es besser werden kann. In der Homöopathie spricht man von Erstverschlimmerung oder Heilkrise.
- Ziele und Wege müssen immer wieder eine Feinsteuerung erfahren.
- Verlangsamung ist oft eine Hilfe.
- Lernen Sie aus Fehlern.
- Würdigen Sie Ihre bisherigen Erfolge.
- Fragen Sie sich: Welchen Hinweis will mir die Stagnation geben?
- Besprechen Sie sich mit einer vertrauten Person.
- Sehen Sie die Sache mit Humor.
- Machen Sie erneut einen kleinen Schritt.

Dieser kleine Frosch macht es richtig und zeigt uns, wie man klug mit Widerständen umgeht (Abbildung 19).

Abbildung 19

Misserfolg – Was tun?

Natürlich sollte man Überlegungen anstellen, was zu tun ist, wenn es nicht klappt mit der Selbstveränderung. Man kann versuchen, mit der Störung zu leben, ähnlich, wie manche Menschen mit einer bestimmten Krankheit leben.

Man kann sich fragen: »Waren meine Schritte vielleicht zu groß? Hast du wirklich das Einfache, Natürliche und Naheliegende getan, um dein Ziel zu erreichen?« – Das Mindeste, was selbst bei vollständigem Scheitern eines Selbstveränderungsprojektes deutlich wird, ist die Selbsterkenntnis: Auch mein Scheitern ist ein Teil von mir. Das ist schon viel, wenn jemand sehr erfolgsverwöhnt ist oder die Möglichkeit des Scheiterns in seinem Leben bisher nicht hinreichend in Betracht gezogen hat.

Wenn man ein Ziel nicht erreicht, so bedeutet dies nicht automatisch einen Misserfolg. Überraschungen auf dem Weg zum Ziel gehören zum Leben und wer über ein wenig Frustrationstoleranz verfügt, wird damit leben können. Vielleicht kann man die gewonnenen Erkenntnisse und Erfahrungen an anderer Stelle des Lebens erfolgreich verwenden.

Positive Nebenwirkungen der Selbstveränderung

Wie wir gerade festgestellt haben, gibt es also kein absolutes Scheitern. Möglicherweise war es auch nur der falsche Zeitpunkt und man muss noch etwas warten. Wenn es nicht geklappt hat, bedenken Sie bitte Folgendes:

- Ich lerne etwas über mich selbst. In einer Selbstveränderung bin ich immer auf dem Weg zu mir.
- Ich erfahre etwas über meinen Willen und mein Motivationslage.
- Ich trainiere und schärfe meine Selbstwahrnehmung. Ich bin aufmerksam und achtsam anderen Menschen und mir selbst gegenüber.
- Schon allein der Versuch, etwas zu verändern, verändert meine Person.
- Jedenfalls mache ich eine wichtige Erfahrung.
- Ich mache mir Gedanken über den Sinn des Problems.
- Ich überlege, welchen Sinn das Nichterreichen des Ziels hat.

Wenn man sich diese Fragen stellt und sie ernsthaft beantwortet, kann man sich vielleicht wieder mit sich selbst und dem ins Stocken geratenen Projekt der Selbstveränderung versöhnen.

Vom Sinn des Scheiterns

Ein schönes Beispiel für den Umgang mit Fehlschlägen und komplettem Scheitern ist folgendes:

Ein heute 42-jähriger Arzt geht mit 15 Jahren, als gläubiger junger Christ, in die Marienkapelle seines katholischen Ordensinternates. Er betet und bittet Gott inständig darum, das Schuljahr zu schaffen und versetzt zu werden, weil er sonst dieses Gymnasium verlassen muss, da seine Eltern als Arbeiter nicht das Geld haben, ihm ein Wiederholungsjahr zu finanzieren. Seine Gebete werden nicht erhört. Er bleibt sitzen und muss die Schule verlassen. Er fühlt sich am Boden zerstört. Mühsam muss er den Hauptschulabschluss nachholen. Mit Mühe schafft er den Abschluss einer Handwerksausbildung. Immer hadert er damit, kein Abitur zu haben und nicht studieren zu können. Den Glauben an Gott hat er schon längst verloren. Recht und schlecht kommt er durchs Leben, ist unzufrieden mit sich, trinkt viel Alkohol und raucht Joints. Mit 22 Jahren meldet er sich auf dem Abendgymnasium an, voller Angst, es nicht zu schaffen und auch diesmal wieder als Versager dazustehen. Es sollte aber ganz anders kommen. Er nimmt all seine Kraft zusammen, verzichtet auf Alkohol und Cannabis. Tagsüber arbeitet er als Handwerker, abends geht er in die Schule. In einem enormen Kraftakt und mit viel Zähigkeit meistert er sein Abitur mit sehr gutem Abschluss, dann auch das anschließende Medizinstudium und die Promotion sogar mit der Bestnote »summa cum laude«. Er wird ein erfolgreicher Facharzt mit hohem sozialen Anspruch. Er findet auch seinen Glauben an Gott wieder. Erst viele Jahre später, mit Mitte dreißig, erkennt er, dass Gott es damals gut mit ihm meinte, als er dieses Schuljahr nicht schaffte, obwohl er es sich doch so sehr gewünscht hatte. In diesem Internat war er das falsche Kind am falschen Ort zum falschen Zeitpunkt. Das Erlebnis, allein in der Marienkapelle zu sitzen, sich etwas inständig zu wünschen und es nicht zu erreichen, wird ihm zum Schlüsselerlebnis im Umgang mit Fehlschlägen. Seitdem geht er viel gelassener mit Fehlschlägen und Rückschlägen in seinem Leben um. Er nimmt sie hin und versucht beharrlich, den Widerständen zu trotzen. Aus seinem damaligen Schlüsselerlebnis in der Marienkapelle hat er eine klare Erkenntnis gewonnen: »Das Scheitern hat manchmal Sinn! So hat es vielleicht auch diesmal einen Sinn, dass ich etwas nicht schaffe. Möglicherweise schaffe ich es zu einem späteren Zeitpunkt, und dann sogar besser. Und selbst wenn ich es gar nicht schaffe, ist es auch kein wirkliches Unglück. Vielleicht hat es einen Sinn, den ich erst später entdecken werde!«

Paul Watzlawick fragt sogar pointiert: »Was ist das Gute am Schlechten?« Ist das Gute am Schlechten so gut, dass wir das Schlechte in Kauf nehmen können? Dafür möchte ich ein Beispiel aus meiner eigenen Arbeit nennen.

In einem meiner Seminare für alkoholauffällige Kraftfahrer ist ein Teilnehmer, der gewiss auf dem Weg in die Sucht ist. Er ist ein 32-jähriger »ewiger« Student. Sein Vater, ein ehrgeiziger strenger Beamter, der sich selbst aus einfachsten Verhältnissen bis zum Oberregierungsrat hocharbeitete, will mit aller Macht, dass sein Sohn, wie er selbst, Architektur studiert. Der liebe, aggressionsgehemmte Sohn richtet sich nach den väterlichen Vorgaben und studiert ohne Erfolg, da er technisch und mathematisch unbegabt und desinteressiert ist. Die Situation spitzt sich für den jungen Mann immer mehr zu. Er fühlt sich als Looser und Versager. Er kompensiert die Gefühle der Dauerfrustration zunehmend mit großen Mengen Alkohol. Er trinkt gegen die Angst und die Scham an, dem Vater und sich selbst die Misserfolge einzugestehen. Als er zum zweiten Mal und endgültig an der Architektur-Abschlussprüfung gescheitert ist, betrinkt er sich, verursacht einen schweren Verkehrsunfall und verliert den Führerschein. Stets hat er sich um des lieben Friedens willen angepasst. Obwohl er lieber Literatur studiert hätte, quälte er sich bisher mit Architektur, um dem bewunderten Vater ein guter Sohn zu sein. Dieses Verhalten wird ihm in der Gruppenarbeit deutlich bewusst. Zum Schluss sagt er »Dass ich mit Alkohol am Steuer aufgefallen bin, war im Nachhinein ein Glücksfall für mich. Durch die Teilnahme am Seminar ist mir vieles bewusst geworden. Statt weiter zu saufen, werde ich nun meinen eigenen Weg gehen, unabhängig, auch auf die Gefahr, dass es meinem Vater nicht passt. Ich fühle mich stärker und selbstbewusster, meine Probleme zu lösen. Ohne Alkohol!« (Stroß, 2002, S. 519).

Andersherum kann man sich natürlich auch fragen: »Was ist das Schlechte am Guten?« Dazu frei nach Johann Peter Hebel folgende Geschichte:

Der Sohn des Gutsbesitzers kommt nach langer Reise in die Nähe der Heimat. Der Knecht holt ihn von der Stadt mit der Kutsche ab. Der Sohn fragt den Knecht, was in seiner Abwesenheit alles passiert wäre. »Ach«, sagt der Knecht, »war ja alles gut, wir hatten eine sehr gute Holzernte!« »Oh, schön!«, sagt der Sohn. »Aber auch wieder schlecht«, sagt der Knecht, »denn leider ist der Großvater von einem der großen Bäume erschlagen worden.« »Ach, das ist ja schlecht«, sagt der Sohn. »Aber auch wieder gut«, sagte der Knecht, »da hat der Vater das alles geerbt.« »Gut, schön!«, sagt der Sohn, worauf der Knecht: »Aber auch wieder schlecht, denn der Vater hat das ganze Geld sofort verprasst!«

So geht diese aberwitzige Geschichte im Ping-Pong-Prinzip immer weiter. Erfolg kann eben eine schreckliche Kehrseite haben. Man könnte in Abwandelung eines Scherzes sagen: »Der liebe Gott bewahre mich vor meinen Wünschen. Denn sie könnten in Erfüllung gehen!«

Umwege zur Selbstveränderung

Es kommt vor, dass wir unser Ziel nicht auf direktem Wege erreichen, sondern über Umwege. Manchmal sind Dinge vertrackt und verwoben und man kommt nicht voran, obwohl die Bedingungen zunächst günstig erscheinen. Manchmal muss man auch lange genug zaudern, bevor etwas geht!

Die Schauspielerin Corinna Harfouch war in der Schauspielschule durchgefallen und macht daraufhin eine Ausbildung zur Krankenschwester. Sie spricht darüber folgendermaßen: »Die Ausbildung zur Krankenschwester war eine Zwischenlösung, die mir viel gebracht hat!« Erst im weiteren Verlauf ihres Lebens wird sie eine bekannte Schauspielerin.

Die besten Ausreden

Sie brauchen eine gute Ausrede für sich selbst oder für andere? Kein Problem! Ich werde Ihnen jetzt die besten Ausreden vorstellen. Wir können auf diesem Gebiet viel aus der Welt des Büros lernen. In Büros hängen oft witzige Plakate, die Ausreden der Mitarbeiter karikieren:

Bekanntgabe an alle Mitarbeiter

Aus Gründen der Zeitersparnis bittet die Firmenleitung ab sofort, bei Entschuldigungen nur noch eine Nummer anzugeben.

1. Der Computer hat alles durcheinandergebracht.
2. Ich dachte, es sei nicht so wichtig.
3. Das geht mich nichts an. Ich wurde wegen meines Aussehens hier eingestellt.
4. Das ist nicht mein Aufgabenbereich.
5. Niemand hat mir gesagt, dass ich der Sache weiter nachgehen soll.
6. Ich hatte zuviel zu tun.
7. Wir haben es schon immer so gemacht.
8. Ich hab's vergessen.
9. Ich habe auf ein Okay gewartet.
10. Das betrifft jemand anderen.

Abbildung 20

Ich hoffe, dass auch Sie eine passende Ausrede gefunden haben. Folgende Sätze helfen ebenfalls immer:
- Das kann ich nicht!
- Das schaffe ich nie!
- Das geht nicht!
- Bei mir geht das nicht!
- Du hast gut reden!
- Dass gerade du mir das vorschlägst!
- Ich bin so labil!
- Ich habe es schon tausendmal versucht!
- Ich kann mich einfach nicht aufraffen!
- Ich kann mich einfach nicht motivieren!
- Ich bin einfach so!
- Ich kann einfach nicht mit Geld umgehen/treu sein/pünktlich sein!
- Ich bin doch kein Anfänger!
- Da müsste ich ja noch einmal komplett von vorn anfangen!
- Ich würde ja gern, aber: Immer kommt etwas dazwischen!
- Ich weiß gar nicht, ob ich es will!

Als kundiger Berater kann man auf alle diese Ausreden antworten:

- Es ist ziemlich egal, welchen Zeitpunkt du wählst oder welches Wetter gerade herrscht. Wichtig ist, dass du anfängst, am besten sofort mit einem ersten kleinen Schritt.
- Was Opa und Ehepartner denken, ist weniger wichtig. Wichtig ist, dass du von deiner Sache überzeugt bist.
- Ich bin sicher, dass du dich zu einem ersten Schritt aufraffen kannst.
- Probiere es einfach.
- Denke daran: Der Appetit kommt beim Essen.
- Fang' an. Dann geht es auch weiter.
- Natürlich hast du es schon mehrfach versucht. Aber das heißt nichts. Jetzt hast du eine neue Chance.
- Mache zuerst nur den ersten kleinen Schritt in die richtige Richtung. Dann bist du schon klüger.
- Du hast schon oft schwierige Dinge geschafft und kannst auch diese Sache schaffen.
- Denke einmal daran, wer und was dir alles helfen kann: deine Freunde, deine Fähigkeiten, deine Intelligenz, Konzentration, Wille.

6.6 Mythen über die Selbstveränderung

Es sind im Laufe von Jahrzehnten und Jahrhunderten eine Reihe fest verankerter Mythen bezüglich der Selbstveränderung entstanden. Sie grassieren weiterhin, obwohl sie falsch sind, in weiten Teilen der Bevölkerung und in einem Teil der Fachwelt.

1. Der Mythos der seelischen Krankheit
Im Seelischen gilt vieles schnell als anormal und krank. Das klingt zunächst recht harmlos, aber: Am Tropf dieser Mär hängen ganze Industrien und mächtige Berufsverbände. Sie alle haben massives Interesse daran, dass das Märchen von der Allgegenwärtigkeit seelischer Krankheit geglaubt wird. Vieles im Seelischen ist jedoch gar nicht krank, sondern wird nur als Krankheit etikettiert.

2. Der Mythos von der ausnahmslosen Überlegenheit professioneller Hilfe

Dieser Mythos besagt: keine Veränderung ohne professionelle Hilfe eines Beraters, Coachs, Arztes, Sozialarbeiters oder Psychotherapeuten. Tatsächlich jedoch ist der Einzelne selbst oft sein bester professioneller Helfer.

3. Der Mythos vom unveränderlichen Charakter

Hier wird fälschlich argumentiert mit dem Luther-Satz: »Hier stehe ich. Ich kann nicht anders!« Tatsächlich habe ich oft Wahlfreiheit meines Verhaltens. Natürlich ist der Mensch veränderbar. Bezüglich der Selbstveränderung gilt: Nie geht nichts. Immer geht etwas.

4. Der Mythos vom langen schmerzhaften Weg

Dieser oft von Helferseite betonte Mythos besagt, dass man bei einem Veränderungsprozess immer einen langen schmerzhaften Weg beschreiten und viel leiden und aushalten müsse. Eine gelungene schnelle Veränderung wird von Seiten der Verfechter dieser Mär als übereilte *Flucht in die Gesundheit* abgetan. Dem ist entgegenzuhalten: Selbstverständlich können Veränderungen schnell und wirksam erreicht werden.

5. Der Mythos von der Problemursache

Es wird gesagt, dass man unbedingt an die Wurzel des Übels und an die wirklichen Ursachen des Problems gehen müsse. Allerdings kennen wir bei vielen Übeln die Ursache gar nicht oder sie ist auf vielen Ebenen zu suchen. Tatsächlich brauchen wir die Ursache nicht bis in alle Verästelungen zu kennen. Es genügt, das Ziel zu kennen und Lösungen zu finden.

6. Der Mythos der Einsicht

Dieser Mythos besagt, dass man die Bedeutung, den dahinter liegenden, oft tief verborgenen Sinn eines Problems erst komplett verstanden haben muss, um dann, oft erst Jahre später, zu einer Problemlösung und Veränderung zu kommen. Man kann und sollte heute schon den ersten Schritt zum Ziel und zur Problemlösung tun.

7. Der Mythos von der Diagnose

Dieser Mythos ist ein enger Verwandter des Mythos von der ausnahmslosen Überlegenheit professioneller Hilfe. Es ist die Mär, die besagt, dass vor einer Veränderung erst *eine exakte Diagnose* gestellt werden müsse. Das ist gewiss nur in einem Teil der Fälle richtig. Denn mit einer Diagnose ist es noch nicht getan. Bei seelischen Phänomenen sind oft mehrere Diagnosen gleichrangig in Betracht zu ziehen. In der praktischen Veränderungsarbeit ist die Diagnose oft von begrenztem Wert oder sogar bedeutungslos. Denn sie geht von einem Mangel, Defizit oder einer Krankheit aus. In der Selbstveränderung bringt uns aber die Formulierung eines Zieles viel eher weiter. Die Diagnose hingegen ist im besten Falle eine angemessene Problembeschreibung, von der aus man das Ziel formulieren kann.

8. Der Gen-Mythos

Die Gen-Forschung steht noch völlig am Anfang ihrer eigenen Entwicklung. Das Genom des Menschen, also die Gesamtheit aller Chromosomen, besteht aus etwa drei Milliarden Bausteinen. Wie das komplexe Zusammenspiel der Gene abläuft, ist weitgehend unbekannt. Ellis Huber, der bekannte deutsche Arzt und Funktionär im Gesundheitsbereich, sagt: »Das genetische Alphabet hat mit dem Leben ebenso viel zu tun wie die Buchstaben von A bis Z mit einem Gedicht.«

Die genetische Vielfalt ist viel zu groß und unser menschliches Erleben und Verhalten zu vielschichtig, als dass man per Gen-Check unser Verhalten voraussagen oder gar ändern könnte. Tun Sie besser heute etwas für Ihre Selbstveränderung.

9. Der Hirn-Mythos

Das Gehirn mit seinen 100 Milliarden Nervenzellen ist eines der komplexesten Gebilde des Universums. Was im Gehirn vor sich geht, ist überaus rätselhaft und weitgehend unerforscht. Was man weiß, ist: Ein Gedanke entsteht gleichzeitig an unterschiedlichen Orten im Gehirn und ist das Resultat der komplexen Aktivitäten unterschiedlicher Nervenzellen. Der einzelne Gedanke entsteht nach heutigem Wissensstand gerade nicht an einer bestimmten Stelle im Hirn und findet von dort aus gewissermaßen seinen Weg durch den Kopf. Völlig ungeklärt ist aber bislang, welche Instanz das Zusammenspiel der Nervenzellen im Gehirn regelt.

Von Sigmund Freud stammt die berühmte Formulierung, dass das Ich nicht Herr im eigenen Haus sei. Einige Hirnforscher haben den Freud'schen Satz aufgegriffen und vertreten die provokative These, dass nicht wir, sondern das Gehirn der wahre Herr im Hause Mensch wäre. Freud meinte damals richtigerweise, dass uns die Motive unseres Handelns nicht immer bewusst, sondern ganz im Gegenteil unserem Bewusstsein oft nicht zugänglich, also unbewusst sind. Freud hatte im Gegensatz zu den heutigen Hirnforschern die optimistische und auch richtige Vorstellung, dass durch die Redekur, die psychoanalytische Behandlung also, unbewusste verdrängte Inhalte an die Oberfläche unseres Bewusstseins gebracht werden können, übrigens durchaus auch per Selbstanalyse, wie Freud an seiner eigenen Person zeigte.

Eine Reihe von Hirnforschern zweifelt an, dass es einen freien Willen gebe. Damit provozieren sie zwar die eine oder andere Diskussion, stehen aber im Widerspruch zu Äußerungen von Autoren wie Freud, Adler und Nietzsche und auch zur Logik: Wenn es keinen freien Willen gibt und folglich auch die Erkenntnisse dieser Forscher anatomisch und physiologisch determiniert sind – was ist dann von deren wissenschaftlichem Wert zu halten? Tatsächlich erleben wir jedenfalls partiell Willens- und Wahlfreiheit. Wir konnten in unseren Untersuchungen feststellen, dass viele Menschen in der Lage sind, Änderungsziele für sich festzulegen und willentlich zu erreichen. Dies deckt sich auch mit unserer Alltagserfahrung, dass wir unserem Leben eine selbstgewählte neue Richtung geben können.

6.7 Selbstveränderung und Lebensalter

> Sehr junge und sehr alte Menschen wissen einfach mehr über das Leben – die einen instinktiv, die anderen aus Erfahrung.
> (Sir Peter Ustinov)

Selbstveränderung ist in jedem Alter möglich und sinnvoll. Selbstverständlich ist man im Alter mit höherer Wahrscheinlichkeit als in der Jugend mit Begrenzungen wie Krankheit, Behinderung, Sterben und Tod konfrontiert. Andererseits – abgesehen davon, dass diese Begrenzungen auch manche junge Menschen betreffen – gibt es gerade heute viele Möglichkeiten für ältere Menschen, sich geistig und körperlich länger fit zu halten und sich wohl zu fühlen, als dies noch vor zwanzig Jahren der Fall war. Viele Menschen haben heutzutage immer früher die Zeit, Gelegenheit und das Geld, im Alter aktiv zu bleiben.

Eine 78-jährige ehemalige Bankkauffrau und heutige Rentnerin berichtet, dass sie nicht mehr wie früher vier Stunden Gartenarbeit am Stück schafft. Sie sagt: »Das finde ich halb so schlimm. Ich mache jetzt auch ganz gern ein paar Pausen zwischendurch.«

Wir haben auch im höheren Alter noch viele Möglichkeiten, etwas Neues zu tun oder zu denken. Die Veränderungen im Alter sind körperlich und seelisch erfahrbar. Zunächst geht es um die Bewältigung des Schlüsselerlebnisses Ruhestand, Rente, Pensionierung. Wir sollten uns im Alter auf unsere *besonderen Ressourcen* besinnen, die wir haben: Erfahrung, Zeit, Muße, eine altersspezifische Gelassenheit. Manche Menschen verfügen sogar über Weisheit.

In dem berühmten amerikanischen Spielfilm »Cincinnati Kid« fordert der erfolgreichste Pokerspieler der Gegenwart, Cincinnati Kid, gespielt von Steve McQueen, den Altmeister des Pokerspiels, Lancy Howard, der lange Jahre nicht mehr gepokert hat und sich quasi im Ruhestand befindet, zu einem Duell heraus. Lancy Howard wird genial von Edward G. Robinson gespielt. Es ist ein Kampf zwischen Alt und Jung. Und es geht um jugendliche Kraft und Gier, um Erfahrung, Ruhe, Macht, Erfolg und Stärke. Obwohl Lancy Howard sich anfangs sträubt, gelingt es dem jungen Mann, den alten doch zu einem Duell zu provozieren. Nach zunächst großen Anfangserfolgen des jungen Spielers gewinnt der Alte in einem bis an die seelischen und körperlichen Grenzen gehenden, tage- und nächtelangen dramatischen Duell doch noch das schon von den meisten für ihn verloren geglaubte Spiel. An irgendeinem Punkt lockt er den jungen übermütigen Spieler in die Falle. Der junge Kid geht ohne einen Cent nach Hause. Am Ende hat der Alte ihm alles Geld abgenommen, ihn völlig abgezockt und vernichtend besiegt. Es ist der Sieg der abgeklärten ruhigen Erfahrung über die ungestüme, ungezügelte, wilde Kraft und Gier der Jugend.

Es ist unsere Entwicklungsaufgabe im Alter, sich mit den Begrenzungen des Lebens, also Krankheit, Behinderung, Sterben und Tod, zu versöhnen, statt gegen sie zu kämpfen.

Vielleicht haben Sie es bisher noch nicht gemerkt. Aber wenn Sie ein Fotoalbum ansehen, das zehn Jahre alt ist, gibt es oft die spontane Reaktion: »Ach! So habe ich einmal ausgesehen!« Das ist nicht nur äußerlich. Sie spüren in den alten Fotos, dass Sie damals auch anders waren – in vielerlei Hinsicht.

Ganz allgemein gesprochen geht es darum, wie Ursula Lehr, Psychologie-Professorin und ehemalige Bundesministerin, es ausdrückt: Kompetent alt werden bei allgemeinem Wohlbefinden! Schließlich gilt es, nicht nur dem Leben Jahre, sondern den Jahren Leben zu geben, wie Ursula Lehr (2003, S. 12) so schön sagt. Bei normalem altersbedingtem Abbau helfen ganz einfache Dinge: intensives Nachdenken, sich mit einer Sache beschäftigen und lesen, Bewegung, Gespräche, Aufgaben, Sinn, Aktivität. »Wer rastet, der rostet!«, sagt der Volksmund.

Die folgenden 15 Tipps zeigen, wie erfolgreiches Älterwerden aussehen kann:

1. Beanspruchen Sie Ihren Körper und Ihren Geist.
2. Haben Sie Mut zur Selbstständigkeit.
3. Ernähren Sie sich gesundheitsbewusst.
4. Pflegen Sie Kontakte zu anderen Menschen.
5. Nutzen Sie gesundheitliche Vorsorgemaßnahmen.
6. Bereiten Sie sich auf das Älterwerden vor.
7. Bleiben Sie neugierig.
8. Nutzen Sie Ihre freie Zeit und lernen Sie Neues.
9. Sehen Sie beim Älterwerden nicht nur die Begrenzungen, sondern auch die Möglichkeiten und Chancen.
10. Pflegen Sie weiter Berührung, Zärtlichkeit und Sex in der Ihnen (alters)gemäßen Form.
11. Wenn Sie Krankheiten haben, bleiben Sie dennoch im Rahmen der beschränkten Möglichkeiten aktiv.
12. Nehmen Sie Hilfe und gute Pflege an.
13. Achten Sie auf Hygiene und ein gepflegtes Erscheinungsbild.
14. Seien Sie aufgeschlossen für Rückmeldungen aus Ihrer Umgebung, auch wenn sie nur in Form taktvoller Andeutungen erfolgen.
15. Werden Sie nachdenklich, wenn man Sie als starrsinnig oder uneinsichtig bezeichnet.

6.8 Die Balance von Handeln und Loslassen

Auf einer ganz anderen atmosphärischen Ebene als die von uns geschilderten Methoden und Beispiele liegen die Desiderata, zu deutsch »Wünsche«. Es handelt sich um ein Gedicht des amerikanischen Poeten Max Ehrmann, das in den fünfziger Jahren des letzten Jahrhunderts vom Pfarrer der alten St. Paul's Kathedrale in Baltimore, die im Jahr 1692 gegründet wurde, in den Pfarrbriefen veröffentlicht wurde und von dort aus seinen Weg in die ganze Welt gefunden hat. Die Desiderata nennt man auch »Die Lebensregel von Baltimore«. Ich finde sie sehr schön. Sie lauten folgendermaßen:

Desiderata
Gehe ruhig und gelassen durch Lärm und Hast und sei des Friedens eingedenk, den die Stille bergen kann.

Stehe soweit ohne Selbstaufgabe möglich in freundlicher Beziehung zu allen Menschen.

Äußere deine Wahrheit ruhig und klar und höre anderen zu, auch den Geistlosen und Unwissenden, auch sie haben ihre Geschichte.

Meide laute und aggressive Menschen, sie sind eine Qual für den Geist.

Wenn du dich mit anderen vergleichst, könntest du bitter werden und dir wichtig vorkommen; denn immer wird es jemanden geben, größer oder geringer als du.

Freue dich deiner eigenen Leistung wie auch deiner Pläne.

Bleibe weiter an deiner Laufbahn interessiert, wie bescheiden auch immer. Sie ist ein echter Besitz im wechselnden Glück der Zeiten.

In deinen geschäftlichen Angelegenheiten lass Vorsicht walten; denn die Welt ist voller Betrug. Aber dies soll dich nicht blind machen gegen gleichermaßen Rechtschaffenheiten.

Viele Menschen ringen um hohe Ideale; und überall ist das Leben voller Heldentum.

Sei du selbst, vor allen Dingen heuchle keine Zuneigung.

Noch sei zynisch, was die Liebe betrifft; denn auch im Angesicht aller Dürre und Enttäuschung ist sie immerwährend wie das Gras.

Ertrage freundlich gelassen den Ratschluss der Jahre, gib die Dinge der Jugend mit Grazie auf.

Stärke die Kraft des Geistes, damit sie dich in plötzlich hereinbrechendem Unglück schütze. Aber beunruhige dich nicht mit der Einbildung.

Viele Befürchtungen sind Folge von Erschöpfung und Einsamkeit.

Bei einem heilsamen Maß an Selbstdisziplin sei gut zu dir selbst.

Du bist ein Kind des Universums, nicht weniger als die Bäume und die Sterne. Du hast ein Recht hier zu sein. Und ob es dir nun bewusst ist oder nicht: Zweifellos entfaltet sich das Universum wie vorgesehen.

Drum lebe in Frieden mit Gott, was für eine Vorstellung du auch von ihm
hast und was immer dein Mühen und Sehnen ist.
In der lärmenden Wirrnis des Lebens erhalte dir den Frieden deiner
Seele.
Trotz all ihrem Schein, der Plackerei und der zerbrochenen Träume ist
diese Welt doch wunderschön.
Sei vorsichtig.
Strebe danach, glücklich zu sein.

Beim Durchlesen dieser Sätze entsteht eine gewisse Feierlichkeit
und Pathetik, die auf unsere Stimmung abstrahlt. Die Selbstveränderung ist im Gegensatz dazu doch eine ziemlich handfeste Kunst.
Dennoch gebe ich die »Desiderata« manchmal am Ende eines
Selbstveränderungsseminars aus mit den Worten: »Wir haben
jetzt eher an den konkreten alltäglichen Dingen gearbeitet. Es gibt
aber auch noch eine ganz andere Ebene, nämlich seine eigene Position der Welt und dem Kosmos gegenüber zu ordnen. Und auch
das hat mit Disziplin und Selbstveränderung, Aufmerksamkeit,
Achtsamkeit, Sicheinlassen, Abgrenzung und Lebensgestaltung
zu tun!« Dieses Blatt gebe ich jedem Teilnehmer am Schluss des
Seminars unkommentiert aus.

An dieser Stelle schließt sich langsam der Kreis unseres Themas. In dem folgenden Selbsttest können Sie sich noch einmal
kurz, intensiv und auf die eigene Person bezogen mit dem Thema
Selbstveränderung beschäftigen. In dem dann folgenden Ausblick
wage ich einen Blick in die Zukunft des Themas Selbstveränderung. Danach haben Sie selbst die Gelegenheit, einen Blick in die
eigene Zukunft zu richten. Alle drei Aspekte ermöglichen weitere
Selbstveränderungsimpulse.

Ich wünsche Ihnen persönlich alles Gute bei der Erreichung
Ihrer Ziele.

6.9   Selbsttest zur Selbstveränderung

Die Idee und das Konzept des Selbsttests ist es, sich dem Thema
der Selbstveränderung von drei Seiten zu nähern:

- Beunruhigung im gegenwärtigen Leben,
- Hoffnung auf Veränderung,
- Klarheit und Zielfindung.

Bitte beantworten Sie kurz die folgenden sieben Fragen:
1. Bin ich in der Regel am Ende eines Tages ☐ zufrieden oder ☐ unzufrieden mit diesem Tag?
2. Denke ich an den nächsten Tag mit ☐ Freude oder mit ☐ Sorge?
3. Habe ich das Gefühl, dass ich viele wichtige Dinge unerledigt vor mir herschiebe? ☐ Ja ☐ Nein
4. Denke ich häufig, ich lebe an meinem Leben vorbei? ☐ Ja ☐ Nein
5. Denke ich oft an eine Zeit, in der ich die Dinge tun werde, die eigentlich wichtig in meinem Leben sind? ☐ Ja ☐ Nein
6. Mache ich mir viele Gedanken für die Zeit nach dem Ende meiner Berufstätigkeit? ☐ Ja ☐ Nein
7. Habe ich oft versucht, Dinge in meinem Leben zu ändern, bin aber immer wieder nach kurzem Anlauf ins Stocken geraten? ☐ Ja ☐ Nein

Auswertung:
Schauen Sie jetzt bitte noch einmal Ihre Antworten durch – welche Antwort ist für Sie die größte Überraschung?

....

Welche Schlussfolgerung ziehen Sie daraus für Ihre Selbstveränderung?

....

6.10 Ausblick

Allgemein

Viele Menschen haben den Wunsch nach mehr Lebensqualität – und das nicht nur kurzfristig. Eine dauerhafte Lebensveränderung ist das neue Ziel. In vielen Bereichen entwickelt sich eine Kultur der Selbstkompetenz. Diese Dinge aufzugreifen und dem Leser bei der Lebensgestaltung zu helfen, ist Ziel meines Buches. Jeder Mensch sollte Techniken der Selbstveränderung kennen und anwenden können. Das gilt für Jugendliche, Erwachsene und auch für ältere Menschen.

Die Fähigkeit zur Selbstveränderung ist ein wichtiger und uner-
lässlicher Erfolgsfaktor für Fach- und Führungskräfte in *Wirtschaft
und Verwaltung*. Unsere Methoden können sehr gut in der Persönlichkeitsentwicklung von Mitarbeitern eingesetzt werden, wenn es
zum Beispiel um größere Selbstsicherheit und Durchsetzungskraft
geht. Auch in Bereichen der Mitarbeiterführung, persönliche
Arbeitstechniken, Gruppen- und Teamtrainings, Konfliktbewälti-
gung, Moderations- und Präsentationstechniken, Zeit- und Pro-
jektmanagement kann unser Vorgehen eine wertvolle Hilfe sein.

In der *Prävention* ermöglicht unser Verfahren der Selbstveränderung, psychischen Störungen schon im Frühstadium zuvorzukommen. Wenn es gelingt, Problemen und psychischen Störungen
schon frühzeitig zu begegnen, kann dies einer möglichen seelischen Erkrankung vorbeugen. Als Beispiel mag gelten, wenn eine
Person eine Arbeitsstörung erfolgreich angeht, bevor es zu gravie-
renden Konsequenzen wie Misserfolg in Prüfungen, Schul- und
Studienversagen oder Verlust des Arbeitsplatzes kommt.

Die Selbstveränderung kann innerhalb der *Psychotherapie* eingesetzt werden. Gerade in Zeiten knapper Kassen kann das vorgestellte Programm an Bedeutung gewinnen, weil es die Möglichkeit
eröffnet, einer größeren Zahl von Menschen, die sich in Psychotherapien befinden, wissenschaftlich nachweislich wirksame Hilfe
zukommen zu lassen, ohne dass Therapeuten dadurch eine Mehr-
belastung erfahren.

Die Selbstveränderung kann auch innerhalb des *Psychologie-
studiums* und der *Psychotherapieausbildung* gut eingesetzt werden.
Die Kenntnis und die persönliche Anwendung von Methoden der
Selbstveränderung ist lediglich theoretischem Therapiewissen
deutlich überlegen. Angehende Therapeuten zeigen durch die
Selbstanwendung von Methoden und Techniken der Selbstveränderung, die sie später bei Klienten und Patienten einsetzen möchten, dass sie von ihrem professionellen Handeln überzeugt sind.

Resümierend bin ich der festen Überzeugung, dass das Thema
Selbstveränderung ein wichtiges Zukunftsthema ist, an dem niemand mehr vorbeikommt.

Persönlich

Am Ende des Buches möchte ich Leserinnen und Lesern noch folgenden Hinweis geben. Wie wir schon gehört haben, trägt jeder Mensch ein ungelöstes Problem in sich und mit sich oder ihm schwebt ein bisher nicht erreichtes Ziel vor oder er beschäftigt sich schon längere Zeit mit einer unerledigten Angelegenheit, dem berühmten »unfinished business«. All dies sind gute und handfeste Anlässe zu einer Selbstveränderung. Ich möchte Sie an dieser Stelle nochmals zu einem – natürlich von Ihnen gewünschten – Selbstveränderungsprojekt einladen und inspirieren. Fragen Sie sich mutig und unerschrocken, Hand aufs Herz: Welche Sache könnte das bei mir sein? Denken Sie an Dinge, die mit Ballast abwerfen oder Verzögerung oder mit Gewollt-und-nicht-Getan zu tun haben, beruflich, privat oder familiär. Bei welchem Projekt spüren Sie eine positive Entwicklungsmotivation? Was steht jetzt Neues an? Oder: Was habe ich mir immer wieder einmal vorgenommen, aber jetzt ist der richtige Zeitpunkt gekommen?

Einladung zu Selbstreflexion und Verhaltensänderung: Blick in die Zukunft

Was steht bei Ihnen demnächst, oder ganz aktuell, zur Selbstveränderung an?

1. Worin besteht die Misslichkeit?

   ....

   ....

2. Wie heißt mein Ziel?

   ....

   ....

3. Welches sind die ersten sieben Schritte, die ich mir auf diesem Gebiet selbst empfehle?

   a. ....

   b. ....

   c. ....

   d. ....

   e. ....

   f. ....

   g. ....

Denken Sie noch einmal an unsere Kernaussagen:
- Selbstveränderung ist möglich.
- Selbstveränderung beginnt mit dem ersten Schritt.

In diesem Sinne: Packen Sie die Gelegenheit jetzt beim Schopf!
Welche unserer zwölf Methoden und Maßnahmen könnten jetzt
einzeln oder in Kombination greifen?

Das nun folgende 12-Schritte-Verfahren kann Ihnen dazu weitere wertvolle Hinweise geben.

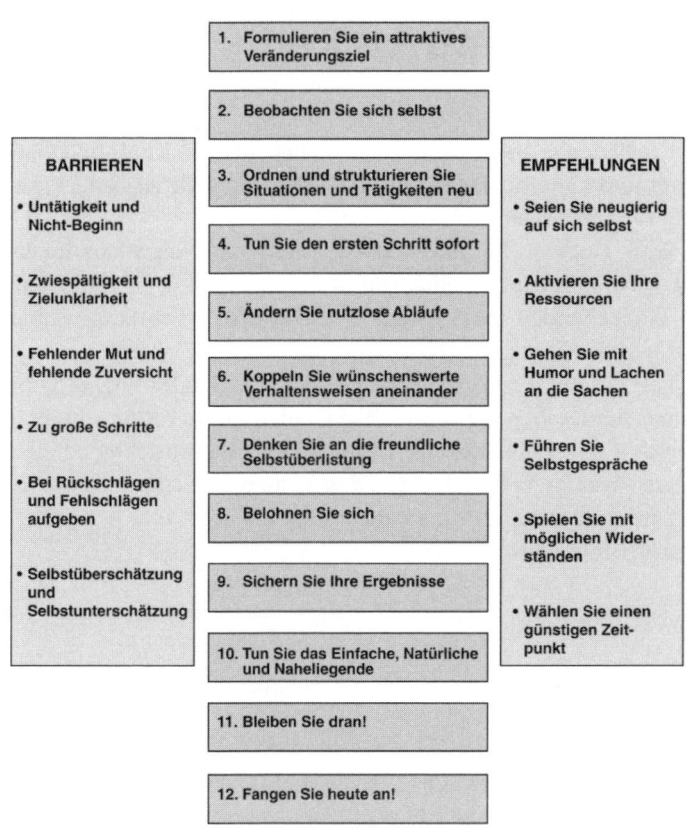

12 SCHRITTE DER SELBSTVERÄNDERUNG

BARRIEREN		EMPFEHLUNGEN
	1. Formulieren Sie ein attraktives Veränderungsziel	
	2. Beobachten Sie sich selbst	
• Untätigkeit und Nicht-Beginn	3. Ordnen und strukturieren Sie Situationen und Tätigkeiten neu	• Seien Sie neugierig auf sich selbst
	4. Tun Sie den ersten Schritt sofort	
• Zwiespältigkeit und Zielunklarheit	5. Ändern Sie nutzlose Abläufe	• Aktivieren Sie Ihre Ressourcen
• Fehlender Mut und fehlende Zuversicht	6. Koppeln Sie wünschenswerte Verhaltensweisen aneinander	• Gehen Sie mit Humor und Lachen an die Sachen
• Zu große Schritte	7. Denken Sie an die freundliche Selbstüberlistung	• Führen Sie Selbstgespräche
• Bei Rückschlägen und Fehlschlägen aufgeben	8. Belohnen Sie sich	• Spielen Sie mit möglichen Wider- ständen
• Selbstüberschätzung und Selbstunterschätzung	9. Sichern Sie Ihre Ergebnisse	• Wählen Sie einen günstigen Zeit- punkt
	10. Tun Sie das Einfache, Natürliche und Naheliegende	
	11. Bleiben Sie dran!	
	12. Fangen Sie heute an!	

Abbildung 21: Das 12-Schritte-Verfahren

Dank

Ich habe Grund zu vielfachem Dank.

Zunächst danke ich allen meinen Gesprächspartner, die zum Entstehen des Buches beigetragen haben.

Herr Professor Jörg Fengler von der Universität Köln hat mich während des gesamten Schreibprozesses immer wieder wohlwollend unterstützt und ermutigt. Danke, Herr Fengler!

Ich danke meiner Frau Mechtild Stroß für ihre vielfältige Unterstützung und ihr Interesse an dem Thema. Sie stand mir stets zur Seite. Ihr gilt mein besonderer Dank.

Ich bedanke mich auch herzlich bei meinen Kindern Lilian, Clara und Laurenz. Jedes Kind hat mich auf seine Art und Weise inspiriert, ermutigt und unterstützt.

Frau Gudrun Karafiol-Schober (www.textdesign-karafiol.de) hat das Manuskript zuverlässig und sorgsam erfasst. Sie stand auch an Wochenenden zur Verfügung und war jederzeit ansprechbar. Dafür vielen Dank.

Last but not least geht mein Dank an Frau Sandra Englisch und Herrn Günter Presting vom Verlag Vandenhoeck & Ruprecht. Frau Englisch als meine Lektorin hat mich klug und umsichtig beraten. Herrn Presting danke ich dafür, dass er an das Thema geglaubt hat und mich als neuen Autoren aufgenommen hat.

Ich danke allen sehr herzlich.

Literatur

Adler, A. (1972). Über den nervösen Charakter. Frankfurt a. M.: Fischer Taschenbuch Verlag.

Adler, A. (2004). Der Sinn des Lebens. Frankfurt a. M.: Fischer Taschenbuch Verlag.

Antonovsky, A. (1997). Salutogenese. Tübingen: DGVT Verlag.

Aronson, E., Pines, A. M., Kafry, D. (2006). Ausgebrannt. Vom Überdruss zur Selbstentfaltung. Stuttgart: Klett-Cotta.

Bach, G., Bernhard, Y. (1972). Aggression Lab – Das Trainingsmanual für faires Streiten um Veränderung. Hamburg u. München: Partnerschafts- und Familienberatung Altmann.

Bamberger, G. G. (1999): Lösungsorientierte Beratung. Weinheim: Beltz.

Berne, E. (1984). Spiele der Erwachsenen. Reinbek: Rowohlt.

Brecht, B. (1966). Der Jasager und Der Neinsager. Frankfurt a. M.: Suhrkamp.

Cannon, W. B. (1932). The Wisdom of the Body. New York: W. W. Norton & Co.

Csikszentmihalyi, M. (1985). Das Flow-Erlebnis. Jenseits von Angst und Langeweile im Tun aufgehen. Stuttgart: Klett-Cotta.

Deutsche Hauptstelle für die Suchtgefahren (2008). Ein Angebot an alle, die einem nahestehenden Menschen helfen wollen. Hamm: Selbstverlag.

Duncker, K. (1935). Zur Psychologie des produktiven Denkens. Berlin: Springer Verlag.

Ellis, A. (1982). Die rational-emotive Therapie. München: Pfeiffer Verlag.

Enzensberger, H. M.(1991). Mittelmaß und Wahn. Frankfurt a. M.: Suhrkamp.

Farrelly, F., Brandsma, J. M. (1986). Provokative Therapie. Heidelberg: Springer.

Fengler, J. (1980). Selbstkontrolle in Gruppen. Stuttgart. Kohlhammer.

Fengler, J. (1992). Selbstanalyse und Selbstkontrolle. In L. von Werder, J. Peter (Hrsg.), Die Selbstanalyse in Therapie und Selbsthilfe. Weinheim: Deutscher Studien-Verlag.

Fengler, J. (2002). Handbuch der Suchtbehandlung. Landsberg/Lech: Ecomed Verlag.

Fengler, J. (2003). Triffst du nur das Zauberwort. Report Psychologie, 28, 446–452.

Fengler, J. (2004). Feedback geben. Weinheim: Beltz.

Fengler, J. (2007). Ressourcenorientierung. Unveröffentlichtes Manuskript.

Fengler, J. (2008). Helfen macht müde. Stuttgart: Klett-Cotta.

Florida, R. (2005). The Flight of the Creative Class. The New Global Competition for Talent. New York: HarperCollins.

Freud, S. (1948). Die Traumdeutung. G. W. Bd. II/III (S. 1-642). London: Imago.

Freud, S. (1948). Über Psychoanalyse. G. W. Bd. VIII (S. 230-238). London: Imago.

Freud, S. (1948). Vorlesungen zur Einführung in die Psychoanalyse. G. W. Bd. XI (S. 7-76). London: Imago.

Freud, S. (1952). Studien über Hysterie. G. W. Bd. I (S. 73-312). London: Imago.

Gadamer, H.-G. (1996). Über die Verborgenheit der Gesundheit. Frankfurt a. M.: Suhrkamp.

Gerhardt, C., Webers, T. (2004). Be your own chairman: Heute back ich, morgen brau ich … Wirtschaftspsychologie aktuell, 3, 42-43.

Helwig, P. (1967). Charakterologie. Freiburg: Herder.

Hesse, H. (1972). Eigensinn. Frankfurt a. M: Suhrkamp

Horney, K. (1975). Neurose und menschliches Wachstum. München: Kindler.

Horney, K. (2007). Selbstanalyse. Eschborn: Dietmar Klotz Verlag.

Horx, M. (2008). Die Zukunftstrends unserer Gesellschaft. Zugriff unter www.zukunftsinstitut.de.

Jung, C. G. (1951). Aion. Zürich: Rascher Verlag.

Jung, C. G. (1958). Praxis der Psychotherapie. G. W. Bd. 16 (5. Aufl., S. 38-56). Zürich: Rascher Verlag.

Jung, C. G. (1960). Psychologische Typen. G. W. Bd. 6 (S. 398-406). Zürich: Rascher Verlag.

Jung, C. G. (1987). Kinderträume. G. W. Bd. 20. Supplementband Seminare. Olten: Walter Verlag.

Jung, C. G. (1989). Briefe. G. W. Bd. 2 (3. Aufl.). Olten: Walter Verlag.

Kanfer, F. H., Reinecker, H., Schmelzer, D. (1996). Selbstmanagement-Therapie. Berlin: Springer.

Keuk, E. van (2007). Traumata durch Krieg und Gewalt – Psychotherapie mit Flüchtlingen. Newsletter der Psychotherapeutenkammer NRW, 3, 1.

Lehr, U. (2003). Älterwerden in unserer Zeit – eine Herausforderung für den Einzelnen und die Gesellschaft. Zugriff unter www.bdp-verband.org/aktiv/kongresse/_2003/Rede_Lehr.pdf.

Mann, T. (1981). Der Zauberberg. Frankfurt a. M.: Fischer Taschenbuch Verlag.

Maslow, A. H. (1977). Motivation und Persönlichkeit. Olten: Walter Verlag.

Meichenbaum, D. (1979). Kognitive Verhaltensmodifikation. München: Urban und Schwarzenberg.

Perls, F. (1969). Gestalt-Therapie in Aktion. Stuttgart: Klett.

Rilke, R. M. (1898/1899). Mir zur Feier. Berlin: G. H. Meyer.

Rilke, R. M. (1903/1929). Briefe an einen jungen Dichter. Leipzig: Insel-Verlag.

Rogers, C. R. (1972). Die klient-bezogene Gesprächstherapie. München: Kindler.

Rogers, C. R. (1977). Therapeut und Klient. München: Kindler.

Rogers, C. R. (2000). Entwicklung der Persönlichkeit. Psychotherapie aus der Sicht eines Psychotherapeuten (13. Aufl.). Stuttgart: Klett-Cotta.

Sennett, R. (1998). Der flexible Mensch. Die Kultur des neuen Kapitalismus. Berlin: Berlin-Verlag.

Schulz von Thun, F. (2000). Miteinander reden 2. Reinbek: Rowohlt.

Shazer, S. de (1990). Shit Happens. In G. Weber, F. B. Simon (Hrsg.), Carl Auer: Geist or Ghost (S. 182–187). Heidelberg: Carl Auer Verlag.

Shazer, S. de (1998). Worte waren ursprünglich Zauber. Dortmund: Verlag Modernes Lernen.

Stroß, R. (2001). Selbstveränderung. Frankfurt a. M.: Peter Lang.

Stroß, R. (2002). Straßenverkehr. In J. Fengler (Hrsg.), Handbuch der Suchtbehandlung. Landsberg/Lech: Ecomed Verlag.

Tausch, R. (1993). Verzeihen. Die doppelte Wohltat. Psychologie heute, 20 (4), 20–26.

Thurber, J. (1993). Ein Mond für Leonore. Oldenburg: Lappan.

Vaihinger, H. (1927). Die Philosophie des Als-ob. Leipzig: Meiner Verlag.

Watzlawick, P. (1983). Anleitung zum Unglücklichsein. München: Piper.

Watzlawick, P., Beaven, J., Jackson, D. (2003). Menschliche Kommunikation. Bern: Hans Huber.

Wenzel, E., Horx, M. (2004). Trend-Report 2004. Kelkheim: Verlag der Zukunftsinstitut GmbH.

Wolpe, J. (1958). Psychotherapy by reciprocal inhibition. Palo Alto, CA: Stanford University Press.

Zweig, S. (1975). Vierundzwanzig Stunden aus dem Leben einer Frau. In S. Zweig, Phantastische Nacht (S. 90–141). Frankfurt a. M.: Fischer Taschenbuch Verlag.

Zweig, S. (1980). Sternstunden der Menschheit. Frankfurt a. M.: Fischer Taschenbuch Verlag.

Workshops und Seminare zum Buch

Möchten Sie die Gedanken dieses Buches vertiefen?
Möchten Sie mit dem Autor diskutieren?

Über Workshops und Seminare mit Dr. Rudolf Stroß können Sie sich informieren unter www.selbstveränderung.de.